国家出版基金项目
NATIONAL PUBLICATION FOUNDATION

上海高校服务国家重大战略出版工程资助项目

公共经济与城市社会治理创新研究丛书

总主编　吴柏钧

城市移民与公共治理研究

杨上广　王丹阳　著

華東理工大學出版社
EAST CHINA UNIVERSITY OF SCIENCE AND TECHNOLOGY PRESS
·上海·

图书在版编目(CIP)数据

城市移民与公共治理研究／杨上广，王丹阳著．—上海：华东理工大学出版社，2020.11(2021.4 重印)
ISBN 978-7-5628-6265-9

Ⅰ．①城…　Ⅱ．①杨…　②王…　Ⅲ．①人口迁移—研究—中国　Ⅳ．①C922.2

中国版本图书馆 CIP 数据核字(2020)第 201339 号

内 容 提 要

本书主要围绕城市移民与公共治理展开研究，针对国际上城市移民与城市治理等相关概念和理论流派进行梳理和回顾，总结了世界移民的流动趋势与政策演变以及中国城市移民的特点与类型。本书的创新点在于尝试剖析影响城市移民与融入的主要因素与作用机制，并利用上海地区案例和全国流动人口的上海数据验证影响城市移民融入的主观、客观原因。在主观、客观分析的基础上再次从人口迁移、移民政策等视角进行理论回顾与理论检讨，探讨中国城市移民管理的困境和转型思路，最终提出具有理论基础且切实可行的中国城市移民新型治理的转型响应策略。

本书可供从事移民与公共治理的政府、高校、研究机构的专业人员借鉴学习，也可作为高等院校相关专业的参考用书。

项目统筹／马夫娇　韩　婷
责任编辑／李甜禄　赵子艳
装帧设计／吴佳斐
出版发行／华东理工大学出版社有限公司
地址：上海市梅陇路 130 号，200237
电话：021-64250306
网址：www.ecustpress.cn
邮箱：zongbianban@ecustpress.cn
印　　刷／上海中华商务联合印刷有限公司
开　　本／710 mm×1000 mm　1/16
印　　张／19.25
字　　数／283 千字
版　　次／2020 年 11 月第 1 版
印　　次／2021 年 4 月第 2 次
定　　价／168.00 元

公共经济与城市社会治理创新研究丛书

编委会

公共经济与城市社会治理创新研究丛书

总　序

当前，中国社会经济发展和结构变化呈现了许多新的特点。在经济增长与结构变动方面，一个显著的特点是公共经济部门对国民经济增长的贡献率持续上升。尤其是在2008年世界金融危机以后，为抵御经济衰退，维持较高速度的经济增长和社会稳定，我国政府在公共基础设施建设上持续投入了大量的资金。同时，在城市化和人口制度变革的背景下，为回应人们对保障公共安全和增进社会福利的需要，政府在对教育、卫生、安全和社会保障等公共服务领域的投入上也有了快速增长，这使得经济性和非经济性公共产品的供给成为社会总供给的重要组成部分，甚至在某些年份，公共产品投资和供给已成为边际经济增长的决定性因素。

在社会发展和结构变化方面，尽管整体的社会形态和权力结构变动较小，但非农劳动力、中等收入阶层和私人资本阶层等基于现代经济活动而产生的社会力量的影响力不断增强，其正潜移默化地改变着我国的社会结构，深刻影响着社会利益格局。在生产和生活方式日益市场化和社会化的过程中，基层民众的思想观念、社会需求和诉求发生了很大变化，这为政府在社会治理中如何精准掌握人们的需求偏好和行为动态增加了难题，对如何有效实施社会服务和社会保障提出了挑战。同时，社会流动的不断增强使得公共安全和环境风险持续上升，这对传统的行政管理体制和政府自上而下的治理机制形成了巨大挑战，对现代政治和经济建设中的中国如何重构基层社会治理结构与机制提出了新的要求。

当前社会经济变革与转型使我们对未来的发展形成了许多不确定的判断。但如果不考虑制度变迁因素，可能会为我们观察社会经济演化的规律带来清晰一点的认识。纵观人类社会发展的历史，技术的变化、私人产品生产方式的变革和竞争机制等为人们摆脱自然束缚、追求自由丰富的生活提供了保障，但其却不能给予社会成员基础性的、公平享有的生活质量的提升和社会安全的保障。无论是实施行政计划机制还是市场机制，公共产品和服务的供给在产品和服务性质上总能为社会成员提供共同享有的广义福利增进效用。与此同时，许多国家在私人产品部门发展、增加社会财富的过程中产生了贫富差异和社会不公，而公共产品部门发展在提升整体的社会福利和安全保障的过程中又产生了资源错配、供给效率低下、官僚特权和行政垄断等问题。所以，人们始终在寻求合适的制度去约束私人产品生产的过度竞争和分配不公，也通过制度安排在公共产品部门规模扩大的过程中改善供给效率。从全球经济发展趋势看，随着经济的发展和居民收入水平的提高，公共产品部门在经济社会发展中的功能和作用会逐步提升，其资产规模和占总供给的比重在不断增加，这反映了社会经济不断发展的一种状态和趋势。从这个角度去理解，可以认为中国公共产品部门的革新正是经济社会快速发展的体现。近几十年来，中国公共产品部门的发展在一定程度上反映了社会经济结构的根本性变化。

可以预期，在这样的社会经济结构转型过程中，不仅私人产品部门的发展会遇到技术、市场和制度的变革问题，公共产品部门也将面临许多新挑战：

第一，社会资源在私人产品部门与公共产品部门之间的配置问题。这要求政府根据经济增长、市场需求和社会需要在私人产品部门与公共产品部门之间合理地配置资源，以实现个人需求与社会需求的均衡状态，达到适度的经济增长和社会福利的增进，从而兼顾经济发展和社会公平。

第二，公共产品部门的供给有效性问题。根据中国的国情，从理论上解决真实地显示民众需求偏好的问题，采取合适的公共选择方式，并对公共产品实施高效管理，涉及一国的公共产品供给体制与机制，也涉及政治、技术、市场和社会文化等诸多方面，但核心问题在于政治经济体制的安排和机制的设计。如何破除原先“全能型政府”的窠臼，真正做到以人民为中心，政府应有所为而有所不为，放权于基层，为社会组织的发育及其履行社会治理职能释放空间。同时，政府也要通过制度安排和政治程序，改革现有的政府主导的公共产品供给机制，探讨适合中国实际的多元合作的公共产品供给机制。

第三，如何打造共建共治共享的社会治理格局，建立“人人有责、人人尽责、人人享有”的社会治理共同体，怎样处理政府行政主导与社会组织生长问题。这要求服务供给方激发民众参与社区治理的热情，提高社区工作者、社区事务参与者的能力和水平。

第四，如何创新基层治理方式问题。这要求基层社会治理成为国家治理的重心和基石，成为国家治理体系和治理能力现代化的基础性环节。同时，政府要通过制度安排和法治手段消除基层治理的“空转”现象，建立适应多元治理主体的治理方式，摆脱社区机构及事务的行政化困境，构建去行政化的社区基层组织的有效运行体系和运行机制（包括资源筹措、公共服务提供、公共事务决策等）。

第五，如何基于互联网、大数据和人工智能等新技术，创新公共产品生产和供给方式，提高公共服务效率，改善社区基层治理。这要求服务供给方利用信息技术获取社会成员对公共产品和服务的真实需求，为公共政策的决策提供充足信息，为政策实施的监督和绩效评估提供技术手段，以实现有效配置资源和有效供给的目标。

基于上述对中国社会经济长期发展和结构变化的理解，华东理工大学社会科学高等研究院在成立之初就确立了研究宗旨，希望在宏大的社会经济变迁格局下，立足社会基层和微观经济层面，对中国社会经济的发展有一个细微的观察和局部的剖析。这些年来，在华东理工大学成长起来的一批公共经济学、社会学和公共管理学科的年轻教师聚焦于公共经济与基层社会治理研究领域，承担了诸多国际合作和国家基金的课题，他们大致围绕三大主题开展了一系列研究：一是研究公共经济部门发展的基本理论与中国的实践，特别是通过学科交叉研究和多研究范式融合，探讨社会发展过程中公共经济与社会治理的结构关系和内在机制；二是在互联网、大数据和人工智能等新技术条件下研究公共经济和社会治理的新方式与新形态；三是对公共基础设施、公共服务、社区基层治理等领域开展社会调查、田野实验和经验实证分析，试图发现一些有中国特色的、有益的实践经验，以检讨和修正经典的理论观点，拓展理论研究的范畴。本丛书就是我们对前期研究工作的一个初步总结，各分册也大致体现了这几个方面的研究主题。

本丛书的内容主要涉及公共经济、社会治理和社会政策领域。不论属于哪个学科，研究大都基于公共经济学和公共管理学理论，以跨学科的方式来探讨公共经济和社会治理中的科学问题；针对政策问题，我们也以不同学科的视角加以研究。

本丛书中有 5 本著作可以归属于公共经济领域。其中，《城市公共产品有效供给机制研究》梳理了公共产品供给理论和研究文献，探讨了我国公共产品供给的机制及其改革得失，重点对城市公共基础设施和公共服务领域的投融资、生产和分配进行了实证分析。《城市基础设施与经济发展研究》总结了中国社会 70 年来在基础设施建设方面所取得的成就与面临的挑战，从财政分权和比较制度分析等理论视角揭示了基础设施影响地区经济发展的内在机制；其利用计量经济分析探索了中国基础设施建设对市场融合、开放发展和民生改善的影响，从政治经济学的理论视角提出了促进基础设施供给模式创新的治理基础与实现路径。《环境公共品的有效供给机制及路径研究》对多种环境公共品的供给机制进行了研究，重点研究了人们较少关注的家庭部门在环境治理中的功能与行为模式；其把家庭部门作为供给主体，将代际因素纳入考虑范围，并基于环境公共品的三种价值评估法构建了环境公共品的有效供给理论模型。《城市公共服务空间布局特征及综合能力评价》基于大数据技术，对城市公共服务的发展过程、资源规模、空间布局及服务能力等状况进行了综合分析，客观分析了影响城市公共服务的因素，并提出了优化城市公共服务的策略。有意思的是，《城市共享平台的多元协同治理研究》以共享经济为研究对象，探讨了广泛存在的私人产品公共性问题，该书全面梳理了国内外城市共享平台的发展模式、治理经验及作用机制，提出了自行治理优先、政府监督、社会辅助的共享平台多元协同治理的概念。这项研究突破了传统的城市公共产品供给限制，对新技术环境下私人产品公共消费及生产方式的革命性变化进行了开创性研究。总体上，这些著作以基础设施、环境保护、污染治理等城市主要公共产品和服务为研究对象，分析了我国城市公共产品和服务供给的特征及内在运作机制，并对这些领域的公共产品有效供给提出了制度性改革等政策建议。

本丛书中有 5 本著作研究了城市社会治理问题。《城市移民与公共治理研究》把城市治理放在城市化过程中加以考虑，研究了如何从移民管制转化为移民服务，并借以提升移民治理水平，使移民尽快融入城市。《城市公共安全风险防控体系研究》针对城市公共安全事故频发的现实，系统分析了城市公共安全问题的源头和类型，在深刻解析城市安全风险发生原因的基础上，探讨了有效的安全风险防控内在机制，构建了城市安全风险防控体系。《城市基层矛盾纠纷化解的社会机制研究》以近年来蓬勃发展的人民调解组织为例，剖析以其为代表的社会力量参与城市基层矛盾纠纷化解的现实需求、功能定位、组织网络、运作机制与发展逻辑等，以探索“中国式风险社会”的社会治理机制。《城市社区治理中整合性服务模式建构研究》以上海社区基层治理实践为例，从街道体制改革、政府购买服务、社区社会组织发展和社会力量参与社会治理与社区工作者队伍建设等各个角度考察了基层社会治理的发展状态，深度揭示了基层社会治理存在的新问题，深刻剖析了深层次的社会性和结构性原因，并在此基础上探索现代基层社会治理的治理元素、创新流程及关键环节，提出了构建特大城市基层社会治理体系和实务模式的新设想。《中国城市社区基金会发展及运作研究》选择了城市社区基金会为研究对象，对行政驱动逻辑下社区基金会的成长环境、本土化特征、治理结构、功能作用进行了实证分析，以此探讨了中国政治体制下的基层社会组织的发展路径和运行机制。

本丛书出版之际，中国刚经历了新型冠状病毒感染的肺炎疫情。在经历“非典”疫情不到 20 年的时间里，此次规模巨大的全球性公共卫生灾难的暴发再次证明人类尊重自然规律的重要性，同时也提醒我们，应不断反思公共卫生体制和机制改革的有效性问题，反思现行社会治理体制的弊端和公共政策实施的偏差问题。值得欣慰的是，疫情在我国很快得到控制，特别是抗疫措施在全国范围内得到严格实施，这充分显示了社区基层组织在公共事件中的动员能力和应对能力，体现了社会治理制度变革中建立基于社会组织和民众参与的多元供给机制的重要性，也再次证明了在现代化强国的建设过程中建立有效的公共产品供给制度的重要性。本丛书若能为此做出一点贡献，也就达成了我们的预期目的。

本丛书的出版得到了国家出版基金和上海市文教结合“高校服务国家重大战略出版工程”的资助。能够获得资助且得到高质量的出版，要感谢华东理工大学出版社，在此谨致谢忱！丛书中的部分著作是上海市教委科研创新计划项目重大课题“城市公共产品供给机制研究”的成果，特此说明，并感谢资助部门！

吴柏钧

2020 年 5 月 20 日

前言

foreword

移民是一种复杂的经济社会现象，人类经济社会发展的历史是一部技术、产业和社会结构不断变迁的历史，也是一部人类不断迁徙、不断融入城市的历史。2015 年发布的《世界移民报告》中指出，当前全世界每周有三百万人口涌向城市，快速的城市化进程给移民、社会和政府带来了巨大的机遇和挑战。人类为了追求更美好的生活和发展目标，探寻新型城市治理的方式与路径，会主动革新传统的管理模式。21 世纪以来，移民潮是全球化进程中的一个重要组成部分，移民的状况及其社会融入等问题成为国际学术界研究的热点。当前，国际上许多城市正在制定积极的政策以促进社会融合，比如，逐渐开放户籍偏好的城市就业政策将有助于移民融入本地劳动力市场，避免移民群体被孤立。融合政策将会使城市管理更加灵活、降低劳动力成本，并将提高城市的社会凝聚力和经济竞争力。此外，许多城市也与移民组织建立合作，以促进移民群体的公民权和政治参与。

在中国，随着城镇化进程不断加快，城市移民已经成为一个规模宏大的社会群体，大规模的城市移民也正深刻地改变着中国城市社会结构。长期以来中国学术界更多关注的是农民工、失地农民、工程移民，21 世纪中国城市移民的构成，相较于 20 世纪 80 年代从业性质相对单一的“农民工”来说，城市移民的种类更为复杂多样。随着中国户籍制度的约束和福利属地化管理的限制，身为城市新移民的白领阶层也面临着城市住房、就业、医疗、子女教育等各种问题，这些问题给中国城市公共政策带来了新的挑战。

特别是改革开放 40 年后，随着中国人口迁移速度的变缓和中国发展目标由高速度发展向高质量发展转变，中国城市移民的公共政策也正面临着新的调整和改变。2020 年 6 月 23 日，上海市第十一届委员会第九次全体会议在世博中心举行，审议通过《中共上海市委关于深入贯彻落实“人民城市人民建，人民城市为人民”重要理念，谱写新时代人民城市新篇章的意见》（简称《意见》），《意见》的出台标志着中国城市治理理念从以“经济建设”为中心向“以人为本”为中心的转变。随着中国城市开发开放力度的加大，城市人口来源结构的多元化使得不同经济、社会结构的城市移民如何融入城市成为一项紧迫课题。建设一个人人共享的有温度的城市，才会提高城市的软实力和竞争力。“城市，让生活更美好”等新型城市治理理念不仅应表现在城市交通、绿地、医疗等硬件基础设施的提升，也表现在满足不同群体尤其是新城市移民群体的服务需求上。在经济增长、环境友好和社会公平等多元城市治理目标下，面对着人口来源多元化和民众利益诉求多样化，如何平衡不同收入、职业、籍贯、国籍等城市新移民的服务需求，也在考验着中国政府治理能力现代化的智慧和勇气。

本书主要内容围绕城市移民与公共治理展开研究。针对国际上城市移民与城市治理等相关概念和理论流派进行梳理和回顾。总结了世界移民的流动趋势与政策演变以及中国城市移民的特点与类型。本书的创新点在于尝试剖析影响城市移民与融入的主要因素与作用机制，并利用上海地区案例和全国流动人口的上海数据验证影响城市移民融入的主观、客观原因。在主观、客观分析的基础上再次从人口迁移、移民政策、移民融入等视角进行理论回顾与理论检讨，探讨中国城市移民管理的困境和转型思路，最终提出具有理论基础且切实可行的中国城市移民新型治理的转型响应策略。

本书是集体智慧的结果，丛书主编吴柏钧教授对本书的研究大纲和研究内容提出了框架性的意见和建议。本书的写作分工如下：王丹阳参与第 1 章写作；宋彦菁参与第 2 章写作；倪泽睿参与第 3、6 章写作；俞佳立参与第 4 章写作；黎文勇参与第 5 章写作；王丹阳参与第 7 章写作；宋彦菁、徐璐参与第 8 章写作；王丹阳、徐璐参与第 9 章写作。

本书是上海市教育委员会人文社科重大项目“城市公共产品有效供给机制研究”（2017－01－07－00－02－E00008）和国家自然科学基金面上项目“特大城市老年人口医疗需求、行为与治理响应研究”（71874054）

的研究成果之一，是华东理工大学社会科学高等研究院组织编写、华东理工大学出版社出版的“公共经济与城市社会治理创新研究丛书”的一个分册。

特别感谢吴柏钧副校长以及唐有财、杨继波、赵方杜、潘春阳、张晨峰、侯利文、刘晓亮、李嘉晨、唐茂钢等老师在书稿写作过程中多次研讨提出的宝贵意见和建议，也感谢雷雨田老师提供的许多帮助。本书的写作借鉴和引用了华东师范大学丁金宏教授、吴瑞君教授、王春兰副教授等许多学者的资料、观点，墨尔本大学王耀麟教授也对此书提出了许多宝贵建议，在此一并表示感谢。

在书稿主体已完成准备付梓之时，中国出现了新型冠状病毒感染的肺炎疫情公共卫生安全问题，让我们开始重新思考中国未来的城镇化战略。随着中国高速公路、高速铁路、机场等基础设施的完善和发达，中国人口、劳动力、资本、技术等要素流动加速，尤其是中国特大城市和超大城市会不会由于移民的大量涌入增加公共卫生风险？

北京、上海、广州等中国特大城市尤其是超大城市人口规模是否应该有一个合理的阈值？城市的发展目标是否是单一的经济增长，还是应该在经济增长、社会公平和环境友好等多元目标中保持平衡？城市移民和公共政策如何根据经济社会发展基础条件的变化建立有效的和动态的响应机制？所有这些问题都引起了中国学术界的反思和关注。当前，中国经济社会正处于跨越“中等收入陷阱”和全面建设小康社会的关键时期，在保持经济发展转型的时期，如何化解社会风险和构建公共安全，我们期待未来可以在相关领域再继续深入探讨，以弥补本书研究的不足与缺陷。

关于中国城市移民与公共治理等相关领域的研究，国内外学者进行了许多卓有成效的探讨并有不少文献出版和发表，本书对他们的研究成果进行了较为规范的引注和说明。由于时间和精力的约束，本书一定存在许多不足和谬误之处，许多经典的理论和作者思想未能详尽引用，敬请学术界同行原谅。希望本书的研究成果能够给学术界同行带来一点点启示，作者们将不胜欢喜。

目　录

contents

绪　论

人口迁移流动是人类历史中最为普遍，也是最为重要的一种经济社会现象。人口迁移流动深刻地改变了区域的经济格局和发展历程，在一定意义上，人类历史就是一部人类的迁徙历史，也是一部移民在一定区域和城市不断融入的历史。日本人口经济学家黑田俊夫（1983）提出，现代化的历史是人口流动的历史，没有人口的流动就没有现代化。随着经济社会发展和全球化的深入，全球人口、资本和技术等各种要素流动将会越来越频繁。2015 年发布的《世界移民报告》中指出，当前全世界每周有三百万人口涌向城市，快速的城市化进程给移民、社会和政府带来了巨大的机遇和挑战。报告集中研究了迁移行为和移民如何塑造城市，以及移民如何被城市及其居民、组织和制度所塑造等重要问题。

工业革命以来，随着移民区际流动的增强，移民现象开始引起各国学者们的广泛关注。各国学者们从多种学科角度来介入移民的研究领域，并形成了“移民”的概念界定、理论流派和公共政策等相关研究。1885 年，地理学家 E. G. Ravenstein 发表的《移民的规律》著作，对移民的发展演变规律进行了一般性和系统性研究，这本著作也被认为是现代移民现象研究的奠基之作之一。

从空间尺度视角，学者们的研究主要涉及两个方面：一是发展中国家内部移民运动，一般是发展中国家人口在城乡间的流动；二是国际移民运动，即全球范围内、由不发达或发展中国家向发达国家的外部移民。David Popenoe 指出根据地理位置上的迁移，移民分为国际移民（从一个国家移民到另一个国家）和国内移民（在一个国家区域内不同地区间的迁移）。Marie Price 和 Lisa Benton-Short 指出当前国际移民主要以城市移民为主，在有关城市移民的研究中，对城市移民的界定多是从迁移时间角度，通常是指到异地城市居住时间在半年或者半年以上的居民。

21世纪以来，移民潮是全球化进程中的一个重要组成部分，移民的状况及其社会融入等问题成为国际学术界研究的热点。Ernst Spaan（2005）、Simrit Brar（2009）等学者分析了欧洲的亚洲移民、美国的墨西哥移民、加拿大的南亚移民等不同类型的移民，研究的范围涵盖了移民的经济状况、政治状况、文化状况、教育状况、社区合作状况和婚姻家庭状况等内容，研究内容十分丰富，研究领域十分广泛。此外，多元文化的融合等问题的出现也使得移民现象研究变得更加复杂（Hickman，2002）。

英国社会学家Anthony Giddens把近年来的移民趋势现象称为“全球移民”模式，具体表现为以下四种：（1）加速化，国际移民和国内移民的数量比以往任何时候都多；（2）多样化，移民模式日渐趋于多样化，智力型移民、经营型移民开始出现，逐渐取代以前占主导地位的劳力型移民；（3）全球化，移民现象变得更加具有全球性，国际移民现象也较为普遍，越来越多的国家同时成为移民的输出国和输入国；（4）女性化，当代的移民现象更多以女性移民为主导，例如，“邮购新娘”社会现象的出现，如越南、印尼、中国大陆的“邮购新娘”多会嫁到中国台湾、香港等地，而乌克兰、菲律宾、墨西哥的“邮购新娘”多会嫁到美国或加拿大。

中华人民共和国成立后，中国的人口流动大多是计划经济体制等制度原因，但是，随着市场经济的发展以及经济改革的深入，经济因素成为影响人口流动的主要因素。人口流动成为推进中国工业化、现代化、城镇化、市场化和国际化等经济社会转型的主要因素之一。随着中国的城镇化进程不断加快，城市移民已经成为一个规模宏大的社会群体，大规模的城市移民正深刻地改变着中国城市的社会结构。

文军（2005）指出，各国学者们对城市移民的概念界定都不同，但是本质上研究的内容都是侧重于研究从农村移动到城市中的这部分群体，在国内，学者们称这部分群体是“流动人口”，在国际上统称为“移民”。城市移民是在新的时代背景下，由于制度因素的影响和新的社会关系网络的重新组建而产生的新一代群体。童星等（2008）认为城市移民是指通过正式或非正式途径实现自我或家庭的区域性迁移，并且已在移居城市中获得相当稳定的工作和住所，具有长期定居意愿的一种社会新群体。

从国内外学者对城市移民的界定中可以看出，由于移民受自然环境、社会经济、政治等因素的影响，因而人口迁移的概念随着研究角度的不同而存在差异。但学术界的学者们在研究人口迁移时都考虑了移民的两个属性，即时间属性和空间属性。从迁移时间长短来看，只有居住地发生“永久性”变化的才称为人口迁移，将居住地的暂时性改变情况排除在外。人口迁移的空间属性是指居住距离和界限的问题，只有跨越行政界线迁出原居住地一定的距离才称为人口迁移，将在同一行政区域内改变居住地的人口排除在外。在人口迁移的时间属性与空间属性的界定下，人口迁移必须要具备三大要素：迁出地、迁入地和时间限度。人口迁移的时间属性要求有时间范围的界定，空间属性要求有明确的区域范围的界定，因而，人口迁移根据迁移区域与迁移时间可划分为多种类型。

俞路（2008）指出，在国际上，将时间界定在半年以上，根据时间尺度将迁移划分为登记类型和固定时间段类型，登记类型的人口迁移是指无论一个人什么时候发生迁移，都需要在迁移地有关部门进行登记；固定时间段类型的人口迁移是指按基于两个时间点之间的固定时间段收集数据。中国使用的是后者，按固定的时期收集人口迁移数据。人口迁移的空间属性确定了划分人口迁移的类型也要基于区域原则，明确人口迁移的迁出地与迁入地的界限。在国家层面，可以分为国际迁移、国内迁移和各种混合迁移。国内迁移根据省份可以划分为省际迁移和省内迁移，省内迁移根据县市又可以进行更细一层次的划分。

此外，长期以来中国学术界更多关注的是农民工、失地农民、工程移民，而白领移民则一直未能进入学者们的研究视线。白领移民成为被学者们遗忘的群体的原因，可能来源于以下的两个方面：（1）白领移民的社会处境可能更好，白领移民能更好地融入移民城市之中；（2）可能是他们相对于其他的移民群体造成的社会问题（社会冲突、社会犯罪等）相对较少。随着中国户籍制度的约束和福利属地化管理的限制，城市新移民的白领阶层也面临着城市住房、就业、医疗和子女教育等各种问题，这些问题给城市公共政策带来了新的挑战。此外，随着中国开放力度加大，中国将会面临越来越多的国际移民，国际移民的管理和社会融入等问题也开始引起中国城市政府的关注。

21 世纪中国城市移民的构成，相较于 20 世纪 80 年代从业性质相对单一的“农民工”来说，城市移民的种类更为复杂多样。宫希魁（2003）认为城市化的结果之一是大量的人口涌向城市，在城市人口扩张的过程中，教育型移民、投资型移民、创业型移民、打工型移民、安置型移民和养老型移民等类型构成了城市新移民群体。无论是劳力型移民、智力型移民还是经营型移民，社会融入的问题依旧是他们面对的共同难题。城市移民群体，可以通过自身的努力或者随着城市经济整体发展水平的提升，在物质生活上获得极高的满意度，但是，真正地融入一个城市，并非一朝一夕的事。

当前，探索包容性的城市治理模式正成为 21 世纪国际社会所面临的主要挑战。随着中国和世界开放度越来越大，国际人口、技术、资金等各种要素的流动性也将会越来越大，城市人口的异质性和多元性将会加强，如何构建一个和谐、包容和多元的移民城市和移民社会将是国内外理论界和实践界共同面临的严峻问题。只有关注包括移民在内的各个社会阶层的发展，城市才能达到可持续发展。城市政府作为公共服务的提供者，应该去接触移民者并真正了解他们的需求。

随着“以人为本”“城市，让生活更美好”“农民工市民化”“公共服务均等化”等新型治国理念的提出，城市移民及社会融入等问题开始逐渐成为国内学术研究的一个热点。城市政府作为资源要素重要的配置者和规则制定者，有权利和义务去制定和实施移民融合的政策体系和制度架构，去构建一个“城市，让生活更美好”的包容性的城市社会。

当前，国际上许多城市正在制定积极的政策以促进社会融合，比如，开放以户籍偏好的城市就业政策将有助于移民融入本地劳动力市场，避免移民群体被孤立。这些融合合作政策将会使城市管理更加灵活、劳动力成本降低，并将提高城市的社会凝聚力和经济竞争力。此外，许多城市也与移民组织建立合作，以促进移民群体的公民权和政治参与。

改革开放 40 年后，随着中国人口迁移速度的变缓和中国发展目标由高速度发展向高质量发展的转变，中国城市移民的公共政策也正面临着新的调整和改变。在经济增长、环境友好和社会公平等多元城市治理目标下，在人口来源多元化和民众利益诉求多样化的背景下，如何平衡不同收入、职业、籍贯、国籍等城市新移民的服务需求，也在考验着中国政府治理能力现代化的智慧和勇气。城市移民融入的核心是移民的市民化或享受均等化的公共服务。但受地方城市政府财政约束和城市发展目标约束，城市移民政策不能一蹴而就，必须根据城市发展阶段和基本经济社会发展基础条件而变迁。

开埠以来，上海就是中国人口迁移流动最为活跃的地区，上海移民的历史就是一部中国近现代史。同时，上海作为中国城市化、工业化、市场化、现代化、国际化等最高的城市之一，上海城市移民政策的演化历史，也是中国城市治理模式的变迁史。因此，本书将以上海城市为实证案例，以巴黎、伦敦、东京、纽约等国际大都市，广州、北京、深圳等中国一线城市为比较案例，系统梳理中国城市移民的演变历程、影响因素、社会挑战和社会融合等相关问题，从而为中国政府构建一个新型的城市治理模式提供科学依据。

本书主要沿着文献梳理、研究进展剖析、分析框架构建、世界移民及全球城市移民演变历程分析、中国移民与主要城市移民演变历程分析、中国城市移民现状及城市融入分析、城市移民公共政策转型等研究思路，探讨新时代、新形势和新理念下中国新型的城市治理理论和治理策略。希望本书能够为揭示具有“中国情境”的城市治理模式提供理论和实证依据，也为国际学术界研究发展中国家的城市移民与公共治理提供中国的样本案例。

第1章　城市移民与城市治理研究进展

移民是一种复杂的经济社会现象，人类经济社会发展的历史是一部技术、产业和社会结构不断变迁的历史，也是一部人类不断迁徙、不断融入城市的历史。人类为了追求更美好的生活和发展目标，探寻新型城市治理的方式与路径，会主动革新传统的管理模式。本章主要对城市移民定义、范畴、类型等相关概念和内涵进行界定，对移民研究的理论流派进行分析，对城市治理理论和研究进展进行梳理，对西方城市移民与城市治理等相关研究进展进行梳理，为中国城市移民与公共治理问题提供分析框架，也为构建具有“中国情境”的城市治理公共政策等提供相应的理论支撑。

1.1　城市移民的基本概念和内涵

1.1.1　城市移民的定义和范畴

城市移民是一个多元化的概念，不同学科对城市移民的定义和内涵做出了不同解释。城市移民的具体范畴需要做出如下几个方面的界定。

1. 依照户籍属性界定

城市移民的概念界定是指在城市长期工作、居住、就读，但未取得所在地城市户籍的人口。中国大部分城市实行居住证制度，持有居住证者可享受当地居民福利。不同城市对于居住证的福利政策各异，同一城市持不同类型居住证能享受的福利政策也有区分。如深圳市居住证分为深圳市居住证和深圳市临时居住证，其在就业、房产和有效期等方面有不同区分。

因此，城市移民的界定基本以有无居住证为前提。

2. 按照迁移时长界定

田源（2010）的研究认为，城市移民往往具备时间特性，在多数欧洲国家，通常外国人取得 3~6 个月的居住期限时无须签证或居住许可，超过这个期限就被输入国法律认定是一种定居行为，需要向主管部门申请居住许可。因此，国际人口的统计规则为在城市居留半年及以上，可以被认定为城市移民。中国的人口迁移统计数据从第四次人口普查时，采用一年及以上的时间跨度，到第五次人口普查时，时间跨度缩短到半年及以上，第六次人口普查也是继续按半年及以上的时间跨度[①]。城市移民的时间属性设定在半年及以上，符合人口迁移统计的国内与国际标准。

3. 按照居住地点属性界定

在确定个体是否为该城市的移民群体时，需关注的是该个体到这一城市定居是否为长期性地改变自己的生活和居住场所。“流动人口”中的大多数人只是在某一城市中为赚取金钱而暂时性地居住一段时间。例如，在某一城市求学或培训的人员不包含在城市移民群体之中，而高等院校毕业生，虽没有取得该市永久性户籍，但已留在该城市工作的，仍属于城市移民的范畴。

当前，学界上一般以城市移民的概念来表述外来常住人口，以摆脱城市与农村二元对立的思维模式，进而将研究的注意力集中在城市社会。20 世纪 90 年代以前，中国的学者们大多数是从城乡的二元结构出发，使用“流动人口”“外来人口”“农民工”等称号形容从农村流向城市的移民群体。根据学者周达（2010）的研究，到 2010 年，我国将新增 1.06 亿城镇人口。而到 2050 年，这一数字将达到 5.51 亿，我国的城镇化率将达到 70%。可见，城市使人们的生活、工作和交往方式发生巨大改变，城市移民群体不仅是新城市的建设者，也是城市的组成部分，城市对迁移人口的管理对于经济和政治发展起到重要作用。城市移民正以不同的方式影响着全世界范围内城市发展的多样性。中国实行福利属地化管理，因此，众多

① 国务院人口普查办公室、国家统计局人口和就业统计司．中国 2010 年人口普查资料，2012.

学者一致认为当代中国的户籍制度是引起社会公正与平等偏失的根源。

1.1.2 城市移民类型

当前，城市移民类型的划分并没有确切的标准。朱力（2003）从体力流动人口的生存状况与社会地位出发，将城市新移民分为智力流动人口、资本流动人口与体力流动人口。有学者认为不能把城市新移民等同于农民工，投资移民、智力移民、技术移民等种类的移民与出卖体力或从事基础服务岗位工作的劳动者有本质区别，需要特别关注。李士娟（2014）将城市移民划分为从事体力工作的劳动力移民、智力移民、商业移民和政策移民四大类。荆玉斗（2016）以社会分层的视角，从来源地和受教育程度两个维度，将城市移民群体分为城市受过高等教育的移民群体、城市未受过高等教育的移民群体、农村受过高等教育的移民群体和农村未受过高等教育的移民群体四类。

综合各学者的研究，智力移民是指接受过高等教育、从事就业门槛和工资收入相对较高的工作的城市移民群体。20 世纪 90 年代末以来，中国的高等院校招生规模急剧扩大，对高等院校毕业的大学生采取“统包统分”的政策，使得刚毕业的大学生就获得就业所在地的户籍，成为该城市的城市居民。随着毕业生数量的增多，就业政策也随之发生改变，绝大多数毕业生需要自己寻找工作岗位，城市落户政策逐渐严格规范起来，只有达到硬性落户条件的毕业生才可以在城市落户。因此，刚毕业却没有城市户口的大学生，只能属于该城市外来人口的一部分。随着高等教育的日渐普及，受高等教育的人群日益增多，形成了一个全新的城市移民群体，即智力移民。进入 21 世纪以后，随着经济结构的转型，各城市对于“人才”的抢夺进一步改变了城市间的落户要求，目前，许多大城市、省会城市和经济中心城市均出台针对智力移民落户的优惠条件，智力移民在城市的福利待遇和选择机遇得到提升。

技术移民有可能来自农村富余劳动力或乡镇下岗职工。中国城乡经济发展差距的加大以及农村家庭联产承包责任制的实行，推动了农村富余的劳动力流向城市。区别于传统的劳力型移民群体，该类型移民依靠专业技能和过硬的本领能够获得所在公司和城市的认可，受落户奖励机制的照顾，可以优先迁入东部沿海经济发达地区。该群体大多数是年轻人，接受过初中或者高中的义务教育，男性移民者主要从事建筑、运输等行业，女性移民者多从事餐饮、保洁等传统服务行业。

投资移民是指在城市中拥有自己的投资产业，他们依靠资金或者技能经营企业，创造利润来维持家庭生计和产业发展。投资移民的经济收入相对于智力移民和技术移民更高，但是同时也会承担较高的风险。

1.1.3　城市移民原因

国内外学者们研究城市移民的原因大体基于经济学、社会环境和个体差异三类角度。

1. 经济学的角度

Larry A. Sjaastad（1962）和 Michael Todaro（1970）等学者以迁出地与迁入地之间的工资差距的定量分析为基础，认为移民行为的产生取决于当事人对于发生迁移后获得收益的估算，当移民后预期获得的收益明显高于移民成本时，移民行为就会发生。Oded Stark（1991）等认为收入差距对于移民行为的影响不同，引发移民的原因不是两地收入的绝对差距，而是因为对比参照之后使人产生的心理落差。同一地区内，处于收入底层的家庭相对于生活水平较高的家庭来说更易选择移民。收入差距较小的地区相对于收入不均衡的地区，居民的安居心理更强烈，不易产生迁移行为。

在前人研究的基础上，Alejandro Portes 等（1985）提出了“族群聚集区理论”，他们认为已成功的移民群体在自身发展的基础上形成的经济圈对原来居住地的人群产生了特殊的吸引力。近年来，在商品、资本和信息的国际流动的基础上，学者们开始将人口流动与全球化趋势研究结合在一起。

2. 社会环境的角度

首先，自然环境是人类生存发展的基础，自然资源越丰富的地区越会对人口迁移产生拉力。例如，美国的“淘金热”以及中国的“闯关东”

“走西口”“下南洋”等，都证明丰富的自然资源是吸引人口流动的重要因素之一。其次，社会习俗差异也是影响城与乡、城与城之间人口流动的重要因素。此外，社会政策也是影响城市移民的重要维度，例如，新疆建设兵团的屯垦、“三线建设”等政策项目，造就了一批工业基地和工业城市，也为当地带来了大量的移民。

3. 个体差异的角度

个体差异是人口迁移流动的重要推力，在迁移流动中最有活性的年轻人是主要载体。因此，年龄在人口迁移中起着非常重要的作用，在外出务工、经商、学习的群体中年轻群体所占的比例最高，大量活跃的年轻农村劳动力流向城市，留在农村中的多是留守儿童、老人和妇女。特殊的留守群体也从侧面反映了移民的个体性差异。

1.2 城市移民理论流派

朱杰（2008）认为移民理论流派，主要有推拉理论、新古典经济学移民理论、双重劳动力市场理论、发展经济学中的人口迁移理论、马克思农业劳动力转移理论、新经济移民理论、世界体系移民理论和移民系统理论等。

1.2.1 推拉理论

E. G. Raven Stein 认为追求经济状况的改善是影响人类迁移的重要因素。按照人口迁移的机制、构造以及空间特点，E. G. Raven Stein 提出了著名的人口迁移七大定律。研究范围包括迁移机制、迁移结构和迁移的空间特征，以经济率、城乡率、性别率、距离率等界定人口迁移的内涵。

唐纳德·博格（Donald J. Bagne）率先提出推拉理论。他认为，人口流动是两种分歧力量相互博弈的后果：一种是推进人口流动的正向推力，另一种是阻止人口流动的负向拉力。在人口流出地，生态资源枯竭和不合理使用、忽视生产成本扩张等导致失业和就业结构性不足，产生推动人口流出的“推力”；同时也存在“拉力”，如家人团聚的欢乐、温馨的社区环境、出生和成长过程中长期形成的社交黏性等。在流入地，“拉力”起主导作用，吸引外地人口进入。产生拉力的主要因素有密集的就业机会、较完善的基础设施、开放的风土人情等。Evertt. S. Lee（1966）在推拉理论基础上，又弥补了第三个力——“中间力”，也称障碍因素。这主要包括物质障碍、语言文化不通以及移民本人的价值判断能力。人口流动是“推力”“拉力”“中间力”这三个因素综合作用的结果。

按照推拉理论，影响城市移民的因素主要有以下几点。(1) 生活环境因素。生活环境因素是自然环境和社会环境中与人类生存密切相关的前提条件总和，城市的生活环境是影响人口迁移地区的关键环节之一。(2) 经济发展因素。经济发展因素对人口迁移起着基础作用，经济发达的地区，人民生活品质更好，资源流通速度更快。(3) 公共政策因素。政治、民主、和平的城市更加吸引人们迁往。每个城市都有适合自己发展的公共政策，与公共政策的价值相联系的是其利益相关性，多数公共政策都涉及对以利益为核心的社会价值的分配。(4) 文化因素。高质量的文化教育或者宗教信仰可以帮助提高人民群众的生活质量，满足广大人民群众的文化需求，保障人的全面发展。

1.2.2　新古典经济学移民理论

新古典经济学将供给与需求引入人口迁移的研究中，该理论认为是劳动力要素的地区供需差别引发人口迁移。舒尔茨的人力资本理论认为，对个人来说，对人力资本投资的方式之一是迁移，迁移有可能提升自身的经济效益，实现生活经济社会地位的提升。Cebula 和 Veder（1973）发现，在美国 39 个都市中，人口净迁入量与人均收入呈弱正相关关系。众多研究表明，在市场调节的作用下，移民对经济机遇的自发选择会引发人口迁移行为。

新古典经济学假定单一个体是迁移过程的最小单位，但许多学者认为个人决策实质上与家庭状态有很大联系，家庭迁移理论逐渐形成。该理论解释，人的迁移行动不仅取决于个人预期收入，更主要的是受到家庭情况的影响。短期迁移是经济利益最大化和风险最小化的家庭策略，由家庭成员共同做出迁移决策，为充分利用城市和农村（家庭）资源而选择周期性往返迁移。

1.2.3 双重劳动力市场理论

M. J. Piore 在研究中发现，有些干得不错、取得较高收入的工人与那些持久失业、劳动报酬较低的工人在人力资本方面并无明显的差别，因此人力资本理论不足以解释劳动力市场上的工资现象。基于双重劳动力市场理论，上层市场对劳动者教育水平和技术能力要求较高，对应的是提供高收益、高保障、环境舒适的工作。基层市场的特点是工资待遇低、工作环境不稳定、缺少可观的发展前景。进入城市的移民虽然通过就业增加了收入，但是往往会被限制在边缘行业。上层劳动力市场都被当地居民占据，而从落后地区迁入的居民则大多只能在基层市场中就业，以填补本地劳动力的结构性空缺。

1.2.4 发展经济学中的人口迁移理论

发展经济学视角的人口迁移理论以 Lewis 和 Todaro 为代表。Lewis（1954）把发展中国家经济模拟成两个部分：一个是传统农业部门，即以传统生产方式进行生产，劳动生产率极低的部门；另一个是现代工业部门，依靠现代生产方式、劳动生产率和工资水平较高的资本主义部门。经济发展依靠现代工业部门的扩张就需要农业部门提供众多廉价劳动力，同时需要工业部门提供高级的生产工艺。所以边际劳动生产率是影响两个部门之间劳动力传递的主要原因，人力都是从边际劳动收益率低的产业流向边际劳动收益率高的产业，从而鞭策一个国家从农业化进入工业化。20世纪六七十年代，在很多发展中国家，城市赋闲现象严重，但仍有大量的农村人口源源不断流入中心城区，与城市“充分就业”的条件假设不符。

美国发展经济学家 Todaro（1970）以钻研农村人力资源进城所获“预期收益”的多少为突破口诠释这一现象。他不仅填补了 Lewis 迁移模型中对城市就业率的疏忽，还以简明的变量论述了影响城乡之间人口流动的原因。他认为促使劳动力转移的基础是人们对受益与成本的理性衡量，迫使人们流入城市决策的关键因素是预期城乡收入差距。因此，大多数发展中国家城市的高失业率是“城乡发展不平衡”和“经济机会不平等”双重困境下的必然结果。

1.2.5　马克思农业劳动力转移理论

马克思的经济著作中包含丰富的劳动力转移论断。他认为，在资本主义国家里，财富持续不断发展产生了过剩的工业人口，成为资本主义积累的杠杆。虽然资本积累增加劳动力需求，但对规模不断扩大的工业化大生产来说，仅依靠劳动力数量的自然增长是不够的，还迫切需要有不以自然限制为转移的产业后备力量。现代工业化是社会经济发展的必然产物，是国家或地区的经济结构发生从以农业为主向以工业为主的巨大转变。资本积累来源于对剩余价值的无尽索取，资本主义生产方式是剥削剩余价值的条件。而拥有大量的资本和劳动力又是资本主义生产的前提。马克思的思想揭示了资本主义的残酷本质，同时也发现现代工业发展的重要条件是农业剩余劳动力的转移。

1.2.6　新经济移民理论

新经济移民理论是在批评“Todaro 模型”基础上形成，该理论重视研究影响移民输出的原因，Stark 等认为不同地区和社会地位的居民对于收入差距的反应有差异，产生移民的动因是同参照群体对比后产生的“相对失落感”而不是“绝对收入差距”。在相同地区内，收入低的家庭相对于收入高的家庭失落感更强烈，而在不同的地区，收入不均地区的人失落感更猛烈。当社会产生剧烈变动时，强烈的“失落感”鞭策人们权衡利弊，成为人们出走异乡、追求社会地位晋升的动力。新经济移民理论夸大家庭整体效用，将家庭视为寻求收益最大化的主体，家庭成员小我的迁移行为不但增添家庭的绝对收入，还能提高整个家庭的本地社会等级。

1.2.7　世界体系移民理论

1974 年，伊曼纽尔·沃勒斯坦提出“现代世界体系”理论，他认为世界体系由主导核心国家、半边缘国家和边缘国家三个同心圆构成。资本主义生产方式由主导核心国家向边缘国家扩大、渗入，使边缘国家融入核心国家主导的全球经济。当发展中国家参与国际商贸流通网络后，商品、资本、信息的国际化会推动人口迁移，移民潮是市场经济全球化的直接成果。世界体系移民理论重点关注宏观社会的发展过程，其认为世界政治、经济的不平衡发展对国际移民具有推动作用（傅义强，2007）。

1.2.8 移民系统理论

Kritz 等提出移民系统理论。移民系统理论认为，因为政治、经济、文化和交际接洽等缘由，殖民国家与被殖民地之间构成紧密而稳定的纽带，致使大规模移民现象持久发生；众多移民接受国和输出国共同构成了世界移民系统。在宏观层面的世界政治经济状况、国际关系以及政府的移民政策与法律制度和微观层面的家庭与社区关系共同组建了移民链。移民的产生是宏观与微观结构相互影响和作用的结果，移民系统的运转会随宏观与微观结构的完善而持续运行。

1.3 城市治理的研究进展

城市治理研究涉及经济学、政治学和法学等多个学科。多数学术研究聚焦于治理兴起原因、治理的概念以及政府在治理中的作用的研究。治理研究内容主要包括：对单个国家的治理环境的研究、对不同国家治理情况的比较研究、对某一特定组织治理问题的研究、对跨区域状况治理问题的研究。

1.3.1 城市治理的概念

20 世纪 70 年代，西方国家许多社会问题的合力爆发从事实上宣布了凯恩斯主义的失败。经济滞胀、财政危机、信任危机和效率低下等问题激起新自由主义思潮涌现。因此，20 世纪 80 年代中期以来，新公共管理运动提出要成立“企业型政府”“以市场为本的公众行政”。20 世纪 90 年代，在全球化与信息化浪潮的推动下，国际形势的变化和西方国家内部变革推动大城市政府加倍研究更有效的城市管理的理念和方式，使得公共管理视野下的城市治理研究得到飞速发展。

以世界银行为代表的国际大型金融机构希望受援国能遵守它们所确立的制度理念，常使用“治理”一词来专门描述“国家改革”或“社会政治变革”，这是一种利用相对没有攻击性的学术观点来商讨政治敏感问题的方式。目的是不让人以为国际组织和机构有越权干涉主权国家的内政的不当意图。国际组织通过宣扬适合全球经济运行形势的“治理”理念，对组织内国家的社会经济体制进行干预和引导，目的是寻求一种不同于传统的政府管制的做法，发展世界范围内先进的、普适的、创新的发展理念。

全球治理委员会（1995）对治理进行如下界定：治理是公立机构和私立机构共同涉足治理事务的众多方式的总和，是调和分歧的利益者的冲突并促进开展联合行动的持续历程。治理既包括制定正式制度和规则，也包括非正式制度安排。治理是一种持续的互动过程而非一部规则或一项活动；治理过程重在奠基和协调；治理包括对公共部门和私人部门的多方管理。

踪家峰（2003）指出城市治理是指城市发展过程中的一种制度安排，治理决定城市主体或城市利益相关者之间的隶属关系或行事机制。这种制度设计影响城市的利益分担者和利益相关者介入管理机制的位置和影响城市决策的能力。城市治理随着城市的发展和成长不断变化、创新。城市治理的重要形式包括：协调城市政府与市民的关系，即通过委托代理关系实现城市治理这一最基本问题；协调城市政府组织内部科层间的关系，解决政府行政运作中的委托代理关系；协调城市政府间多层级部门关系，维护辖区政府部门间、上级政府及中央政府的上通下达；维护城市与郊区的协调发展，平衡城市发展体系中的各种力量；协调城市政府、企业或跨国组织间的关系，维护形成良好的合作氛围。在经济全球化与信息化的潮流中，城市治理区别于城市管理的特征在于：治理说明城市政府的治理决策包含非传统因素在内的多元化的因素，需要政府因此转变职能和决策过程。在日益复杂多变的环境中，城市利益相关者对城市发展的参与性和主动性更强，城市的兴衰不仅依靠政府精简职能，也切实需要城市价值相关主体的并肩作战。

综上所述，城市治理是城市各主体对城市公共事务管理的介入行为，其目的是通过参与过程有效解决城市公共问题以维护公共集体利益。城市治理始终面对两个基本问题：（1）治理主体的职权范围和推动社会经济发展过程中担当的角色；（2）治理主体达成治理目标的路径和方式。当代城市在推动世界经济发展中逐渐成为特色鲜明的主角，因此，选择恰当的治理思路尤为重要，城市治理应在强调合作、协调、公平、效率、止于至善等思维中形成良策。公平、和谐、追求效率与创新城市治理模式对于实现城市可持续发展意义重大。

1.3.2 城市治理的范围

城市系统内环境复杂多变，尤其是特大城市的治理是一项复杂的工程。城市的外部治理，实际上触及城市发展环境的治理。主要针对城市与中央政府、周边城市之间的关系梳理和维护。在国家，中央政府拥有至高无上的职责，服务范围涵盖全国。地方政府与中央政府之间存在行政上的隶属关系，但地方政府并不是被动地接受这种隶属性的限制，而是具有一定的自主权。政体常常在中央集权向地方分权转型中出现中央政府政策与地方政府单个部门的政策“条块矛盾”的现象，这主要是受地方实力增长过快的影响，或因地方政策执行的环境不充足而导致地方与中央之间、各区域之间以自身利益为基础，制定特别的治理政策，因此就会产生区域经济联系、合作和冲突等。

城市的内部治理，是指对城市主体中各利益相关者权责边界的划分和相互作用，包括评定适度的经济刺激力量、调节适当的产业结构和空间布局、维护市场经济秩序的安定、积累城市财富、增加公共基础设施建设；社会治理是通过调整与改善城市分配关系，组织构建城市基本社区单元以整顿与维护城市治安，减少社会问题的发生概率；环境治理主要包括对城市空气、水资源、土地资源等生产要素的污染问题治理以营造舒适可持续的城市发展环境；应急治理是针对有可能发生的危及公共安全的灾害建立预警方案，采取实时、有效的手段避免或减轻危机水平。

当前，智慧城市建设在各地呈现遍地开花之势，互联网新技术深度介入城市建设。人工智能、大数据、云平台逐渐构建起新的城市大脑，城市管理及生活明显呈现出智能化、便捷化、人性化的发展趋势。城市治理规则的建立将大幅度降低城市治理成本，快速激发城市活力，优化社会软、硬环境。多元、包容、创新是新时代城市发展的特征，也是促进城市移民融入，实现文化认同的基石。相较于仅依靠物质、契约和制度等理性的治理方式，在良好的城市治理理念和文化氛围中形成的居民自治的社会成本、人力成本、环境和资源压力更小。

1.4　城市治理相关理论

国内学者吴晓林等（2017）梳理了城市治理的相关理论脉络，他们认为国内城市治理沿循“地理单元指向”和“公共权力指向”两个维度，最终形成合流。本小节按照他们的溯源分类指向，解释和补充了城市治理的相关重点理论。

1.4.1　大都市政府理论

大都市政府理论又称为传统区域主义理论，这种理论认为权威的碎片化和众多地方政府的辖区重叠是城市政府制度失败的根源，该学派认为应该从中心城市治理入手控制城市边缘地区的扩展，将现有的城市政府权威统一为超级大都市政府，在宏观上统一化解地方问题。“大都市政府”的构想具有一定的理论依据，可以通过强大的政府维持中心城市与边缘郊区的财政平衡，实施区域规划战略，让行政制度实现统一运作。多伦多大都市区政府是世界上出现较早的大都市管理机构，此后还有大鹿特丹政府、大伦敦政府、巴塞罗那联合政府等。20 世纪 80 年代，该理论出现衰落，其原因可以概括为以下两个方面：（1）解决大都市问题需要地方政府、社会团体和大众的共同配合和努力，这使得大城市政府不得不分割一部分权力和职责，从而削弱了大城市政府的权威；（2）老式官僚掌控大都市政府，他们放纵使用权力工具，使得政府并不能完全介入地方事务中

（Lefèvre，2010）。

1.4.2 多中心治理理论

20 世纪 50 年代，大都市风云多变，改革浪潮纷起，政府鼎新革故，公共选择学派伺机强烈抨击政府当局。受此影响，多中心治理理论开始兴起，并且在 20 世纪 60 到 80 年代末这一时段内占据了主导地位。Charles M. Tiebout 是最早将多中心治理理论运用于城市治理的经济学家之一。Vincent A. Ostrom 发扬了 Tiebout 主张中的隐含模型——呼吁多个单位间进行竞争、提高效率，并认为多中心政治体制只能通过合作模式，即在各单位之间的竞争与冲突并存的环境中得以理解和评估。地方政府的低效率与政府的高分散度和重叠管辖有关系，政府结构分散可能会产生积极的财政效果。这种理论后来招致很多批评，主要在于多中心治理理论忽视了效率与公平的关系，其不仅对中高收入群体的假设存在缺陷，更难以对无力迁移的人进行考量。

1.4.3 新区域主义理论

在多中心治理理论及其实践大行其道的几十年内，西方国家城市内部碎片化程度进一步加剧，多个地方单位层层叠叠又互不隶属，因而被称为大都市区的“巴尔干化”现象。随着 Savitch（2000）的《新区域主义道路》和 Wheeler（2002）的《新区域主义：新兴运动的主要特征》两篇论文发表，新区域主义理论于 20 世纪 90 年代登上舞台。新区域主义理论摒弃了传统官僚制和市场机制，将区域治理看作多个政策主体之间相互依赖与相互合作以解决公共问题的动态过程。新区域主义理论主张“治理而非管理”“跨部门、协作、进程与网络化布局”。

1.4.4 尺度重构或再区域化

进入 21 世纪，有学者强调国家的政治和地理范围正在被重新划分，且这种更小的管辖范围规划是权力下放的关键工序之一。因此尺度重构或再区域化的概念开始兴起。城市同样要经历尺度重构，从而创造或者增强大都市的决策能力，并将更多的地方服务向下转移给新的（或者复兴的）更低层次的单位。尺度重构是一种新的理论视角，其重点着眼于在全球化背景下改变城市区域边界和大都市区治理的制度安排，以提升作为世界性城市的经济竞争力。这种主张虽然有利于促进区域经济发展，但由于提出时间短，理论建构尚未完善，也没有统一的权威定论，其实际作用亦存在争议，因此，多数学者并未将该理论纳入治理理论范畴，该思路仍有待进一步探究。

1.4.5　增长机器理论

20 世纪末，西方国家在经济生产方式和资本流动上出现了较大的变化，跨国经济行为兴起，为在政治上解决凯恩斯主义所导致的政府失灵危机，企业精英、非政府组织、工会和社团等组织成为影响政策过程的新生力量，在这种资源有限和环境多变情况下的权力研究理论，仅靠精英论与多元论的争辩是不能完整地解释城市权力结构的发展的，各城市政治研究学者们纷纷开辟新的路径，其中比较有代表性的是增长机器理论（Growth Machine Theory）和城市机制理论（Urban Regime Theory）。Molotch 和 Logan 是增长机器理论的典型代表人物。

Molotch（1976）认为城市增长是政治和经济发生的主导原因。城市最主要的使命是促进增长，增长的同时促使经济利益集团、公共部门和第三部门的领导者、媒体从业者等结成同盟。追求资源和促进增长是地方工商精英的共识。由众多地方精英所组成的增长联盟不是直接参与城市决策，而是企图影响决策或者提出地方发展理念。他们经常试图通过对其不动产的使用或扩张，实现其利益的增长。增长机器理论与城市精英论的观点似乎有些许关联，即城市中的确存在利益一致的精英团体，但增长机器理论同时也关注“精英群体为何形成相同的利益”等深层次的议题，这些深奥且有趣的现实问题都被归纳在增长的议题中。

1.4.6　新马克思主义城市治理理论

20 世纪 60 年代末和 70 年代初，伴随资本主义国家城市危机的出现，一些学者开始求助于马克思主义理论和方法，试图重新审视城市问题。马克思历史唯物主义中的关键因素——人的社会生产，直接推动了社会空间的变化。新马克思主义城市治理理论反对精英理论，但是由于其过于宏观，忽略了微观变量的影响，亦缺乏实证研究和事实依据的支持，因此，该理论未能成为主流。

1.4.7 城市政体理论

20 世纪 80 年代以来，城市政体理论从“谁统治”的主题转向了关注“如何统治”，再也不仅将权力视作社会控制手段，而是将精英主义和多元主义争论的核心从“垂直的权力”转移到社会生产的表达方式上，城市政体理论逐步成为研究地方政治的主导方式。Gerry Stoker（2001）进一步丰富了城市政体理论的内涵，指出市场与国家之间的劳动分工使权力趋于分散，且政权是一种合作性安排，城市需要地方政府和私人参与者来共同管理。城市政体理论成为 20 世纪 90 年代至 21 世纪初期美国城市政治学的主流理论，对特定历史时期及特定地域的社会政治经济现象也确实具有较强的描述力，但由于对政体形成和维持等过程中的变量的解释力不足，城市政体理论被批评为更像是一种概念、模型抑或分析框架，而非具有成熟学科价值的理论。

1.4.8 制度性集体行动理论

进入 21 世纪，合作治理几乎成为一个共识性的分析框架，逐步打破了传统统治观的局限，城市社会的多元力量得以重新排序。一种新的制度性集体行动理论，隐约呈现出地理单元指向与公共权力指向的“合流”，但这一趋势仍有待进一步观察。Richard C. Feiock（2007）主张制度性集体行动理论，认为地方政府能够通过集体行动建立公民社会，私营部门或非营利组织等其他行动者会因为可能的收益，充当促进合作的第三方力量，最终实现没有单一大都市政府的大都市治理的核心。Feiock 认为双边合同和多边集体行动是通过两个或两个以上政府的集体行动，在一个较大的区域中提供或生产服务从而获得收益的机制，这些机制结合起来，就可称为制度性集体行动理论。该理论主要探讨如何使地方政府以及其他不同主体之间达成良好的自愿性合作，共同处理产业布局、环境治理和资源交换等区域性问题。这种理论以不同的地理单元为分析基础，并且关注合作生产这个目标，其核心议题是分权化的治理体系如何能为追求联合行动效益而形成集体行动。作为一种新兴理论，制度性集体行动理论还处于成长之中。总体而言，制度性集体行动理论不仅为未来城市治理的发展提供了研究基础，还拓展了研究方向，为深入研究区域协同治理机制提供了较有力的分析工具，其发展方向和理论价值亦会在日后的实践中得到进一步验证。

1.5　本章小结

本章主要对国际上城市移民与城市治理等相关概念和理论流派进行梳理和回顾。城市移民的概念主要依照户籍属性、迁移时长和居住地点属性等界定。城市移民类型主要有投资移民、智力移民、技术移民等。国内外学者们研究城市移民的原因大体基于经济学、社会环境和个体差异三类角度。移民理论流派，主要有推拉理论、新古典经济学移民理论、双重劳动力市场理论、发展经济学中的人口迁移理论等。城市治理研究涉及经济学、政治学和法学等多个学科，聚焦于治理兴起原因、治理的概念以及政府在治理中的作用的研究。治理研究内容主要包括对单个国家的治理环境的研究、对不同国家治理情况的比较研究、对某一特定组织治理问题的研究和对跨区域治理状况的研究等。城市治理的“地理单元指向”发展出了大都市政府理论、多中心治理理论、新区域主义理论与尺度重构或再区域化主张；“公共权力指向”则发展出增长机器理论、新马克思主义城市治理理论和城市政体理论；而制度性集体行动理论是一种新兴理论，其发展方向和理论价值将在日后得到进一步验证。

第2章　国际城市移民的发展概况和特点

本章首先根据国际移民组织（International Organization for Migration, IOM）的《世界移民报告2015》和联合国经济与社会事务部（United Nations Department of Economic and Social Affairs, UN DESA）的《国际移民报告2017》，从总量和区域两个方面分析了世界移民发展情况。在此基础上，通过查阅西方主要国家政府网站或学术期刊等资料，从移民特点（来源、构成、数量）及规律等方面，对美国纽约、英国伦敦、法国巴黎以及日本东京四个代表性的全球城市移民的演进进程进行介绍。本章对国际移民发展和国际城市移民的概况和特点的分析，可以为中国城市移民融入问题分析提供经验借鉴和比较案例。

2.1　世界城市移民发展概况

由于世界人口老龄化，各国内部以及国与国之间地区发展的不平衡，加之自然环境与气候的不稳定性等因素，人口逐渐向城市转移。目前的城市人口是39亿，并在未来几十年内保持持续增长，到2050年城市人口预计将达到64亿。而全世界快速的城市化发展不仅仅是由于人口自然变化所致，移民人口的增长才是城市化发展的最重要推动力。全球每周约有300万人口移居到城市，移民问题本质就是城市问题，或者说城市社会问题的本质在一定意义上也可以认为就是移民问题。

然而较多低收入国家没有条件定期进行人口普查，这使得世界范围内有关城市移民的数据不完整且相对滞后。同时各国对城市中外国出生人口的定义并不统一，导致统计出来的移民数量可能不具有可比性，比如大多数国家将出生在领土边界以外的人定义为外国出生人口，有些国家比如荷兰对外国出生人口的定义不仅包括第一代移民，还包括出生在本地的第二代和第三代移民。还有些国家从法律地位的角度划分外国出生人口。此外，各国的数据质量与内容本身就存在着较大差异，得出的结论不具有准确性，因此，数据的限制为定量分析世界城市移民问题带来了一定阻碍。基于数据的科学性和可得性，以下内容参考了《世界移民报告 2015》《国际移民报告 2017》两份报告，从总量和区域两个维度阐述世界城市移民发展概况。

2.1.1　世界城市移民发展的总量特点

国际移民是指跨越国界的长久性人口空间移动，特别指的是在其原常住国以外居住超过 12 个月的人。在全球化的冲击下，人们为了获得比原来所在国家更多的工作机会以及更高的工资而来到国际化大都市。国际移民主要分为:（1）永久性移民，主要是合法移民，包括加入了该国国籍或取得了该国永久居住权；（2）临时性劳工移民，以在迁入国从事季节性工作或非长期合同的劳工为主；（3）非法移民，包括非法买卖人口和偷渡移民，也包括其他形式的非正常移民或未有合法证件的移民。

从 2000 年至 2017 年，世界范围内国际移民的总量从 1.73 亿逐年上升至 2.58 亿，移民总量增长了近 50%。在世界人口中的占比也从 2.8%上升至 3.4%，移民数量的增速快于世界人口增速，移民总量年平均增速保持在 1%以上，特别是在 2005—2010 年，移民数量的增速达到最高，为 2.9%。近年来移民数量增速有所回落但依然保持在 2%附近，移民已成为一种国际普遍现象。

从国际移民的性别构成看，男性数量要多于女性，且两者的差距在逐渐增大。2000 年时，男性移民数量约为 0.87 亿人，女性移民数量约为 0.85 亿人，两者相差约 0.02 亿人。而到了 2017 年，男性移民数量约为 1.33 亿人，女性约为 1.25 亿人，两者相差约 0.08 亿人。

从国际移民的年龄构成看，大部分移民年龄为 20~59 岁，对应为劳动适龄人口。30~34岁的移民占比最高，以30~34岁年龄段为分段区间：在30岁以下的年龄段，年龄越大，移民数量越多；而在34岁以上的年龄段，年龄越大，移民数量越少。从2000年以来，25~44岁的年龄段占比一直在8%以上，在2017年，40.77%的移民的年龄段为25~44岁。移民的主要组成部分为劳动适龄人口，特别是平均劳动效率较高的30~44岁的中青年。

从国际移民目的地看，传统的移民目的地城市是比较集中的，主要分布在美国、加拿大等北美地区以及英国、法国等欧洲地区和澳洲地区。移民输出地主要是南美、南非、东南亚地区，基本为经济水平较落后的发展中国家。当然，随着新兴经济体的快速发展，一些发展中国家的部分地区成为新兴移民目的地，如印度的新德里、孟买，中国的上海、深圳、香港，巴西的里约热内卢、圣保罗，阿根廷的布宜诺斯艾利斯，俄罗斯的莫斯科，南非的约翰内斯堡等，它们一方面向国外输入移民，另一方面也接收世界主要移民。这反映了当前全球移民流动地区的转变，发展中国家向发展中国家迁移即南—南迁移在国际移民中逐渐扮演重要的角色。

从2000—2017年国际移民四种迁移路径所占比例的演变看，南—南迁移和南—北迁移为主要迁移路径。2013年，南—南移民超过南—北移民。到2017年，南—南迁移占比一直处于最高，约为38%，南—北迁移占比约为35%，发达国家之间的人口流动较少。发达国家向发展中国家的人口流动更少，北—北迁移从2000年以来持续下降，到2017年约为22%。北—南迁移维持不变，基本处在5%左右的水平。以上事实再次证明发展中国家之间的移民已经成为世界移民的新兴主流方式，这反映了人口主要向传统的发达地区和正在发展且发展较好的地区集聚。

与此同时，世界新兴移民目的地的国内移民数量也在增长，使得这些国家的城市规模迅速扩张。据统计，全世界有7.4亿国内移民。根据联合国城市类型的划分标准，超大型城市指人口规模超过1 000万的城市；大型城市指人口规模为500万~1 000万的城市；中型城市的人口规模为100万~500万；小型城市人口规模则为100万以下（表2-1）。其中，40%的城市人口集中在中型城市以及更大规模的城市。《世界移民报告2015》指出，移民特别是国际移民，往往迁移至中等规模及以上的城市。国际移民和国内移民大大推动了世界范围内城市的产生和发展。

表 2－1　城市类型的划分

城 市 类 型	人口规模/万	占世界城市人口总数比例/%
超大型城市	>1 000	12
大型城市	500～1 000	8
中型城市	100～500	20
小型城市	<100	60

资料来源：根据联合国城市类型的划分标准。

2.1.2　世界城市移民的区域特点

由于区域发展的不平衡，人口流动也注定不平衡，那些就业机会多和发展条件好的地区，就成为国际移民的主要目的地。2000—2017 年，国际移民的绝对数量在不同区域间的分布是不均衡的。

（1）从发展程度看，发达国家的国际移民数量一直高于发展中国家（表 2－2）。在 2005 年两者的差距是 0.42 亿人，达到最大值，之后呈现下降趋势。在 2017 年，发达国家的移民数量达到 1.46 亿人，相对于 2000 年增长约 41.75%。而发展中国家为 1.12 亿人，相对于 2000 年增长约 62.32%。两者在绝对量上相差 0.34 亿人，但在增长率上发展中国家比发达国家高 20%以上。

（2）从地理位置上看，亚洲和欧洲一直是移民数量最多的两个洲，两者的差距变动不大（表 2－2）。在 2017 年，亚洲的移民数量达到 0.79 亿人，欧洲为 0.78 亿人。北美洲的移民数量一直保持上升趋势，且增速较快，在 2017 年为 0.58 亿人。非洲的移民数量在 2005 年以后开始上升，且不断增加，在 2017 年为 0.25 亿人。拉丁美洲和加勒比地区以及大洋洲的移民数量最少，在 2017 年分别为 0.10 亿人和 0.08 亿人。在增长率方面，非洲的增长率是最高的，2017 年非洲的移民数量相对于 2000 年增长了约 66.67%；其次是亚洲，约为 61.22%；大洋洲排名第三，为 60.00%；北美洲、拉丁美洲和加勒比地区、欧洲的增长率在 60.00%以下，分别约为 45.00%、42.86%和 39.29%。

表 2-2　2000—2017 年各类地区的国际移民数量及增长率

		移民数量/亿人					增长率（2000 为基期，2017 为报告期）/%
		2000	2005	2010	2015	2017	
按发展程度分	发达国家	1.03	1.16	1.31	1.40	1.46	41.75
	发展中国家	0.69	0.74	0.89	1.07	1.12	62.32
按地理位置分	亚　洲	0.49	0.53	0.66	0.77	0.79	61.22
	欧　洲	0.56	0.63	0.71	0.75	0.78	39.29
	北美洲	0.40	0.46	0.51	0.55	0.58	45.00
	非　洲	0.15	0.15	0.17	0.23	0.25	66.67
	拉丁美洲和加勒比地区	0.07	0.07	0.08	0.09	0.10	42.86
	大洋洲	0.05	0.06	0.07	0.08	0.08	60.00

数据来源：联合国经济与社会事务部数据库。

（3）从相对占比分析，在 2017 年，发达国家国际移民数量占比为 56.59%，发展中国家为 43.41%，前者比后者高 13.18%；按照地理位置划分，亚洲、欧洲和北美洲分别占比 30.62%、30.23%和 22.48%，非洲、拉丁美洲和加勒比地区、大洋洲占比明显低于上述地区，分别为 9.69%、3.88%和 3.10%。移民主要分布在发达国家，但发展中国家也占有较大比例。与之相对应的，亚洲、欧洲和北美洲成了移民主要集聚地区。

（4）从性别构成分析，移民的性别构成存在显著的区域差异。2017 年，在欧洲、北美洲、大洋洲、拉丁美洲和加勒比地区，女性移民数量超过男性，女性移民占总移民比例分别为 52.01%、51.50%、50.98%和 50.37%。而在亚洲和非洲，女性移民数量低于男性，女性移民占总移民比例分别为 47.13%和 42.39%。而相对于 2000 年，除了亚洲，其他五个地区的女性移民比例均有明显上升。女性移民的增加可能由女性预期寿命上升导致。而亚洲女性移民数量的急剧下降可能是由于西亚地区建筑等相关行业对流动劳动力的需求上升，而这些以体力劳动为主的行业更需要男性劳动力。

（5）从年龄分布上看，移民的年龄分布在发达国家和发展中国家有相似之处，同时也存在差异。无论是发达国家还是发展中国家，大部分移民集中在 20～59 岁，即就业年龄，发达国家该年龄段的移民比例为 70.03%，发展中国家为 68.56%，这与年龄分布世界总量特征一致。而在 0～19 岁年龄段，发展中国家移民的比例高于发达国家，前者为 21.06%，后者为 8.56%。在 60 岁以上的年龄段，发达国家高于发展中国家，前者为 21.41%，后者为 10.38%。

移民是全球现象，但大多数集中发生在部分国家，如北美洲的美国和加拿大，大洋洲的澳大利亚以及欧洲的俄罗斯等，表 2－3 显示了 2017 年国际移民数量排名前十的国家分布情况。可见，国际移民数量最多的国家是美国，2017 年美国的移民总量约为 0.50 亿人，占世界总移民的 19.31%，这与美国自身的发达水平以及其作为移民国家的历史传统是吻合的。沙特阿拉伯、德国、俄罗斯的移民数量占比分别为 4.73%、4.72% 和 4.52%。英国、阿联酋、法国、加拿大的移民数量占比分别为 3.43%、3.23%、3.07% 和 3.05%。澳大利亚和西班牙的移民数量占比分别为 2.73% 和 2.31%。以上数量排名前十的国家占有世界一半以上的移民，且发展中国家沙特阿拉伯、俄罗斯和阿联酋分别排在第二、第四和第六，表明发展中国家也是重要的移民接收国。

表 2－3　2017 年排名前十的国家的移民数量及其占世界移民总量的比例

国　　家	区域移民数量/亿人	占世界移民总量的比例/%
美　国	0.50	19.31
沙特阿拉伯	0.12	4.73
德　国	0.12	4.72
俄罗斯	0.12	4.52
英　国	0.09	3.43
阿联酋	0.08	3.23
法　国	0.08	3.07

续 表

国　　家	区域移民数量/亿人	占世界移民总量的比例/%
加拿大	0.08	3.05
澳大利亚	0.07	2.73
西班牙	0.06	2.31
合　计	1.32	51.10

数据来源：联合国经济与社会事务部数据库。

表 2－4 展示了 2017 年各地区移民数量（输出）的地区分布。亚洲的移民输出数量最多，为 1.06 亿人，占世界移民输出总量的 41.09%。其次是欧洲，为 0.61 亿人，占世界移民输出总量的 23.64%。拉丁美洲和加勒比地区、非洲的移民输出数量分别为 0.38 亿人和 0.36 亿人，占世界移民输出总量的 14.73%和 13.95%。北美洲和大洋洲分别为 0.04 亿人和 0.02 亿人，占世界移民输出总量的 1.55%和 0.78%。

表 2－4　2017 年各地区移民数量（输出）及占世界移民输出总量的比例

地　　区	区域移民数量（输出）/亿人	占世界移民输出总量的比例/%
亚　洲	1.06	41.09
欧　洲	0.61	23.64
拉丁美洲和加勒比地区	0.38	14.73
非　洲	0.36	13.95
北美洲	0.04	1.55
大洋洲	0.02	0.78

数据来源：联合国经济与社会事务部数据库。

表 2－5 展示了 2017 年国际移民数量（输出）排名前十的国家分布情况。印度是最大的移民输出国，在 2017 年输出 0.17 亿人，占世界移民输出总量的 6.43%。其次为墨西哥，占世界移民输出总量的 5.04%。俄罗斯

排名第三，占世界移民输出总量的 4.11%。中国排名第四，占世界移民输出总量的 3.88%。孟加拉国、叙利亚、巴基斯坦、乌克兰、菲律宾的移民输出占比分别为 2.91%、2.67%、2.33%、2.29%和 2.21%。英国作为发达国家，也有相对较多的移民输出，在 2017 年输出 0.05 亿人，占世界移民输出总量的 1.90%。以上排名前十的国家移民输出数量在世界移民输出总量中占比总和超过了 1/3，且除了英国外，其他排名前十的国家全部为发展中国家，表明发展中国家是重要的移民输出国。

表 2-5　2017 年排名前十的国家的移民数量（输出）及占世界移民输出总量的比例

国　家	区域移民数量（输出）/亿人	占世界移民输出总量的比例/%
印　度	0.17	6.43
墨西哥	0.13	5.04
俄罗斯	0.11	4.11
中　国	0.10	3.88
孟加拉国	0.08	2.91
叙利亚	0.07	2.67
巴基斯坦	0.06	2.33
乌克兰	0.06	2.29
菲律宾	0.06	2.21
英　国	0.05	1.90
合　计	0.87	33.76

数据来源：联合国经济与社会事务部数据库。

世界范围内主要存在全球城市，二级城市，人口衰退的城市和农村地区，半城市化、非正规居住区，贫民窟和过境城市六种不同的城市环境。全球城市是指那些在其所在国及世界有重要的经济地位的城市，常见的如美国的纽约、英国的伦敦、日本的东京、中国的香港等。根据 2014 年排名，全世界排名前二十位的全球城市均匀分布在欧洲、亚太地区和美洲，具体城市名称如表 2-6 所示。全球城市的移民数量约占 19%，是世界范围内主要的移民目的地。

表 2-6 2014 年排名前二十位的全球城市

地　区	城　市
欧　洲	伦敦、巴黎、布鲁塞尔、马德里、维也纳、莫斯科、柏林
亚太地区	东京、香港、北京、新加坡、首尔、悉尼、上海
美　洲	纽约、洛杉矶、芝加哥、华盛顿、多伦多、布宜诺斯艾利斯

资料来源:《世界移民报告 2015》。

图 2-1 显示了世界主要城市的外国出生人口比。排名第一的城市为迪拜,外国出生人口占比为 83%。排名第二的城市为布鲁塞尔,占比为 62%。迪拜是中东地区的经济和金融中心,布鲁塞尔是欧盟委员会总部的所在地。上述两个城市外国出生人口占比较高,且大于 50%,表明外国出生人口已经超过了本地人口,这是由于高流动性的劳动人口在这两个城市的集聚而导致。排名第三的为加拿大的多伦多,占比为 46%。除此之外,美国的洛杉矶、纽约、芝加哥,澳大利亚的悉尼,英国的伦敦,法国的巴黎等城市的外国出生人口占比也较高。

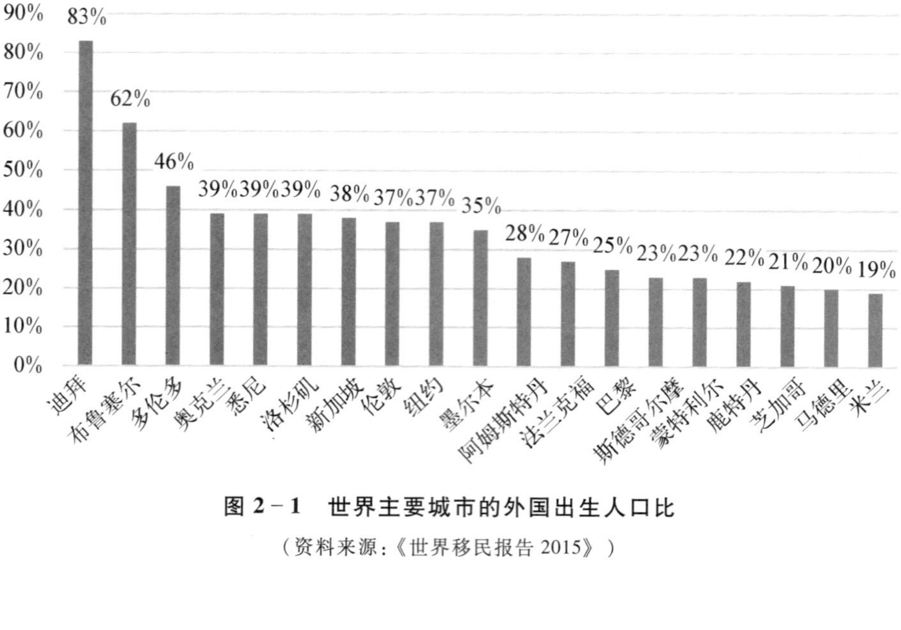

图 2-1 世界主要城市的外国出生人口比

(资料来源:《世界移民报告 2015》)

除了全球城市，二级城市也吸收了较多移民。二级城市的移民门槛较低，同时在就业机会、住房、个人安全、家庭关系、教育、公共交通、医疗条件和空气环境等方面具有一定优势，从而成为移民的重要目的地。这一新的移民趋势在北美洲和欧洲地区最为常见。在美国，人口呈净迁入的城市主要有生活成本低的阳光地带城市如达拉斯、菲尼克斯和休斯敦，以及领先的知识中心如奥斯汀、华盛顿、西雅图和旧金山。在加拿大，新移民和长期移民都在向二级城市转移（Tucker，2009）。在欧洲，也呈类似的移民趋势（Bayona et al.，2011）。

2.2　四大国际大都市移民的发展演变

2.2.1　美国纽约城市移民发展历程

1. 纽约城市移民特点

纽约城市人口的增长主要源于国际移民的增加，除了工业革命导致的居民从农村到城市的流动外，19 世纪初欧洲发生的“马铃薯灾害”促使大量人口迁往美国纽约，在 20 世纪又大约有 1 130 万人流入这座城市（表 2－7）。从中可看出，外来移民在 19 世纪中期和 20 世纪伊始时出现两次高潮，在 1870 年甚至达到了本土和外来移民各占一半的态势（林广，2004）。

表 2－7　城市化进程中外来移民占纽约城市人口的比例

年　　份	移民人数/人	移民占纽约城市人口比例/%
1820	123 000	11.0
1830	200 000	9.0
1840	312 710	—
1850	515 547	45.7
1860	813 669	47.1
1870	1 478 000	50.0
1880	1 206 289	—

续 表

年　份	移民人数/人	移民占纽约城市人口比例/%
1890	2 800 000	42. 0
1900	3 437 202	34. 0
1910	4 800 000	40. 8
1920	5 620 048	36. 1

如此大的国际移民比例是在其他国家甚至在美国的其他大城市中都没有出现过的。据记载，在 1890 年，纽约外来移民（包括第一代子女在内）已经达到城市总人口的 81%，这说明在当时，纽约城市人口增长的主要动力是由非本国居民提供的。在城市化完成后，即 19 世纪 70 年代以来的 40 多年中，移民人口从 170 万人增加到了 310 万人。1990 年到 2000 年，移民人口比例从 28%涨到了 36%，在 2016 年纽约市移民人口共占总人口的 37%。

纽约市规划局编写的移民人口报告显示，截至 2000 年，在 290 万官方统计的纽约市移民人口中，近 1/3 的移民来自拉丁美洲，24%来自亚洲，比全美国的亚洲移民比例（26%）稍低，同时非西裔加勒比海移民占 20%。19 世纪 70 年代，欧洲移民曾占纽约移民人口的 2/3。此后，越来越多的移民来自世界各地。在 290 万移民中，超过 100 万移民居住在皇后区，93 万移民居住在布鲁克林区，这两个区的移民占全市移民人口的 2/3,曼哈顿有 45 万、布朗克斯有 38 万、斯塔滕岛有 7 万。移民人口占地区人口比例最高的是皇后区（35%），其次分别是布鲁克林（32%）、曼哈顿（16%）。

2010 年纽约市拥有近 300 万新移民，其中拉丁裔占 31%、亚裔占 24%、非裔占 18%。2012 年到 2013 年纽约市新移民人口为 128 042 人，纽约市政府 2013 年 12 月 18 日发布的《最新纽约人》报告证明，自从 1965 年著名的《移民与国籍法修订案》生效之后，在纽约的外国出生人口翻了两番。截至 2013 年，纽约 820 万人口中有 37%是在美国以外出生的移民，总数达 310 万，其中来自多米尼加的移民最多，来自中国大陆和港台地区的华裔移民以 35 万的总数居第二。而在全美国的 3 100 万移民人口来源国中，墨西哥以

29.5%的占比高居首位，其次分别是中国（4.9%）、菲律宾（4.4%）。

如表 2-8 所示，2017 年纽约移民人口总数达 454 万，移民人口占总人口数的 22.9%，该数值要超过美国总移民人口占总人口的比例，纽约仍然是外来人口移民美国的首选城市之一。纽约移民中 65 岁以上的人口比例更高，女性占比更高。纽约的外国出生人口主要来自拉丁美洲，其次是亚洲，占比达到 29.7%，其中华人在亚裔移民中的占比为 10.4%。

表 2-8　2017 年纽约移民情况与美国移民情况对比

项　目	纽　约	美　国
移民人口	4 540 381	44 525 855
移民占总人口比例	22.9%	13.7%
年龄低于 5 岁	0.6%	0.7%
5~17 岁	4.4%	5.1%
18~64 岁	76.1%	78.6%
65 岁以上	18.9%	15.6%
女性占比	53.0%	51.6%
非　裔	4.5%	5.1%
亚　裔	29.7%	31.3%
欧　裔	15.8%	10.8%
拉丁裔	48.5%	50.4%
美　裔	1.2%	1.8%
大洋洲裔	0.3%	0.6%

资料来源：移民政策研究所（MPI）。

2. 纽约城市移民模式

同美国的其他城市一样，纽约也是经历了先城市化然后再逆城市化的发展模式。纽约人口经历了先缓慢增长，然后加速增长、快速增长和稳定增长的增长阶段后，人口开始缓慢减少，再进入稳定发展和缓慢增长阶段。首先纽约人口先向中心聚集，然后由核心区向其他区转移，并逐渐趋于平衡，各区均衡增长；再经历人口增速放缓阶段，人口由核心区进一步向周边城市溢出，但总体还是处于增长趋势；最后，人口开始回流（Watson

T N，2017）。

（1）移民集聚阶段

纽约是美国东北部都市圈的中心城市，优越的临海位置条件颇受移民偏爱，这也为纽约的产业发展提供了自然优势；工业革命使得商业、金融业等蓬勃发展，这对人口流动产生了巨大的吸引力；纽约大力发展制糖业、出版业和服装业，为城市移民提供了大量的就业岗位，吸引了周边城市及海外移民定居，因此形成了大量移民集聚纽约的现象。

（2）移民扩散阶段

当城市人口密度达到一定数量后，便会产生人口外溢现象。这多是由于人口集聚产生的一些负面影响促使产业转移，从而带动人口向四面扩散，出现城市人口郊区化的现象。19 世纪初至 19 世纪中叶，纽约开始出现很多和其他城市发展过程中经历的相似的问题，如交通拥塞、住房拥挤、就业竞争大等城市社会问题。城市中心人满为患，而其他城区却人口稀少，这种区域不平衡必然导致人口向周边地区疏散，同时，该阶段地铁交通网的发展、小汽车的普及等为人口迁移提供了方便。此外，制造业的大规模外迁不仅为周边地区提供了大量就业岗位，而且促进了纽约中心城市高新技术产业的发展，为产业升级提供了条件。

（3）移民回流阶段

大量人口外流，使得纽约人口密度过低，因此为复兴旧城，需要政府政策的引导。政府城市规划对实现城市中心的再增值起到了关键作用，特别是通过建立中产阶级可支配的住宅吸引了中等收入移民的回流，同时，也使得一些低收入居民因不能支付住房费用而向外迁出，这促进了纽约市人口结构的完善。高新技术、生产性服务业等产业的发展激活了纽约经济，促使产值和就业大量提高。因此，新旧产业的替换吸引了大量高端人才的流入，更进一步地促进了产业结构升级。

国际移民是纽约市移民的主要来源，其中，拉丁美洲、亚洲移民一直是外来移民的主力，加勒比地区移民也是其重要组成部分。另外，大多数移民偏年轻化，年龄集中在 20~40 岁，这为纽约的经济发展提供了大量高素质人才和经济活力（Hayduk R et al.，2017）。

3. 纽约城市移民问题

大量国际和国内移民涌入纽约，给纽约经济社会带来了活力，但同时许多城市社会问题也相应产生。

（1）区域发展不平衡

在城市化不同阶段，纽约城市出现了移民先集聚，再扩散，最后回流的现象，区域要素的集聚与扩散态势引发了区域发展不平衡问题。以第二阶段为例，当移民全部集聚到纽约的中心城区曼哈顿时，会造成人口超过城市可承受的范围，人口密集度过高。一方面，这不利于劳动力资源在区域之间的合理分配，限制其他地区的经济发展，郊区大量土地无法得到有效使用，从而会进一步加剧各区的发展不平衡态势；另一方面，城中心人口的爆炸式增长使得住宅供不应求，市民受交通拥挤、公共服务设施稀缺等问题的困扰，生活质量降低（张晓青，2002）。

（2）犯罪等问题严重

移民在加快纽约城市化进程、促进经济发展的同时，也会引起一系列“城市病”问题，如瘟疫、贫困、淫乱和犯罪。城市规模扩大的同时，因环境恶劣导致的霍乱、伤寒等传染病更加肆虐，从而损害纽约市民的身体健康。同时，居住环境和生活质量的低下易引发社会动荡，犯罪问题严重是最直接的表现，大量移民使得纽约成为美国犯罪率最高的城市，酗酒、打架斗殴、盗窃、卖淫、暴力等犯罪事件层出不穷。一方面，移民中有大量低素质者；另一方面，纽约政府的排外政策以及本土居民的种族歧视态度也使移民遭受了一系列不公平的待遇，从而发生暴乱。很多工厂在招工时存在歧视，导致移民失业问题严重。过分的压制必然会引起反抗，1863 年纽约就发生了前所未有的骚乱——征兵法暴乱，导致 2 000 人死亡，8 000 人受伤，事故的发生便是由于移民因受到不公平对待而产生强烈不满（Jasso G et al.，1990）。

（3）非法移民问题

1607—1875 年，美国移民一部分来自北欧和西欧，另一部分则是一些被强制贩卖的黑奴，其占了全部移民的五分之一。该阶段由于发展经济的需要，美国没有拒绝外来移民的进入。1875 年至 20 世纪中期，工业革命使得美国对劳动力的需求减少。20 世纪中期以来，非法移民问题进入了最严重的时期，2009 年其数量达到 1 080 万人。非法移民在发展初期可以解决国家劳动力短缺的问题，但是当劳动力不再紧缺，就会造成劳动力市场竞争加剧，从而剥夺本土人的就业机会，也会造成工资过低；同时，非法移民导致美国“地下经济”问题长期无法消除。如果采取强制措施，会损害美国经济，同时，也会产生一系列社会问题（陆军等，2010）。

（4）大城市病严重

1910—1950 年人口从中心开始向郊区扩散，原本的中心区开始衰落——税收降低、房屋和设施失修、工作岗位减少、经济衰退、社会安全和生存环境日渐恶化。20 世纪 50 年代至 70 年代美国联邦政府采取了大规模的城市更新，来减轻日益严重的城市问题。然而，单纯的物质性改造非常局限，大规模的城市更新反而加速了贫民窟的蔓延。因为对有色人种和贫穷社区的不平等对待使联邦政府受到社会严厉批评。雅各布斯就曾在《美国大城市的死与生》中批判现代大都市，她认为政府对街区原本祥和的生活带来了大规模破坏。

4. 移民融入政策特点

在 1882—1943 年长达 60 多年的时间里，美国相关法案使得居住在纽约的华人移民处境艰难。一方面，他们完全处于被孤立的状态，被排斥在美国社会之外，常常受到歧视待遇；另一方面，当时的华人移民本身在美国并无归属感，他们大多仍然抱着归国想法，拒绝与美国主流社会的来往。早期移民教育水平低下、经济实力薄弱、不参与主流政治、排斥美国文化。而第二次世界大战（简称“二战”）期间，美国相关法案的废除，使得华人移民在当地的融入迎来首次转折，美国允许已经在美居住的华人成为已归化公民，并且不会受到驱逐出境的威胁，并允许每年有 105 名华人的入境移民限额（戴超武，1999）。

二战以后，美国移民政策的变化使得华人移民成为拥有美国国籍的公民，成为美国社会的一部分。不同于仍视自己为中国人的第一代纽约移民，20 世纪 30 年代出生于美国本土的第二代华人更认可美国主流社会文化，认同自己的美国人身份。纽约华人从职业构成、政治参与、文化认同等各方面都显示出在美国社会的融入。职业构成方面，从非技术性的传统服务行业转向需要专业技术的智力行业，在这些行业纽约华人显露出他们的丰富内涵和创造力；政治参与方面，美国社会一改对华人参政的排斥，华人自身参政意识觉醒，纽约华人参与二战，政治活动趋于活跃；文化认同方面，“落叶归根”信念逐渐淡薄，华人英语水平逐渐提高，宗教信仰西化，此时的纽约华人移民开始从各方面融入美国主流社会。

1965 年，美国移民政策发生重大改变，纽约移民的社会融入迎来第二次转折，也是历史性的转折——美国通过《1965 年移民和国籍法》。《1965 年移民和国籍法》取消了根据移民来源地所设立的定量配额制，使得民族来源制转变为国家来源制，优先保障家庭团聚和技术移民。这项政策使得许多分居两岸的家庭得以团聚，家属可以以合法身份移民美国，这对纽约移民在当地的各方面融入产生了十分重要的影响。纽约移民人口飞速增长，并且开始“落地生根”。同时，20 世纪 60 年代的黑人民权运动促使《选举权利法》通过，使得移民真正意义上享有平等的参政权利，纽约华人开始分享主流社会政治权利，并积极参与政治选举，提高对纽约华人各方面利益的保护。纽约华人在经济、政治领域的成就改变了美国公众对纽约华人的态度，也激励了纽约华人更加积极地融入美国主流文化，增强了对美国的归属感，纽约华人与主流社会真正融为一体。

美国的黑人问题在很大程度上促成了美国移民制度改革，创造了纽约易于移民融入的制度环境。中国的移民问题虽然不同于美国，但美国的移民政策发展对中国仍有很重要的借鉴意义。可以看到，美国纽约移民融入问题的解决首先是致力于解决移民的身份问题，认可移民的身份，为移民在当地的生存创造条件。其次，通过《选举权利法》从政治方面解除移民参与的限制，使移民能在迁入地发挥更大作用，提升迁入地社会对移民的认同。社会对移民的认可和移民对社会的认可会互相影响，互相促进，产生良性循环，最终帮助移民融入社会，缓解移民问题。

2.2.2　英国伦敦城市移民发展历程

1. 伦敦城市移民特点

从国际移民来看，伦敦移入人口和移出人口均具有波动性，但移民仍为净迁入状态。在伦敦，由于历史原因，来自不同国家和地区的移民在不同街区聚集。17 世纪末，成千上万新教徒逃离比利时和法国，到英国定居，主要是在坎特伯雷市周边和伦敦东区。18 世纪和 19 世纪，英国成为全世界最富裕也最强大的国家，随着英国的军事和商业力量的增长，英国也成为全球贸易网络的中心，伦敦是当时全世界最忙碌的港口。

自从 1948 年首批牙买加移民乘“帝国风驰号”抵达伦敦的布里克斯顿（Brixton）并在那里定居下来以后，布里克斯顿长期以来就被视为伦敦的西印度群岛社区。因为他们被暂时安置在附近的克拉彭南（Clapham South），而且最近的就业中心在布里克斯顿，所以很多牙买加新移民在这一地区落脚。伦敦西南的新莫顿（New Malden）郊区，遍布着韩国餐馆、商店和美容院。自 19 世纪初以来，克拉肯韦尔（Clerkenwell）已有大量的意大利社区。斯托克韦尔（Stockwell）有很多的葡萄牙人，因此通常被称为“小葡萄牙”，有 27 000 多葡萄牙人生活在朗伯斯区（Lambeth）。20 世纪 50 年代，当孟加拉人开始集体抵达伦敦时，伦敦最穷的街区之一——东区的陶尔哈姆莱茨（Tower Hamlets）很快成为了布里克巷（Brick Lane）。波兰社区传统上一直偏爱西伦敦，同时，哈莫史密斯（Hammersmith）也有波兰社会和文化中心。此外，伊灵（Ealing）和阿克顿（Acton）地区也是波兰移民的聚居地。南肯辛顿（South Kensington）是法国移民区，是伦敦的一个富庶之地。1960 年塞浦路斯脱离大英帝国独立后，许多人来到了英国。塞浦路斯希腊族人长期以来对北伦敦情有独钟，他们中有很多人也住在帕默（Palmer）绿区。1970 年后，寻求逃离越共控制的难民大都被安置在哈克尼（Hackney）。

根据英国国家统计局的数据，2007—2017 年的这 10 年间，英国有 20 个区的移民人口增长率超过了 15.0%，作为全球首屈一指的大都市，伦敦更是有着庞大的移民数量，其中最高的两个区都属于伦敦，其增长率高达 50.0%。从 2009—2014 年伦敦 21～40 岁移民迁入人数来看（图 2－2），青壮年劳动力迁入人数也在稳步提升，这些移民推动了伦敦的经济发展。未来 5 年，伦敦将大力欢迎新移民，并帮助新移民融入社区，这一策略被认为是伦敦经济增长的新引擎。伦敦的新移民政策建议伦敦每年接纳 4 000 名新移民，以弥补伦敦人口老龄化带来的问题，为伦敦的经济发展提供人才。

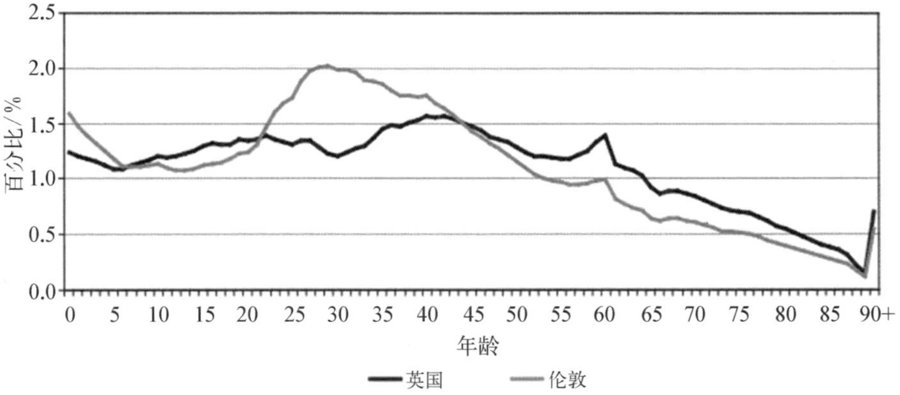

图 2－2　伦敦和英国移民迁入人口年龄分布对比图

（数据来源：英国国家统计局）

2. 伦敦城市移民模式

近代早期英国经济社会的变化，使得大量人口涌入伦敦，这些外来人口又反过来发散到伦敦和整个英国。人口爆炸加速城市范围扩大，增进了城市化进程。巨大的消费使整个英国食品工业的生产以伦敦为中心，这将不可避免地推动英国经济生产的发展走向专业化和市场化，无疑为 17 世纪中后期第一次工业革命的爆发和中小型城市的发展奠定了坚实的基础（张运红，2015）。

自 16 世纪初，在伦敦的城镇人口数量快速增长。除了人口，城市化的另一个标志是城市面积的不断扩大。13 世纪之前，伦敦只是一座普通的城市，毗邻英国王室所在地威斯敏斯特，以罗马建造的城墙作为城市的边界，分为 24 个城区。然而，1370 年，伦敦城墙的范围限制被打破，向西南发展到佛利特河岸。例如，自 1300 年以来，伦敦市区继续向西边的威斯敏斯特宫地区发展。到 1394 年，威斯敏斯特成为伦敦以外的法林顿地区。

伦敦在 1561 年突破了城墙的限制，开始扩张到威斯敏斯特，但大部分建筑都是沿着泰晤士河修建，没有综合建筑群体，除了伦敦桥附近，泰晤士河南岸很少有建筑。随着外来人口的大量涌入，老城区已无法满足经济发展的需要，许多穷人都住在郊外。但到 1746 年，伦敦金融城发生了巨大的变化。当时，伦敦的城墙已经完全消失了，郊区比主城区大几倍。威斯敏斯特已经与伦敦合并。威斯敏斯特修建了一座连接泰晤士河南北两岸的桥梁，与之前的伦敦桥展开了激烈的竞争。1600—1750年伦敦市人口快速增长，城市地区之间快速扩张，因此伦敦在18世纪中叶奠定了其人口的基本地理格局，西部地区为富人聚集区，东部地区为贫民区，城市的南郊和东郊制造业较集中。这也是伦敦城变为伦敦市的标志。

近代初期，大量的人口涌入伦敦，对伦敦乃至英国的发展起到了极其重要的作用。它加速了伦敦的城市化进程，促进了英国经济的发展，使英国经济的各个部分更专业化、市场化。然而，在工业化前的伦敦，由于其生产力有限，不能很好地解决流动人口问题，从而形成了一系列因果关系和相互关联的社会问题。

3. 伦敦城市移民问题

外来人口涌入伦敦直接导致社会“两极化”的发展（刘长安，2013），贫富地区之间的生活水平差距不断扩大，社会财富的分配天平向上层阶级倾斜，社会问题层出不穷。

（1）贫困问题加剧

工业革命初期，这些失去土地的“自由劳动者”不受英国工厂的吸引。工业化改革开始后，工业部门劳动力缺口加大，但是由于环境、工资、劳作时间上的压迫，使失地农民无法融入现代工厂的生活，他们拒绝工厂老板和工头的剥削压迫，宁可行乞、打短工或依靠亲友的帮助，也不愿到工厂做工。近代初，伦敦工商业跟不上城市化的发展，生产资料的难民们只能纷纷涌入伦敦，但伦敦的就业机会不足以保证他们充分就业。为了生存，许多人不得不走上犯罪道路。尽管在1485—1649年，议会通过了20多项向穷人提供救济的法案，但这治标不治本，流离失所和贫困问题越来越严重。

（2）居住条件恶化

进入城市的贫困人口由于财政资源有限和工作不稳定，不得不选择可随时入住随时离开的临时住房，而不可能住在伦敦市中心高端住宅，从而导致早期现代郊区人口增长速度远远超过市中心，郊区成为流离失所者聚居地。17 世纪，“难民”主要居住在泰晤士河沿岸、伦敦城外或教堂周围，而富人则居住在伦敦市中心，尤其是奇普西或威斯敏斯特的街道。而约占伦敦面积三分之一的贫民窟几乎都分布在伦敦城郊区，其范围为东至圣凯瑟琳教堂塔，西至威斯敏斯特地区，南至泰晤士河沿岸，北至怀特霍尔但不包括克里斯普门和克勒肯维尔地区。此时，各类劣质建筑形形色色，层出不穷，很大一部分甚至是危房。

（3）社会秩序混乱

当生存受到威胁的流离失所者失去土地或工作，肯定会毫不犹豫触及道德底线甚至是犯罪，如违法扒窃、入室盗窃、拦劫、伪造通行证等，同时，近代早期重犯的犯罪率很高。1662 年，每 4.6 个罪犯中有 1 人是惯犯，而在 1631 年，每 3.4 个罪犯中有 1 人是惯犯。由于现代年轻的单身男人是主要的移民人口，他们离开家园和教区只是为了生存，一旦失业，很容易去犯罪（高麦爱等，2011）。

4. 移民融入政策特点

二战以后，各种各样有色人种大规模涌入英国，使得英国本土人民和外来移民矛盾日益加深，为解决这一移民问题，促进移民融入，多元化主义的政策应运而生。英国多元文化主义政策的实施主要体现在两个方面。

第一，加大力度有效地打击种族主义。反对种族歧视的呼声在英国国内自 20 世纪 60 年代起就从未间断过，英国政府也颁布过《1965 年种族关系法案》《1968 年种族关系法案》《1976 年反种族歧视法案》，成立过“种族关系委员会”（1965）、“种族关系和外来移民议会特别委员会”（1968）、“种族平等委员会”（1976），但是它们“没有实现开明支持者预想的目标”，“在没有政府支持的条件下，它们的资源不足以挑战像建筑行会、银行、跨国公司和地方政府这些实力强大的机构”。工党于 1997 年上台之后，推行了一系列实际的政策：在政府的支持下，穆斯林委员会成立，专门处理移民和穆斯林的关系；2000 年颁布了《种族关系修正法案》；2003 年推出了《就业平等法案》；2006 年出台了《平等法案》，进一步保护少数族群的权益，把消除种族歧视上升到了政府的层面。

第二，采取“互相宽容、互不干扰”“自由散养式”的多元文化主义模式，即外来移民可以作为独立、自由、平等的一分子前去参与社会经济事务、文化事务等，而且并不需要放弃自己本身的民族特性、特质、宗教信仰及语言。这来源于英国之前对非洲殖民地进行“间接统治”的理论基底：文化相对主义。在具体实践上，地方政府所采取的措施比中央政府更为宽松，允许少数族裔文化自治，而中央政府不干涉。正如20世纪70年代的内政大臣罗伊·简金斯对于“多元文化主义”的观点：多元文化主义并不是枯燥而又平淡的同化，而是各民族在一个平等而又和谐的多样性社会里共同发展、享有同样的机会。

该段时期移民政策的特征主要体现在：(1) 对移民的筛选性更强，政策倾向于英国国内经济发展所需要的高级技工等含金量十足的人才；(2) 加强对国内外来移民的融合和整合。总体可以概括为：管理性移民政策。

然而，多元文化主义政策在英国备受争议，实施结果并不理想。由于多元文化主义仅关照每一个特殊的、隔离的群体，而没有关注作为整体的社会系统，导致族群之间的差异性被强化，少数族群的政治资本和议价能力增强，社会无法整合。2011年8月6日，伦敦发生了一系列社会骚乱事件，著名事件起因于一名29岁的黑人平民男性被伦敦警察厅的警务人员枪杀，最终引发民众对警察暴行的大规模游街抗议。很多英国媒体认为这是英国自由主义教育的恶果，但更关键的原因仍是有色人种的移民问题，政府一直以来对这些问题不闻不问，使得人们不得不通过这种方式宣泄他们的不满。

英国多元文化主义政策的失败对中国移民融入政策的制定也很有启发性。在注重移民文化多样性的同时，也要重视共享价值。一味发展个性，忽视共性，只会加深族群之间的隔阂，造成社会的不稳定、不团结。要促进不同文化之间的交流，为少数族群文化与主流文化提供沟通和理解的平台。总的来说，文化多样性与国家统一性之间的平衡，既不能过分强调差异，也不能片面注重整合，取得两者间的平衡才是解决移民的社会整合问题的关键。

2.2.3 法国巴黎城市移民发展进程

1. 巴黎城市移民特点

世界著名的大都市，巴黎市区的人口曾随着法国整个社会的发展经历过重大的起落演变。在 20 世纪初，巴黎市内人口最多时超过 300 万人；在 1980 年至 1990 年，巴黎市人口一度急剧减少；但从 1999 年以来，又以平均每年增加 6 300 人的速度回升。外国人口占巴黎市人口的 14.5%，其中 70%为非欧盟籍外国公民。

法国巴黎城市化开始得较早，发展具有阶段性特征，但总的来说较为缓慢。于 19 世纪 30 年代开始，从 10%增长到 50%花了超过 100 年的时间。城市的向心与离心作用是影响巴黎城市化发展的主要原因。城市化和社会生产力的进步，促进了科学技术的进步和产业结构的调整，社会从以农业为主的农村社会渐渐变为以工业（第二产业）和服务业（第三产业）为主的现代社会。20 世纪 90 年代开始，巴黎便开始出现逆城市化现象，所谓逆城市化，即城市人口向乡村地区和小城镇回流的现象（荣娇婷，2015）。

二战后，世界范围内城市化发展总体呈现规模化、集中化趋势。但同时在少数经济高度发达、城市化趋于饱和的国家，人口开始逆向流动，这种城市人口数量衰退在城市的“内城区”尤为明显，而“内城区”以外人口却较以前有所增加甚至大幅增长。

法国国家统计局（INSEE）2016 年 4 月 19 日公布的调查数据显示，80%的青年倾向居住在大城市，其中大部分移民人口在巴黎地区，占移民总数的 38%。法国是移民的首选城市，除了巴黎地区外，还有里昂、马赛、图卢兹、里尔、波尔多和尼斯。目前，法国的总人口达到 6 662 万，其中 570 万属于移民，占总人数的 8.6%。在近 600 万的移民中，43.3%的移民来自非洲，36.8%来自欧洲，14.3%来自亚洲，5.6%来自北美洲和拉丁美洲。巴黎郊区的移民问题非常严重，北非移民大多居住在巴黎 18 区、19 区、20 区以及 78 省、91 省、93 省、95 省郊区内由政府提供的廉价住房里，各种治安事件时有发生。93 省克里希（Clichy-sous-bois）经常发生大规模骚乱，骚乱波及全法国以及比利时等其他欧洲国家。

2. 巴黎城市移民模式

季节性流动是指农村人口按季节需要进行的双向流动。这一现象出现在17世纪末的法国，并于19世纪上半叶成为一种模式化的农村人口流动现象。一方面，1811—1841年，农村人口显著增加，从2 340万人增加到2 690万人，农村人口经常过剩。许多家庭得不到足够的土地或租不到足够的土地维持生计。许多人依靠农业和农村工业的收入，通过季节性移民勉强生存。另一方面，与封建社会相比，农民拥有一小块土地，但他们只是从一个被剥削的国家过渡到另一个国家。高利贷者取代了原来的封建领主，抵押制度替代了土地上的封建义务，原来的贵族庄园被资产阶级的资本取代，但农民的生活依然窘迫。小农的贫困不仅是人类剥削造成的，而且是洪水、冰雹、火灾、家畜疫病等不可控制的自然灾害造成的。

季节性流动受季节限制，流动距离较短。家里不忙农活的时候或手工制作的当地工厂人手需要很少的时候，他们一般外出。如果别处缺乏季节性劳动力，他们会成群结队到巴黎城市去做工以贴补家用。季节性流动也是一些行业的长期习惯，这种习惯并不一定是摆脱贫困的拯救措施，其中一些是家庭的若干代的规则，一些是由工业的性质决定的，如一些流动供应商。在第一帝国时期，每年至少有20万人参与巴黎城市的季节性流动，到19世纪中叶，这一数字已增至每年至少50万人。参加季节性流动的农民可以从事各种职业，他们愿意对劳力做出让步。这些移民中的大多数仍在与土地接触。只要存有一定积蓄，他们就会赎回抵押的土地或购买新的土地。土地仍然被作为改善家庭经济生活和社会地位的根本途径。随着法国工业革命的迅速发展，季节性流动虽继续存在，但19世纪中叶以后的长期迁移更为明显。

19世纪中期后，法国农民的流动，除了同时继续季节性流动，更多表现为长期迁移，长期迁移是指农民向大中型城市、中小型城镇或其他适合他们长期居住的小康农村地区的迁移。长期迁移作为一种重要的社会现象，具有以下特点。（1）移民规模大，人口构成多样复杂，职业结构多样。在流入城市巴黎，人口流动最初只有最贫困的农村人，后来，农村各行各业的人都加入了移民的行列，移民中越来越多的是年轻人。更令人瞩目的是女性移民，在一些地方走出去的移民中，妇女甚至占主导地位。(2) 迁移有区域性，而且迁移过程要经过多个步骤。移民的区域性主要体现在移民选择的地区不一定在巴黎市区，而是在就业机会较高的相对富裕地区。迁居在外的人形成了同乡区域。他们的迁移几乎总是在中间阶段穿过第二个城镇，在做好了充足的准备后，再去往巴黎。一个家庭的迁移是先个人而后带动整体，一般情况下，第一个出来的是年轻的男士，然后再逐渐把他的妻子和孩子带来。(3) 移民规模的升降与产业发展速度基本一致。当经济萧条时需要的劳动力就少，工业繁荣时则需要更多的工人。

3. 巴黎城市移民问题

(1) 与当地市民的融合问题

农村居民转移到城市，往往是同胞间密切联系或自我封闭，大部分地区的移民仍然保留他们的语言、宗教和生活方式等，形成了一个深层的心理障碍，移民文化和本地居民间存在差距。例如，流入巴黎的农村人口来自不同的地区，如早些时候来到法国中部高地各省的人，语言障碍、不同的风俗和生活习惯使他们很难融入都市社会。

19世纪以来，法国开始进行城市规划和建设。由于自身的财富积累和收入差距，居住区逐渐形成了贫富差距。城市的农村居民作为底层工人，一般生活在工人的贫民窟里，他们生活在巴黎的东部和东北部，而富人和上层的人生活在巴黎的西部。同时，由于从农村转移到城市的大多是年轻人和单身的人，当地居民往往对他们采取警惕和不信任态度，认为他们就是贫困、犯罪和下等的符号。所以当地人的怀疑和排斥使移民难以融入居住社区，从而产生农村人员进城后的融合问题。这种情况如果长期发展下去，对一个城市的发展是非常不利的。

(2) 城市住房拥挤

19世纪，法国工业化进程加快，大量农村人口涌入城市，使城市过度负担的住房问题更加突出，其中巴黎最为明显。巴黎人口密度高，贫困的农村移民往往会选择房租便宜与人口密度最高的地区。没有身份的人不计其数，他们无所事事，无处栖身，经常出入低劣的酒馆和妓院，成为社会不稳定的因素之一。

（3）环境污染

城市人口增多时，生活垃圾及排泄物自然增长，从而一直对下水道系统施压，城市污水、粪便和生活垃圾得不到及时治理，对环境的污染增加。1832 年，巴黎塞纳河右岸只有一条下水道。污水管道的容量不能满足人口增长的需要，政府的处理也不及时，雨水和生活污水使污水淤积，堵塞管道，最终污水通过水流流入住宅附近的庭院和地窖，导致这些地区的空气很脏。巴黎因人口增长，过去远离城市的垃圾场搬至城市附近，并最终位于城市的边缘，一般在穷人和工人的住所附近，垃圾堆放高达几米，在高温和暴风雨天气，垃圾发酵，臭气连天。大约三分之一的巴黎人生活在这种拥挤肮脏的房子和环境中，没有卫生设施、照明和新鲜空气。

（4）社会治安恶化

19 世纪，大批农村人口迁居城市，城市工业化进程加快，社会分配的不公平、贫富差距扩大，使城市社会矛盾变得越来越尖锐。农村搬到城市的移民本身的原因，使他们融入上流社会非常困难；同时城镇居民警惕、歧视、不信任和拒绝农村移民的态度，使一些迁移到城市的农民产生心理失衡；一些移民受生活所迫铤而走险，犯下盗窃、抢劫、吸毒、卖淫嫖娼、自杀和杀人等犯罪行为，构成社会动荡。法国国家犯罪率不断上升。

2005 年 10 月 27 日，巴黎发生大规模骚乱事件。东北部郊区克利希镇的两名年轻的北非移民在逃避警察检查后意外触电身亡，引起当地移民的强烈不满。那天晚上，数百人走上街头，焚烧垃圾，试图冲进镇议会大厅。当地警察抵达之后，移民的暴力行为增加。骚乱的爆发主要是由于法国政府长期忽视移民之间的怨恨，低估了个别冲突对法国社会造成重大不稳定后果的可能性。由于种族、宗教、教育、就业等诸多因素，大量居住在郊区廉租区的移民无法真正融入法国社会，缺乏合法有效的利益表达渠道。因此，20 世纪 90 年代以来，移民群体自发发泄愤怒的现象越来越普遍。相比之下，法国政府一方面忽视基层治理的重要性，削减基层组织建设的公共预算，导致贫困社区的学术和教育机构投资严重短缺，加剧了移民地区各种社会问题的恶性联系；另一方面，虚假利用各级政府和社会各组织疏导矛盾、预防危机的作用，完全依靠公安机关来处理频繁发生的移民和团体义愤事件，致使移民群体不满的累积，并最终爆发骚乱。

4. 移民融入政策特点

法国移民融入的政策模式是共和模式（李明欢，2003），即强调自由、平等、博爱和世俗化的共和国价值观，平等对待所有具有法国公民身份的人，不承认所谓的少数民族等社群性身份，不基于民族、宗教等群体性单元给予其成员特殊的政策待遇。

共和模式有助于形式平等，却难以回应实质平等，这是此类政策模式的困境。共和模式框架内的移民政策造成了两个结果。一方面，共和模式的“个体—公民权”的整合路径有助于对移民少数族裔（第二、三代移民）的同化，使利益与族群身份脱钩，减少固化族群认同的制度因素，同时以世俗化价值观抑制宗教对于穆斯林移民个体融入的阻碍。如此，通过国家化的教育，形成较高的国家认同。然而，另一方面，共和模式不承认少数群体的逻辑，助长了结构性不平等和大众歧视。由于国家没有实施群体性的差异政策，导致无法有效解决移民在实际生活中的就业、教育和住房等不平等问题。即便在 2005 年巴黎大骚乱后，法国实行了一些针对移民聚居的城市郊区贫困地带的扶助政策，但法国社会依然面临着大众歧视的问题。

由于强调一元和同化，法国主流民众对法兰西的文化和价值观有着固有的优越感，多样性教育的匮乏使得穆斯林少数族裔在教育、就业、住房和宗教方面都遭受歧视，主流民众的排外情绪也在增加。比如在相等条件下，穆斯林能得到的面试机会和工资待遇，要比法国主体族群少 50%～75%。大批移民及其已成为法国公民的后代，聚居在城市郊区的廉租房区。教育跟不上，许多移民青少年甚至连高中也没上完。求职时面临困难和歧视，他们只能整天在郊区游手好闲，郊区的失业率比全国平均水平高了 1 倍，滋事和犯罪由此产生，这种环境也容易成为恐怖主义的温床。除了生活和个人发展上的处处碰壁，穆斯林移民不得不身处越来越不利于他们的政治环境中。极右翼政党——法国民族阵线所持的排外主义和反伊斯兰立场，在法国得到越来越多的支持，已从一个小党跃居为第三大党。

虽然共和模式下的移民融入产生了诸多问题，但法国的这一政策仍有参考借鉴意义：(1) 减少族裔身份对于移民通过获得公民权（国籍）而成为国家一员的影响；(2) 减少个体和国家以外的第三方（如少数族裔精英）操控亚群体认同的可能性；(3) 利益与族群身份的脱钩，以使认同固化的制度因素减少；(4) 以世俗化抑制宗教的影响，以减少其融入的阻碍。

2.2.4 日本东京城市移民发展进程

1. 东京城市移民特点

日本在长期的经济发展和城市移民过程中，形成了东京、大阪和名古屋三大都市圈。日本的城市化进程主要经历了两个比较完整的时期，第一时期是1950年中期至1970年中期，日本经济高速发展，三大都市圈“三极集中”，都表现为净迁移增加。人口、劳动力的增加使得三大都市圈地价上涨，工资升高。第二个时期为1970年末期至1990年末期，这一时期人口迁移的主要区别是只有东京的城市移民表现为净迁入，其余两个均表现为负迁入。由原来的“三极集中”变为“一极集中”，表现出以东京“一极集中”为特征的城市移民特征。

在全球化背景下，东京作为全球化城市必然伴随着国际城市移民。截至2016年，在日本居住的外国人总数比前一年同期上涨了5.2%，在日本的国际城市移民中，中国人最多，其次是韩国人，再是菲律宾人，东京的大部分国际移民为低端外籍劳动力。日本存在低出生率、人口负增长、老龄化严重等问题，为了解决劳动力短缺问题，从20世纪80年代起，日本接收了大量外籍劳动力，他们大多数是不熟练的劳动者，日本对于外国劳动力有着很强的依赖性。

2. 东京城市移民模式

城市移民早期，人口往一个点聚集，随着城市城镇化的不断深入，当城市人口占到总人口的一定比例时，城市人口开始向郊区扩散进而形成以城市为中心的城市群。因此，城市移民是一个向一点聚集再向多点环聚的过程。日本的东京就是这种由“高度集中”到“分散式集中”的城市移民过程（陈佳鹏等，2014）。

（1）东京人口短时间内剧增

明治维新之后，东京的城市移民一直保持上升状态，可以看到有两次人口骤增过程（图 2-3）：第一次世界大战（简称“一战”）后的 1920—1940 年，东京人口保持着 3.5%的增长率；二战后的 1945—1965 年，东京人口增长率更是高达 5.8%。城市移民的骤增使得战争造成的城市人口萎缩问题得到了缓解。但是，城市移民人口的骤增也引发了一系列的社会问题，如地价上涨、环境问题、城市污染和住房价格上涨等。

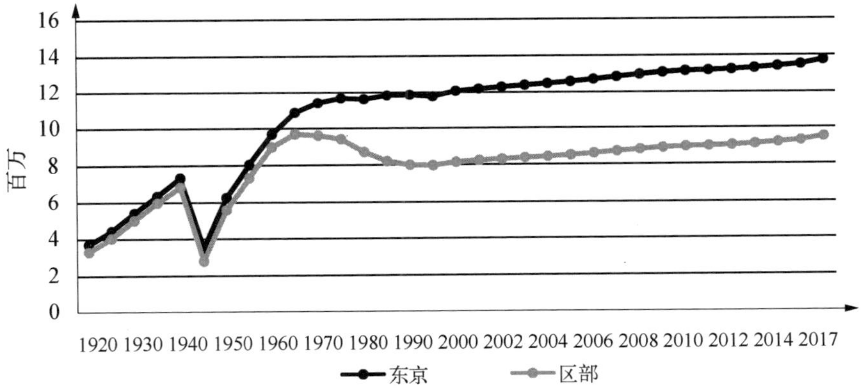

图 2-3　东京和区部人口增长情况对比图

（数据来源：日本统计局）

（2）东京人口高密度区不断扩展

二战结束之后，东京的人口持续上涨，但在城市移民的过程中，东京的人口和城市区域呈同心圆向外围推进分布，以东京为中心，周边的埼玉县、千叶县、神奈川县与其共同组成了东京圈。在城市化移民进程中，1955—1960 年，人口增长最快的是距离中心 10～20 km 的地方，1960—1965 年，人口增长最快的圈层延伸到距离中心 20～30 km，多摩地区移民快速增长（韩昊英，2008）。东京圈的城市移民数量在逐渐上升，整个东京圈在人口增长的同时呈现由中心向外围扩展分布。

（3）昼夜人口密度相差较大

整个东京圈的昼夜人口密度相差不大，但是东京核心区的昼夜人口密度比为 3∶5，市部和群部昼夜人口相差没有超过两倍。整个东京圈的流动人口比较多，白天在核心区域工作的人晚上能很好地分散在周围，所以周围的昼夜人口密度变化不大。这种“道琼斯化”现象在东京都中心表现明显，即都心地域常住人口的骤减，这主要是受东京地价上涨、环境恶化等影响。

根据2010年国情调查，东京白天人口为1 557.6万人，比夜间人口的1 315.9万人多241.7万人。这主要是由于东京首都周围三个县（埼玉县、千叶县和神奈川县）的学者涌入东京。根据夜间人口为100基准来考察，白天人口为118.4，白天人口是夜间人口的1.2倍左右。特别是千代田区、中央区、港区，白天人口是夜间的6倍多（夜间为37.5万人，白天为231.1万人）。此外，就1965年后东京的人口而言，到2010年，夜间人口增加了229万人（21.1%），白天人口增加了382.5万人（32.6%）。

3. 东京城市移民问题

（1）人口过密和企业过密

20世纪末期，东京人口过剩问题日益凸显。以东京为中心，东京圈仅占国土总面积的3.6%，但人口约为3 000万人，占总人口的四分之一。近年来，随着服务经济、国际化和信息化的推进，企业的集中管理职能集中在东京。各种财务信息、保险以及与情报机构有关的特别需求都集中在东京市中心，尤其是在千代田区、中央区和港区的核心部分。经济公司的本部大多在东京内部。上市公司的总部分布在东京（56.2%）、名古屋（7.7%）和大阪（24.4%）。三大都市区云集了绝大多数的股份公司总部，而金融功能则呈现向东京集中的趋势。

（2）非法移民问题严重

日本劳动力短缺，不过，日本对待外国移民定居国内一直非常谨慎。限制非技术移民的政策阻碍了利用外来劳动力平衡劳动力市场的途径，导致劳动力供求矛盾日益突出。与此同时，日本和其他亚洲国家的经济发展水平差异和收入差距刺激劳动力流动到日本，日本非法移民问题越来越严重。表2-9显示了1993—2013年日本非法劳动力移民数量，而真实的数量远大于表中的数量。根据外务省1993年8月的估计，1993年日本约有50万非法移民。

表 2-9 1993—2013 年日本非法劳动力移民数量

年份	男/人	女/人	合计/人
1993	180 060	113 740	293 800
1994	168 532	118 172	286 704
1995	160 836	123 664	284 500
1996	155 939	127 047	282 986
1997	149 828	126 982	276 810
1998	147 563	126 893	274 456
1999	145 225	125 823	271 048
2000	134 082	117 615	251 697
2001	123 825	108 296	232 121
2002	118 122	105 945	224 067
2003	115 114	105 438	220 552
2004	113 066	106 352	219 418
2005	106 279	101 020	207 299
2006	100 562	93 183	193 745
2007	86 885	83 954	170 839
2008	76 378	73 407	149 785
2009	58 411	54 661	113 072
2010	46 324	45 454	91 778
2011	39 519	38 969	78 488
2012	34 156	32 909	67 065
2013	31 910	30 099	62 009

资料来源：日本法务省。

4. 移民融入政策特点

在严峻的人口老龄化、人口负增长问题下，20 世纪 80 年代起，日本大批接收来自亚洲、中东、美国等地的外籍劳工。日本虽然接收了众多外籍劳动力，然而东京大部分移民是处于底层社会的外籍劳工。20 世纪 90 年代，日本虽然正式开始接收外国移民，但只实行两类签证：“定居者”

签证和“研修”签证。前者签发对象为日本裔巴西人，无就业限制；后者签发对象大部分为来自中国和东南亚地区的人，大多数迁入者为应聘临时岗位的劳动者。“研修”签证是日本政府为了防止非熟练劳工的流入而实行的较为严格的出入境管理调控政策，但政策的实行反而促使企业为填补缺失的劳动力而发起产业研修生项目来引入非熟练劳工。对这些持有“研修”签证的外籍劳工而言，“劳动尊严性”只是天方夜谭。日本政府正在持续运营并扩大实施技术实习项目，其宗旨本来是为了向发展中国家提供技术支援，但实际上却被利用为向主要产业设施机构、工商个体和农业部门等提供劳动力。因此，大部分的研修生得不到日本法律保护。“研修”签证使日本非法滞留问题愈演愈烈，研修生签证到期不回国便成为非法滞留者。

2000 年以来，日本政府虽然为增加人口做出了许多努力，但是始终未出台针对长期滞留的外国人的政策，而是在强调日本为单一民族国家的基调下始终执行排外性移民政策。2019 年，日本新改革法案放宽对外国劳务人员在日工作的限制，到 2025 年为止，政府将确保超过 50 万人的劳动者。虽然日本政府一再强调这项制度并非移民政策，但是在新制度下，获得工作资格的人如果通过专业领域的考试的话，便可取消再留卡中关于在日期间的限制，将家人一起带来日本。通过这种积累方法，日本似乎逐渐缩小了“移民”的定义。

目前中国也在步入老龄化社会、人口红利逐渐减弱，由于文化同源，中日政策之间有许多可以互相参考借鉴的地方。而日本排外性移民政策无疑是一个反例。长期以来，日本移民政策造成日本大量非法移民问题，推迟日本进一步开放劳动力市场，增加社会不安定因素。未来中国也可能面临人口缩减问题，实行移民友好政策，加速劳动力市场的开放可以成为解决人口问题的可靠途径。

2.3 世界移民的流动趋势与政策演变

2.3.1 世界移民的流动趋势

国际移民是 21 世纪的一种全球性趋势，跨国移民数量增长、迁移规模大型化，成为世界各地区社会转型的重大影响因素。地区发展差距带来的以经济因素为主要驱动力的迁移行为仍然是国际人口迁移的主流。发达国家普遍面临人口老龄化、劳动力短缺等问题，而发展中国家则大多受人口增长过快、失业率较高等问题的困扰，从而产生了迁移的内在需要。移民总数净增长大多集中在较发达地区。2005—2010 年，较发达地区的移民净增长达到 1 472 万人，而较不发达地区净增长仅为 965 万人。在较不发达地区，大约每 70 个人当中有一个国际移民，而在较发达地区，每 10 人当中就有一个国际移民。大约 60%的移民目前居住在较发达地区，有 3/4 的国际移民集中在 28 个主要目的地国家当中。其中美国（4 280 万人）、俄罗斯（1 230 万人）、德国（1 080 万人）、沙特阿拉伯（730 万人）、加拿大（720 万人）、法国（670 万人）、英国（650 万人）、西班牙（640 万人）、印度（540 万人）和乌克兰（530 万人）为全球国际移民规模最大的前 10 位国家，在这些国家中仅印度为发展中国家。我国目前正处于人口迁移流动的活跃期，根据第六次全国人口普查数据，2010 年我国流动人口达 2.61 亿，占全国总人口的 19.48%。在全球化、城市化、区域一体化效应等多重因素影响下，上海、北京等特大城市对国内外人口的吸引力强劲，流动人口持续高位增长，上海流动人口所占比例已高达 39%。

在新的国际劳动分工的前提下，不同的劳动力满足不同层次需求，由此形成内部分化的、多元的移民群体。国际移民呈现多样化发展态势，按照人口迁移的原因一般可以分成智能型、劳工型和难民型三种。智能型移民，包括留学人员和专业技术人员，他们在目的地国家的生存处境较好一些，一般劳工型移民的生存状况居中，难民型移民的生存状况较差。一方面，美、加、澳等发达国家利用各种手段和优惠政策吸引高技能人才和商业移民；另一方面，难民、非法移民以及女性移民成为国际劳动力市场中的廉价劳工，并从事家政服务、餐饮娱乐、组装等低端工作。据联合国统计，国际移民中约有一半为女性，而在发达国家，女性移民的数量甚至超过了男性。

经济全球化在加剧国际资本和商品频繁流动的同时，也加速了国际劳动力的迁移和流动。在移民多样化发展的同时，以就业为主的劳动型移民无疑是移民主体。国际移民为目的地国家补充了劳动力，为其经济发展注入了活力，但世界各国对外来劳动力的依赖度存在明显差异。经合组织（OECD）最新发布的一项报告显示，多数成员方的外来劳动力（占本地区全部劳动力的）比例呈现缓慢上升态势。目前外来劳动力比例最大的国家是卢森堡，达到 66.7%，奥地利和瑞士的外来劳动力比例均超过 10%，英国、德国、西班牙、比利时、希腊等国的外来劳动力比例占 8%～10%，法国、捷克、荷兰、挪威等国的外来劳动力比例占 4%～6%。亚洲的日本与韩国外来劳动力比例均较小，日本为 0.3%，韩国为 2.2%。据相关统计，上海市外来劳动力所占比例大约为 30%，这一比例高于大多数发达国家水平。

地区发展差距带来的以经济因素为主要驱动力的迁移行为仍然是国际人口迁移的主流。随着全球化、区域化过程在深度与广度两方面不断推进，较发达地区和较不发达地区之间形成了有机的结构性链条，以市场经济、劳动力市场以及制度要素为主要纽带影响着人口迁移的规模以及主要流向。

当代世界范围内的城市化发展出现新形态，突破城市行政区划界限而形成城市密集地区。这些城市区域成为国内外人口迁移的主要目的地。在规模经济与集聚经济作用下，加之交通、通信等现代技术的支持，城市发展在空间上呈现由点到面逐步扩展的过程，形成一类不同于以往单核心城市的新型经济单元，统称为“城市区域”（City Region），城市空间呈区域化发展。这类城市区域往往是本国重要的经济、政治中心，同时也是巨大的“人类集聚区”。这一城市化过程看似为分散发展，但其背后的实质是城市区域整体影响力逐步增强，囊括的空间范围不断扩展的更大尺度的集聚过程。

城市区域表现出强劲的人口吸引力，人口迁移活跃。据统计，1960 年以来被批准进入美国的移民中几乎有一半都居住在著名的东北部城市群。这种“大城市化”现象普遍存在于各个国家。

2.3.2 世界移民的政策演变

当前世界各国政府对国际移民迁入持谨慎态度，仅有少数国家公开表示希望扩大移民迁入规模。对持续低生育率、人口老龄化、失业、人才流失和吸收人才、劳工汇款、人权、社会融合、人口贩运与国家安全等问题的思考，促成了各国对移民政策以及潜在利弊重新进行审查。过去几十年，采取政策影响移民迁入的国家正迅速增加。出于对国际移民的需求以及所获收益的考虑，多个国家政府当前相对不再倾向于减少移民数量，转而希望保持现有水平。

传统目的地国家大多增强了对国际移民的选择性。越来越多的国家欢迎高层次人才，移民政策的重心转向技术移民和投资移民，而对一般人口迁移采取限制性政策。各国重视移民的教育背景、工作技能等，以期加强本国在全球的竞争力。并且在移民法的修订过程中不断提高技术劳工移民的配额，传统以家庭关系为主的移民政策将朝着技术移民倾斜。此外，在许多国家，客籍工人式的国际迁移人口被严格地限制在合同劳工的制度内，一般不得定居或携带眷属，不享有公民权和政治权，在劳工合同期满后，必须返回原迁出国。

国际社会对移民福利待遇与生活质量更加关注。2010 年经合组织成员方提出，应对移民劳工敞开大门，积极进行政策调整，甚至喊出“政策，让生活更美好”（Better Policies for Better Lives）的口号。这不仅仅是出于人道主义关怀和社会和谐稳定的考虑，也是出于对本国老龄化与劳动力后续不足影响经济长期可持续发展前景的担忧。

各国政府对人口迁移过程本身的认识不断深化。认识到“迁移并非如自来水般可以随时关启……需要制定响应性的、公平的和有效的迁移一体化政策”，决策者们致力于将劳动力市场一体化发展问题优先纳入议事日程，减少盲目迁移与非法雇用，或者将他们纳入法律许可的渠道，确保移民和他们下一代享有更美好的生活。力促社会保障政策衔接以及统一劳动力市场的形成，为移民（尤其是其子女）提供平等的发展机会，建立移民融合政策框架，构建移民融合组织机构体系，注重发挥社区和非政府组织在移民融合中的作用，制定移民融合评价指标体系。

当前，针对跨国移民的流动态势，各个国家都采取不同措施，促进移民迁移流动和移民融入，主要有如下措施：

（1）以法律制度保障公民的迁移自由权，实行灵活的迁移申报制度。迁移自由权作为一项基本人权，一直为国际社会所关注，被载入许多重要的国际人权文件和大多数国家的宪法。很多国家只要求迁移者在完成迁移过程后到警署或内政部门登记备案即可，即“事后申报制”。日本办理户口迁移有一套较为详细的规定，需要做一些相关的手续和登记。但随着“电子政府”计划的实施，日本出台了《住民基本情况网络登记制度》，日本公民凭借个人登录号就可以在网络上便捷地完成迁移登记。

（2）从制度设计入手，建立国内人口迁移追踪渠道。发达国家对迁移流动人口信息资料掌握较为全面和精细，无论人口迁移登记是事后还是事前向政府告知，或是公民不履行告知义务，国家都可以通过部门间合作等其他方式和途径来追踪公民的迁移行为并获知相关信息。如美国不实行直接的迁移登记制度，但可以从财政部联邦税务局的个人收入申报表上获取纳税人及其家庭成员的当前住址，再通过社会保障码反查当事人上一年度的住址和相关信息，据此来判断公民在这一年度内是否发生了国内迁移。

（3）大都市区人口集聚过程中也出现了福利待遇不平等问题，但城市“二元结构”具有流动性特征，较少出现移民身份与待遇固化的现象。地区、城乡发展差距不可避免地导致市民与移民福利待遇存在差异。福利待遇二元结构实则反映了纳税与福利相关联的社会秩序，是一种相对公平的关系。与此同时，发达国家大城市差别化福利待遇具备制度化消解渠道，这里的二元结构并非固化的。受福利待遇不平等影响的大体上是那些处于迁移初期的人群，在满足了等待期、固定居住时间以及真诚居住等要求之后，即可享受迁入地的同等福利待遇。日本公民只要在一个城市居住 3 个月以上，并且拥有固定住所，就享有该城市的市民权利，享受该市的福利待遇，这极大地增强了居民的归属意识。

（4）大城市的移民贫困问题从根本上是源于移民自身发展能力不足，而非二元制度分割的后果。以拉美国家巴西为例，其人口迁移实行“事后申报登记制”，公民可以凭借身份证自由迁移。由于工业化布局的不平衡，在快速城市化进程中出现了人口向首位城市、特大城市集聚的现象。大量无工作技能的农村人口涌入给大城市带来严重的社会问题。“贫民窟”居民的收入水平较低，但同样享受国家提供的基本公共教育、医疗和失业救济等福利保障，政府还为“贫民窟”人群提供公共品和服务，这些移民成为大城市收入较低但相对稳定的社会阶层和群体。

（5）各国政府都对城乡人口合理分布问题持续关注，世界范围内对乡—城迁移行为采取限制政策的国家有减少的趋势，但目前这类国家所占比例仍超过半数。不少国家都采取抑制乡—城迁移的政策措施来缓解大城市人口高度集聚的问题，特别是较不发达国家和地区。2009 年世界范围内采取限制大城市人口迁入政策的国家所占比例达到 62%。在较不发达地区的各国中，限制本国范围内人口向大城市集聚的国家所占比例由 1976 年的 44%上升至 2009 年的 72%，而发达国家这一比例由 1976 年的 55%降低至 2003 年的 26%，此后又逐步上升至 2009 年的 34%。

（6）积极采用市场手段来调控大城市人口总量增长及解决城市拥挤问题。在各国城市化过程中，几乎都经历了人口向大城市集聚的发展阶段。综观世界各国的情况，即便在奉行市场经济的国家，对大城市人口增长也并非完全听之任之，而是从城市、农村两方面同时着手进行治理。一方面建立和完善农村耕地和住宅流转机制，消除城乡人员和资金流动的障碍，鼓励人口有序流动，来推动区域协调发展。另一方面，重点治理大都市扩展过程中的空间非均衡化问题。如巴黎市在确定城市功能分区的基础上，将一些密集办公的商务区和工业区迁至周边郊区，日本则通过便捷的交通带动大城市外围卫星城和小城镇的发展。

2.4　本 章 小 结

总量上，2000—2017 年，世界范围内国际移民总量增长了近 50%。以发展程度和地理位置为划分依据，国际移民的绝对数量在不同区域间的分布不均衡。美国纽约、英国伦敦、法国巴黎以及日本东京呈现出各自的移民特点以及相关问题。纽约城市移民具有聚集、扩散、回流的阶段性特征，拉丁美洲以及亚洲是其国际移民的主要来源。伦敦城市国际移民为迁入和迁出呈现波动的净迁入状态。巴黎城市移民则表现为季节性流动和长期性迁移，后者迁移规模大，有区域性，规模的高涨与低落基本与工业发展节奏同拍。东京的大部分国际移民为低端外籍劳动力，由“高度集中”到“分散式集中”，呈现出昼夜人口密度相差较大的特点。美国纽约移民融入问题的解决致力于移民身份问题，从政治方面解除移民参与的限制。英国多元文化主义政策的失败，启示注重移民文化多样性的同时，也要重视共享价值。法国则是减少族裔身份对于移民的影响，减少个体和国家以外的第三方操控亚群体认同的可能性。随着全球化呈现新的态势，各国对跨国移民的态度和政策也在发生演变。

第3章　中国城市移民的发展概况与特点

改革开放以来，随着中国社会经济的迅速发展，中国现代化和城市化水平持续提高，人口分布变化明显，人口迁移流动日趋活跃。中国已经形成从农村向城镇、从省内向省外、从国内向国外、从不宜居地区向宜居地区流动的移民潮，日益增多的流动人口给中国经济社会发展注入巨大活力。城市移民是一种复杂的社会现象，是迁入地的拉力因素和迁出地的推力因素共同作用的结果，包括社会、经济、政治、文化等多方面原因。本章通过对中国城市移民进行总体概括，以及对北京、广州、深圳这三大典型的移民城市发展概况与特点的比较，探讨中国城市移民的特征、趋势和规律。

3.1　中国城市移民的总体概括

1978年改革开放后，中国经济、社会迎来大发展，人口开始大规模涌入城市，中国城市化进程明显加快，城市移民规模增长显著。1990年以后，中国城市移民群体类型逐渐发生变化，来自不同地区的多元异质群体出现在城市中。跨区域的移民在城市人口中占据的比例越来越大，多元文化的特质愈发凸显。城市移民在中国由传统农业社会向现代工业社会转变的过程中起到了不可替代的作用，加快了中国实现城镇化、现代化、工业化的进程。这个进程不仅是从乡村到城镇的演变，更是乡村与城市在文明方面的融合。

规模庞大的移民极大地推动了中国城市的经济发展，为城市发展源源不断地提供人力资本和内生性增长原动力，保持城市活力。城市移民类型众多，包括劳力型移民、经营型移民、投资型移民、高技术型移民，这些移民为城市社会经济发展做出了巨大贡献。此外，城市移民在改善城市人口年龄结构、缓解城市老龄化等方面都发挥了难以替代的作用。北京、上海、广州和深圳四大一线城市，其城市移民不论是在绝对数量上还是在所占总人口比例上，都处于较高水平，其表现出来的城市发展活力与大规模的城市移民分不开。

自 20 世纪 90 年代以来，随着市场化改革和户籍制度改革的深入，人口迁移自由化趋势日益明显，更多移民开始涌入大城市，特别是长三角、珠三角等东部沿海发达地区。中西部作为较不发达地区，一直是中国城市移民的重要迁出地，尤其是以豫、皖、川、鄂、湘等为代表的省份。中国大型城市尤其是以北京、上海、广州、深圳为首的高速发展的城市，吸引了大量的城市移民。

《中国流动人口发展报告 2017》的数据显示，北京、上海、广东、深圳这四大一线城市，由于城市移民大量涌入，常住人口呈现快速增长态势（表 3-1）。从移民人口的占比来看，北京、上海、广州、深圳四个一线城市中，深圳的占比最高，达到了 67.70%，上海以 40.51%位居第二，广州以 38.01%位居第三，北京占比为 37.20%。从近 5 年城市移民人口的增长情况来看，京沪两地在 2014 年前后达到高峰，近两年的增速放缓并出现了下降的态势。数据显示，在 2014 年上海移民人口达到 996.42 万人的高点后，2015 年比 2014 年的移民人口减少近 15 万人。实际上，面对京、沪、广、深等超大城市存在的日益加剧的城市病问题，中国也在城市发展战略和城市移民引导策略等方面上不断地进行调整，争取把更多的发展机遇和功能分给一线城市以外的中小城市（张红霞，2018）。

表 3-1　四个一线城市常住总人口及户籍、非户籍人口情况

城市	2016 年人口/万	2015 年人口/万	净增/万	户籍/万	占比	非户籍/万	占比
北京	2 172.9	2 170.5	2.4	1 362.9	62.80%	807.5	37.20%
上海	2 419.7	2 415.27	4.43	1 439.5	59.49%	980.2	40.51%

续　表

城市	2016年人口/万	2015年人口/万	净增/万	户籍/万	占比	非户籍/万	占比
广州	1 404.35	1 350.11	54.24	870.49	61.99%	533.86	38.01%
深圳	1 190.84	1 137.89	52.95	384.52	32.30%	806.32	67.70%

数据来源:《中国流动人口发展报告2017》。

《中国流动人口发展报告2016》显示，2015年，中国东部地区城市移民人口占全国城市移民人口的比例为74.7%，西部地区为16.6%，可见城市移民最集中的地方依旧是东部地区。从城市移民跨域情况看，2015年东部地区跨省城市移民人口占省内城市移民人口的比例为75.6%，占全国跨省城市移民人口的87.7%以上。中心城市仍然是跨省城市移民的主要容纳地。2015年，流向中心城市的跨省城市移民人口占全国跨省城市移民总人口的比例为54.9%。虽然近些年中心城市移民回流现象逐渐出现，但超过一半的城市移民人口仍然聚集在中心城市，此时的城市移民更倾向于聚居城市周边地带而不是中心城区。

进入新时代，中国的城市社会结构正发生深刻的变化，愈来愈多的城市步入“移民城市”行列，这些城市的移民人口已超过其总人口数的一半，深圳、东莞等城市的外来移民人口占城市总人口的比例更是超过3/4。城市移民业已成为各城市实现跨越式发展目标的重要动力。然而，在当前大城市户籍制度改革进展缓慢、经济门槛较高的背景下，大城市对外来人口的吸引力逐渐下降，中小城市对移民的吸引力不断增强，出现人口向中小城市迁移的新趋势，以从农村迁往城市为主逐步转向“城—乡”“乡—城”“城—城”等多种迁移模式并存。城市移民逐渐由单向迁移向双向、多向迁移这一新趋势转变，这势必会带动中小城市的发展。

截至2018年，中国流动人口规模约为2.48亿人，约占全国总人口的18%，中国正进入人口大迁移的时代。人口迁移一般分为两个阶段：第一阶段，人口从农村向城市迁移，一、二线和三、四线城市都有人口迁入；第二阶段，人口从农村和三、四线城市向一、二线大都市圈及卫星城迁移，三、四线人口面临迁入停滞，大都市圈人口继续增加，集聚效应更加明显。对照国际经验，中国正处在人口迁移第二阶段，一线城市和部分二线城市人口将继续集聚，城市之间、地区之间的人口集聚态势将分化明显：东部地区大城市继续呈现大量人口净迁入状态；中西部地区的郑州、重庆、成都、武汉等区域中心城市人口增长加快，其余城市人口迁移幅长较缓。

3.2 中国城市移民的特点与类型

3.2.1 移民总量与区位分布

20 世纪 50 年代中期，中国实行严格的户籍管理制度，一直影响着中国人口迁移量、迁移流向及移民在迁入地的居住身份。1978 年以来，伴随着中国改革开放进程的加快，中国经济快速发展，城市化进程加快，人口迁移流动管理制度和调控措施发生变化，中国城乡间人口流动的限制被打破，中国移民规模迅速扩大，大量人口向东部沿海经济发达地区迁移，世界最大规模的人口迁移过程由此展开。

1978—1983 年，农村联产承包责任制解放了农村剩余劳动力，但由于此时人们自主迁移意识比较薄弱，且城市体制改革还未开始，提供的就业空间不足，此时的人口迁移呈现规模小、增速慢的特征。1984—1988 年，国家开始改革人口迁移制度，慢慢放开了对人口迁移的种种束缚，更多的农民开始落户城镇，乡镇企业逐渐得到发展，城市经济体制改革逐步拉开序幕。在此背景下，人口自发迁移流动规模迅速扩大。1989—1995 年，中国移民规模迅速增长，年增幅超过 10%，最高时超过 20%。1992—1993 年改革开放步伐和经济市场化进程加快，就业需求迅速增加，推动中国移民规模达到新高。1996 年至 21 世纪初，流动人口规模增长放缓，总量上趋于平稳。这是因为，一方面改革开放带来的影响向内地不断扩展，东部地区加快调整产业结构，劳动密集型企业逐渐向中西部地区搬迁，增加了内地经济发展的机遇和就业市场的容量；另一方面，可供移民选择的就业空间日趋缩小，加上国内外宏观经济整体环境的变化，导致城市营运难度加大，对移民就业的限制性规定增多，抑制了该段时期中国移民规模的扩大（李玲，2001）。进入新时代后，中国交通基础建设不断完善，高速公路、高铁、航空等方面发展迅速，助推了中国移民规模的再次扩张。

中国移民规模持续扩张，且以省内移民为主体。1990—2010 年的三次全国人口普查数据显示，中国移民总数不断上升，1990 年第四次人口普查数据显示，移民总数为 34 127.6 万人，2010 年第六次人口普查数据显示，移民总数为 119 893.2 万人，增长幅度超过 251%（闫庆武等，2015）。

1990 年第四次人口普查数据显示，中国移民规模在 1982—1987 年为 3 053.3 万人，1985—1990 年为 3 412.8 万人，1990—1995 年为 3 642.6 万人，1985—1990 年和 1990—1995 年的移民人口分别相当于 1990 年和 1995 年全国总人口的 3.01%和 3.02%。1995 年至 21 世纪初，中国移民人口规模已超过 8 000 万人，经过一段时期的人口迁移规模增长平缓期后，进入新时期，中国移民规模不断扩大，每年增长约 800 万人，2014 年年底，中国移民人口已达 2.53 亿，约占全国总人口的 19%。

1982 年，中国只有约 657 万的移民人口，到 2000 年第五次全国人口普查时，全国已有 1.17 亿的移民人口，28 年间增加了近 18 倍。到 2005 年，移民人口规模比 5 年前又增加了 25.32%，而到 2010 年，5 年间移民人口规模更是增长了 50.34%。此后几年，移民规模扩张放缓，2014 年仅比 4 年前增长了 14.48%。总的来看，中国移民人口规模增长呈现先加速后放缓的特征，整体趋于平缓，没有出现大规模、爆发式的增长（王宁，2016）。

根据移民的迁移空间区域角度，可以将移民分为两种类型：国内移民和国际移民。国内移民是指在同一国家内从一个地方迁移至另一个地方的移民（张毅等，2013）。国内移民按是否跨越省份区域，又可以进一步细分为省内移民和省际移民；按移民迁移的方向还可以分为城市化移民和农业移民等。国际移民指由一个国家迁居至另一个国家，跨越国境的移民，包括人才、技能人员和劳工，也包括被动接受的非常规移民，如难民，但不包括因度假、商务、医疗等原因而短期出国的人（李怡然，2018）。

国内移民在中国社会发展中相当普遍。中国历史上有多次规模比较大的国内移民活动，迁移人口多，影响范围广，如“闯关东”“走西口”

“下南洋”“三线建设”和“三峡移民”等。由于国内地区经济发展不平衡，省与省之间、省内各地之间、各地理区之间存在较大差距，这就造成了国内移民的普遍性。国内移民多从不发达省份流向发达省份、从省内不发达地区流向发达地区、从不适宜区域流向适宜区域，人们通过移民寻求自身利益最大化。

进入21世纪，中国国内移民表现出规模巨大和规模不断增加的趋势。城市化过程是一个在城乡间重新配置组合资源和要素的过程，其中一个重要组成部分是人口的迁移和重新分布。随着中国发展进入新时代，交通基础设施不断完善，城市化发展迅猛，国内移民成本不断降低，国内移民将成为更加普遍的一种中国移民类型，国内移民数量不断增加。

根据任泽平在2016年的研究报告，考虑常住人口增长率和人口净流入率（户籍人口/常住人口）两个指标，前者反映短期内人口流入，后者反映吸引的外来人口存量规模，东部沿海地区在两个指标上均表现居前，其中粤港澳大湾区的吸引力最强，以43.7%的净流入率和2.4%的常住人口增长率明显领先于其他城市群。而中西部和东北地区仍处于人口净流出的状态，且人口净流出规模较大；省际层面上，粤、浙两省对城市移民吸引力较强，而京津沪由于人口承载能力有限，且实行严格的户籍制度，三地对城市移民的吸引力逐渐减弱（图3-1）。

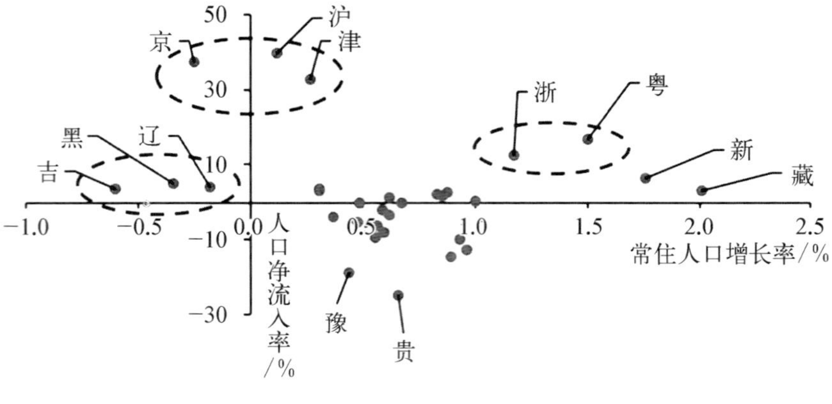

图3-1 各省常住人口增长率及人口净流入率(%)

（注：常住人口增长率为2015—2018年年均复合增长率，人口净流入率为2017年数据）

对比各类型城市，受严格的户籍制度影响，超大城市对城市移民的吸引力有所减弱，特大城市的人口净流入率已接近超大城市，而Ⅰ型大城市的常住人口增长率已超过超大城市，强二线城市对城市移民的吸引力逐渐增强。此外，中国的中小城市存量户籍人口仍处于较明显的净流出状态。深圳在全部城市中表现最为突出，对于城市移民最具吸引力。一线城市中的广州同样在常住人口增长率及人口净迁入率上有较好表现。同时，强二线城市批量崛起，对城市移民的吸引力逐渐提升，如杭州、长沙、成都等二线城市。此外，中西部地区的部分非中心城市及东北地区非省会和计划单列城市，正面临着常住人口收缩的困境，对城市移民吸引力依旧较弱，如四川内江、河南周口和湖北荆州等地（图 3－2）。

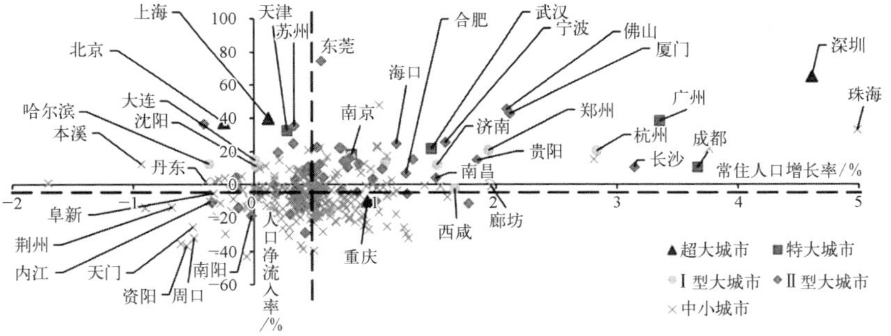

图 3－2　中国地级及以上城市常住人口增长率与人口净流入率（%）

（注：人口净流入率为 2017 年数据，常住人口增长率为 2015—2018 年年均复合增长率，部分数据缺失城市为 2016 年净流入率与 2015—2017 年常住人口增长率。因统计口径有限，不包括吉林省和黑龙江省城市数据。虚线为对应指标的中位数水平，西咸为西安和咸阳的合并数据）

由于城市移民大规模涌入，中国城市人口不断扩张，占比提升明显。从户籍人口来看，2006 年中国城市的城区人口数量超过 3.3 亿，到 2017 年，中国城市的城区人口数量已接近 4.1 亿（图 3－3）。从常住人口来看，2005 年中国城市人口占比不足 28%，而到 2017 年占比已超过 34%。

当前中国主要的国际移民群体包括海外留学生、投资移民、亲属移民和务工移民。以流入地划分，中国的国际移民又可被细分为两类。一类是移民西方发达国家，以欧美国家为主。这类移民规模较庞大，占据中国国际移民主体地位，多来自国内经济文化水平较高的大中城市，以留学移民为主，家属团聚移民次之。另一类是移民东南亚和北美，这类人数较少

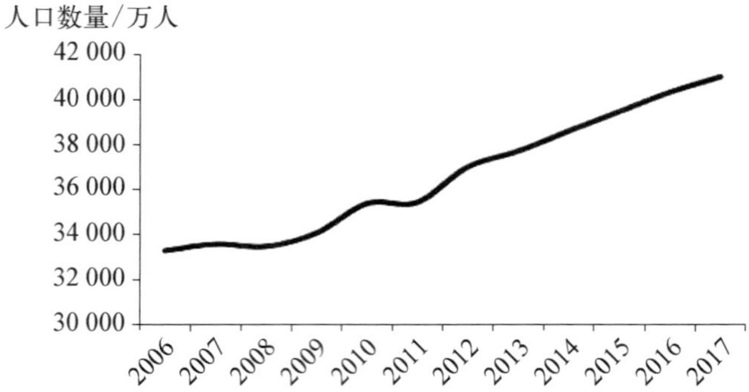

图 3-3　2006—2017 年中国城市的城区人口数量

（倪志荣等，2011）。

改革开放后，中国逐渐放宽了出入境政策，快速发展的经济以及频繁的对外交流，促使了中国的国际移民规模不断扩大（张秀明等，2014）。1990—2000 年，中国国际移民人口总量平均每年增长约 14 万人，年增长率达到 3%。2000—2010 年，中国国际移民人口总量年均增长 32.7 万人，年均增长率为 4.8%。2010—2013 年，中国国际移民规模达到 58 万人，年均增加约 19 万人，年均增长率为 2.2%（宋林飞，2018）。中国国际移民总量已经从 1990 年的 409 万人增加到 2015 年的 955 万人，已成为世界第四大移民输出国，排在印度、墨西哥和俄罗斯之后。中国的国际移民规模总体上增长趋势明显，这些移民群体的教育层次差异较大，其中高技能、高素质型移民的增长速度最快。中国流向经合组织发达六国（澳、德、法、加、美、英）的高技能移民群体规模增长速度远快于中低技能移民的增长速度（杨希燕，2011）。

与此同时，以中国为移民目的地的国际移民规模持续扩大。2000—2013 年，中国境内的国际移民总数增加幅度在 50%以上，其中很大一部分移民来自发达国家，包括高技能的国际劳动力、归国的华人华侨以及国际留学生。

3.2.2　省内移民与省际移民对比

1. 省内移民

移民是指人口的居住位置发生了跨越某一地区界线的空间移动过程，

具有三个属性，即空间属性、时间属性和目的属性，其中，空间属性是移民的本质特征（闫庆武等，2015）。移民包括多种类型，其中，发生在一国境内的移民主要包括省内移民和省际移民，常以省内移民为主。本章中所讲的省内移民主要是指五年前的常住地与现住地发生变化的情况，且五年前的常住地在本省，换句话说，人口只是从省的一地迁移到同省的另一地。

省内移民的空间集聚效应明显，呈同心圆形分布，省会城市对其他周边省内城市人口具有很强的吸引力，人口主要从周边地区向省会城市集聚，溢出效应显著。当省内一个地区的禀赋结构、经济水平越优于其他地区时，该地区的人口集聚现象就越明显，对省内迁移人口的吸引力也就越强。一个地区的禀赋结构特征优势可以用 GDP、人均收入水平、第三产业比例和公共服务水平等指标来间接衡量。

中国的国内移民以省内移民为主，省际移民规模相对较小。如在第六次人口普查时，全国 22 103. 11 万移民人口中，省内移民人口为 13 515. 48 万人，省际移民人口为 8 587. 63 万人，省际移民人口只有省内移民人口的 64%。这是由于改革开放以来，随着城市化的不断推进以及城市经济社会的持续发展，省内城市就业机会增多，加大了对省内移民人口的吸引力。此外，省内移民不论在距离成本上还是在城市融入成本等方面都具有明显优势。这就使中国的国内移民由 2000 年的省内、省际移民人口规模相当转变为当前的以省内移民为主。

各省份的省内移民规模具有较大差异。苏、浙、鲁、豫、粤、川 6 个省份的省内移民规模最大，其规模均超过 700 万人，总占比超全国省内移民总量的 30%。广东省的省内移民规模最大，占全国省内移民规模总量的 10%。京、津、沪、琼、藏、青、宁等地区移民规模基本都少于 100 万人，占全国省内移民规模的比例都在 1% 以下（王桂新等，2013）。大致规律是一省的人口基数越庞大，其省内移民规模往往越大，两者相关系数高达 0. 93。

表 3 - 2 显示，1990—2010 年中国移民总量持续扩大。其中，省内移民占移民总量的比例增加明显，1990 年省内移民占总移民人口的

67.47%，2000 年增加到了 73.35%，2010 年更是达到了 95.39%，表明省内移民是当前中国移民的主体。这一方面是因为省内移民占比的不断提高；另一方面是因为省际移民占比的不断降低。中国的国内移民还是以近距离移民为主（闫庆武，2015）。

表 3-2　中国第四~六次人口普查国内移民人口数量统计表

单位：万人

年　份	现住地	合计	省内	省际	研究区外	地理区内	地理区间
1990 年第四次人口普查	华北区	4 146.7	2 137.8	1 998.9	10	679.4	1 319.5
	东北区	3 697.3	2 550.1	1 146.1	1.1	477	669.1
	华东区	8 905.5	5 677.7	3 215.6	12.2	1 457.5	1 758.1
	华中区	4 807.6	3 625.3	1 180.8	1.6	222.1	958.6
	华南区	5 256.3	3 702.3	1 550.1	3.9	605.1	945
	西南区	4 459.9	3 542.2	910.5	7.2	417.1	493.5
	西北区	2 854.2	1 790.3	1 063.2	0.6	310.9	752.3
	总　计	34 127.6	23 025.7	11 065.4	36.5	4 169.2	6 896.1
2000 年第五次人口普查	华北区	1 535.5	1 149.2	386	0.3	99.8	286.2
	东北区	1 039.7	908.6	131	0.1	56.9	74.1
	华东区	3 734	2 774	959.1	0.9	505.3	453.7
	华中区	1 320	1 176	143.9	0.1	29.7	114.2
	华南区	2 338.5	1 137.6	1 200.6	0.2	179.1	1 021.5
	西南区	1 377	1 166.3	210.2	0.4	115.9	94.3
	西北区	776.8	579.3	197.5	0	56.3	141.2
	总　计	12 121.4	8 891.1	3 228.2	2.1	1 043	2 185.3
2010 年第六次人口普查	华北区	14 924.6	14 164.3	757.5	2.8	217.1	540.3
	东北区	9 882.3	9 697.4	183.2	1.7	75.2	108
	华东区	35 416.1	33 054.7	2 346.7	14.7	1 004.1	1 342.5
	华中区	19 145.7	18 949	196.2	0.6	36.2	159.9

续　表

年　份	现住地	合计	省内	省际	研究区外	地理区内	地理区间
2010 年第六次人口普查	华南区	13 925	12 442. 2	1 481	1. 9	269. 8	1 211. 2
	西南区	17 690. 1	17 379. 2	309. 3	1. 5	123. 1	186. 3
	西北区	8 909. 5	8 683. 7	225. 6	0. 2	59. 7	165. 9
	总　计	119 893. 3	114 370. 4	5 499. 4	23. 4	1 785. 2	3 714. 2

注：1. 根据第四、五、六次人口普查 10%的长表数据整理，并放大 10 倍得到。
2. 研究区外是指港澳台及国际移民的人口数。
3. 总移民人口为省内移民、省际移民与研究区外移民之和；省际移民人口为地理区内与地理区间移民之和。

尽管中国的国内移民是以省内移民为主，省际移民次之，但各省份的移民情况却存在差异。北京、天津、上海三市的移民均以省际迁入为主，其规模均超过各自省内移民规模的 6 倍，上海更是超过了 14 倍。经济较为发达的苏、浙、粤三省，其省际迁入规模也都大于或基本等于省内移民规模。与之相反，中西部地区的皖、赣、豫、湘、黔等经济较不发达省份的移民以省际人口迁出为主。鄂、桂、川三省的省际迁出与省内移民规模基本相当。除上述省区以外，全国剩余的近三分之二的省区，移民活动主要发生在省内，继而使得中国的移民以省内移民为主。

自改革开放以来，省内移民占移民总量的比例在持续上涨，但各地理区的移民情况又有所不同。2010 年第六次人口普查显示，华南、华东与华北地区的省内移民占移民总量的比例较小。这些区域经济发达，是中国主要的人口迁入地，因此这些地区省际移民占比较大。省内移民与省际移民占比大小与地区经济发展水平紧密联系，经济发达地区的省际移民占比大，经济发展水平相对较低地区的省内移民占比较大（闫庆武，2015）。省内移民流向一般遵从由省内较不发达区域流向省内较发达区域、从不适宜区域流向适宜区域、从经济回报率较低区域流向经济回报率较高区域这一规律。从大范围来看，中西部省份省内移民规模较小，人口大多向东部进行省际移民；而东部沿海省份，其省内移民规模较大，省际移民规模较小，因为人们更倾向于向发展程度更好的地区迁移，这也符合移民规律，因而这些省份的移民多发生在一省范围内。

2. 省际移民

省际移民，通常是指人的居住位置发生了跨越省际界限的空间移动，由于中国户籍制度的存在，又可将其细分为“发生户口变动的省际移民”和“未发生户口变动的省际移民”（杨传开等，2015）。本章考察的省际移民是指五年前的常住地与现住地发生变化的情况，且五年前的常住地在外省（不包括港澳台）。省际移民规模主要从人口迁出与迁入两方面进行考量，两者在大多数情况下是不相等的。省际移民包括地理区间移民与地理区内移民两部分，五年前的常住地与现住地均在同一地理区的移民称为区内移民，五年前的常住地与现住地不在同一地理区的移民称为区间移民（闫庆武，2015）。三次人口普查的结果显示跨地理区移民占省际移民总量的比例分别为 62.33%、67.69% 和 67.54%，可见跨地理区移民是中国省际移民的主要组成部分。

20 世纪 90 年代是中国移民空前活跃的时期，据 2000 年第五次全国人口普查结果，1995—2000 年全国移民总量达到 12 466.25 万人，比十年前的第四次人口普查的移民总量（3 412.76 万人）增长了约 2.65 倍。省际移民的增长更加突出。除去乡际移民，按空间尺度可比的县际以上移民量，第五次人口普查的移民总量为 7 018 万人，比第四次人口普查增长了 1.06 倍，年均迁移率也由 6.0‰增长到 11.3‰，增长了 0.88 倍。其中省际移民由 1 106.54 万人增加到 3 324.14 万人，增长了约 2 倍，平均每年增长 11.6%，迁移率由 2.0‰增长到 5.4‰，增长了 1.70 倍，大大超过县际移民的增长幅度。移民总量的大幅度增长是中国经济发展高活力的一种社会反映。省际移民通常是长距离的移民，移民者需要具备比省内移民更高的能力、更大的能量。因此，如果说移民总量的大幅度增长标志着中国已经进入移民的高活性时代的话，那么省际移民的更快增长意味着中国正在步入移民的高能力时期。

按照时间划分，中国省际移民变化趋势包括三个阶段。

第一阶段为 1985—1995 年，省际移民主要迁入地为珠三角、沪苏、北京。据 1990 年人口普查资料，1985—1990 年省际净迁入规模最大的是广东，高达 100.7 万人，其他净迁入人口超过 10 万人的省（区、市）有 5 个：京（54 万人）、沪（53 万人）、辽（25 万人）、津（17 万人）和苏（17 万人）。其中，粤、京、沪的省际移民净迁入人口合计占比高达 67.4%，而净迁出规模最大的则是四川，为 85 万人，其他省际移民净迁出人口超过 13 万人的省（区、市）有 5 个：桂（45 万人）、浙（30 万人）、湘（26 万人）、黑（24 万人）和皖（20 万人）。据 1995 年 1%抽样调查资料，1990—1995 年省际移民净迁入规模最大的依然是广东，增至 168 万人，其他净迁入人口超过 20 万人的省（区、市）有 5 个：沪（59 万人）、京（56 万人）、苏（51 万人）、新（41 万人）和辽（23 万人）。省际移民净迁出规模最大的仍然是四川，为 103 万人，其他省际移民净迁出规模超过 15 万人的省（区、市）有 7 个：皖（57 万人）、湘（48 万人）、豫（46 万人）、桂（42 万人）、黑（38 万人）、赣（38 万人）和贵（24 万人）。

第二阶段为 1995—2000 年，省际移民主要迁入地为珠三角、长三角、京津、新疆、福建等地，此时浙江从移民净迁出地转变成移民净迁入地。随着改革开放的深入推进，20 世纪 90 年代中期以来省际移民规模大幅增长。据 2000 年人口普查资料，1995—2000 年省际移民净迁入人口主要集中在粤（1 165 万人）、长三角地区（465 万人）、京津地区（221 万人），总占比达到 87.1%。此外，新（97 万人）、闽（76 万人）、辽（39 万人）和云（35 万人）也是省际移民主要净迁入地。省际移民净迁出省份主要包括川（401 万人）、湘（305 万人）、皖（272 万人）、赣（257 万人）、豫（194 万人）、鄂（169 万人）、桂（163 万人）、贵（102 万人）和渝（69 万人）等地。2005—2010 年，省际移民主要迁入地未变，但长三角取代珠三角，成为第一大省际移民净迁入地。据 2010 年人口普查资料，2005—2010 年省际移民净迁入人口主要集中在长三角（1 453 万人）、粤（1 226 万人）和京津地区（471 万人），总占比达到 91.8%。此外，闽（134 万人）、新（55 万人）和辽（49 万人）也是省际移民主要净迁入地。省际移民净迁出省份主要包括豫（500 万人）、皖（470 万人）、川（394 万人）、湘（390 万人）、鄂（296 万人）、赣（278 万人）、桂（222 万人）、贵（209 万人）、黑（114 万人）、渝（111 万人）和冀（109 万人）等地。

第三阶段为2010年至今，省际移民主要迁入一线城市和部分二线城市。2010年至今，省际移民净迁入第一聚集地是京津地区，中西部外来务工人员大量回流造成长三角、珠三角地区省际移民净迁入人口大幅减少。

东部地区是移民人口最主要的聚集地，其省际移民人口迁入总量从2000年的3 211.5万人上升到了2010年的6 813.6万人，占全国省际移民人口总量的比例也由75.7%升至了79.3%。中西部地区由于经济发展水平不高，自改革开放以来，一直是最主要的人口迁出地，迁出人口占全国省际移民人口总量的比例始终保持在75%左右。其中，中部地区的迁出人口占全国移民人口总量的比例仍然在不断增加，从2000年的43.6%上升到了2010年的44.5%。东北地区的省际移民，不管是迁入还是迁出，其规模都相对较小，人口流动较为均衡，但总体仍是人口迁出占更大比例（杨传开等，2015）。

省际移民人口增速明显。2000年省际移民人口约4 242万人，到2010年，省际移民人口已达到8 587.6万人，10年间的增长量超过了1978—2000年累计移民总量（杨传开等，2015）。相较于省内移民，省际移民是长距离、大尺度的人口流动，对于地区社会经济发展、人口空间再分布具有重要意义。

对中国省际移民的分析，主要是从人口迁入、迁出两方面进行展开。主要的人口迁入地为经济相对发达省份，包括北京、上海、天津、浙江、江苏、广东等省（区、市），同时，新疆、湖南、河北、四川、重庆、山东、云南、辽宁等省（区、市），在小范围区域内具有相对经济优势，吸引了相邻省份的人口迁入，形成了一定规模的人口迁移（刘晏伶等，2014）。京、沪、苏、浙、闽、粤6省（区、市）省际迁入人口均超过400万，占全国省际移民人口比例均超过5%。可以发现，这些省际迁入人口大省均位于东部沿海地区，经济发展较好。在2013年，6省合计迁入人口数已达到6 103.62万人，约占全国省际移民人口的71.07%（王桂新等，2013）。其中，广东省省际迁入人口规模遥遥领先，约占全国省际移民人口的四分之一。另外，小范围内存在经济优势的地区，对周边的省区也能够形成一定的吸引力，因而苏、浙、粤等省都存在一定规模的人口迁出（刘晏伶等，2014）。人口迁出大省大都集中在经济发展相对落后的中西部地区，如川、豫、陕、鄂、湘、赣、云等省。皖、赣、豫、鄂、湘、川是全国省际迁出规模最大的 6 个省份，均超过 500 万人，占全国省际移民人口总量的比例均超过了 5%。在 2013 年，6 省合计迁出人口数量达到了 4 606 万人，超过全国省际移民人口总量的一半。其中以安徽省为最，省际迁出规模达到 962.26 万人，超过全国省际移民总量的十分之一（王桂新等，2013）。由此可见，省际移民人口主要由西向东、由较不发达地区向较发达地区迁移。迁出地较为分散，迁入地较为集中。当前，中西部地区作为主要省际迁出地，其迁出人口大多流入长三角、珠三角和京津（冀）三大都市圈。

按绝对规模数据，2010 年中国省际移民人口十大流入地（规模超过 150 万人）包括：粤（2 149.8 万人）、浙（1 182.4 万人）、沪（897.7 万人）、苏（737.9 万人）、京（704.5 万人）、闽（431.4 万人）、津（299.2 万人）、鲁（211.6 万人）、新（179.2 万人）和辽（178.7 万人）。可以看出，除西部的个别省（区、市）以外，省际移民人口主要流向东部沿海经济较发达省份。省际移民人口十大流出地（规模超过 300 万人）包括：皖（962.3 万人）、川（890.5 万人）、豫（862.6 万人）、湘（722.9 万人）、鄂（589.0 万人）、赣（578.7 万人）、桂（418.5 万人）、贵（404.9 万人）、渝（350.7 万人）、冀（349.8 万人）、鲁（309.6 万人）和苏（305.9 万人）（刘晏伶等，2014）。

从大区域来看，2000—2010 年这十年间，东部和西部占总迁入人口比例有微小提高，而中部地区有微小下降；在迁入人口规模增速方面，西部地区增速明显，超过 85%，其次是东部地区，增速近 80%，最后是中部地区，其增长幅度超过 75%。这表明，十年间东部与西部地区在迁入人口规模增速方面差距不大。西部地区增长显著，这很大一部分得益于国家的西部大开发战略。虽然东部地区仍是中国人口的主要迁入地，但是随着中西部地区经济的快速发展，其迁入人口规模也在不断扩大（王宁，2016）。

比较各地理区人口迁入与迁出规模，可以发现中国省际移民的主要迁入与迁出地的变化。1990 年第四次人口普查结果显示，华东地区是省际人口迁入量最多的区域，而西南地区是省际人口迁入量最少的区域。华北地区与华南地区是中国人口的主要净迁入区。

2000 年第五次人口普查数据显示，华南地区是最大的省际人口迁入区域，而西南地区仍然是最小的省际人口迁入区域。华北地区与华南地区仍然是中国人口的主要净迁入区，而华中地区是中国人口净迁出量最多的区域。2010 年第六次人口普查数据显示，华东地区和华南地区是省际人口迁入量较多的区域，而东北地区、西南地区、西北地区和华北地区是省际人口迁入量较少的区域。华北地区与华南地区仍然是中国人口的主要净迁入区，而华中地区也仍然是中国人口净迁出量最多的区域。

中国最大人口迁出区由西南地区变为华中地区，这主要是因为华中地区与华东地区、华南地区和华北地区等人口净迁入区的距离比较接近，可见距离对中国省际移民的影响较大。同时，经济发展因素也是影响中国省际移民的重要因素。省际移民的主要目的在于寻找更适宜居住、经济报酬更高的生活区域，因此华中和西南这些人口稠密、经济较不发达地区成为中国人口的主要迁出区，而华东和华南这些经济发展水平相对较高的地区成为中国人口的主要迁入区。

2010 年第六次全国人口普查数据显示，超过百万人口的省际移民流共有 17 条，超过二百万人口的省际移民流共有 7 条。省际移民规模超五十万人的共 32 条，也就是说近一半省际移民规模超百万人（刘晏伶等，2014）。较大规模移民人口的城市集中于珠三角、长三角、京津等东部沿海地区，其中珠三角地区的东莞、深圳，长三角地区的上海、温州，以及北京、天津的省际移民规模都超过 50 万人，而这些城市大多是中国的核心城市，城市经济发展水平很高。中西部地区省际移民规模较大的城市包括昆明、重庆、西安、武汉等城市。昆明因其靠近人口迁出大省四川，故其省际移民规模较大。重庆、西安和武汉均是中西部地区重镇，对中西部地区省份的移民人口吸引力较大，因而其移民规模往往较大（王国霞等，2012）。东南部沿海地区的省际移民呈现网状结构，而中西部地区的省际移民呈现“独峰”结构。东南部沿海地区的省际移民较活跃，而在西部，则形成四川和云南两省份省际移民一枝独秀的局面。

东南沿海的上海、浙江、广东等地已经成为省际移民的主要迁入区，而中西部地区的河南、安徽、甘肃等地则成为省际移民的净迁出区。人口迁入多的省份多位于东部沿海及西部个别地区，前者源于经济发展水平，而后者则得益于支持性政策。人口迁出率较高的地区大多集中在中西部，东北及区位偏中的西部部分省份的省内移民较为频繁。总体来看，中国省际移民有如下规律：(1) 省际移民总体上从中西部地区流入东部沿海地区，从中部地区流入南北地区增长中心；(2) 珠三角、长三角、京津等经济发展程度较高的沿海地区仍是全国主要移民迁入区；(3) 珠三角和长三角地区腹地存在大量交叉和过渡地带，如川、贵、鄂、赣等省份，京津和长三角地区腹地的交叉地带主要位于鲁、冀两省，表明这些地段同时受到多省份人口迁移的影响（刘晏伶等，2014）。省际移民具有明显的梯度溢出特征，西北地区的移民人口除了直接向东南沿海地区迁移外，更多的是先迁入中部地区，继而以此为跳板，再迁入东部地区。

图 3 - 4 模拟了 2010—2030 年这段时期，中国省际人口迁移规模的变化情况。总体来看，各年份的省际移民人口净迁移的方向仍保持相对一致。2020 年与 2010 年相比较，省际净迁移规模均有较大幅度缩减。2030 年，基础公共服务均等化和城乡一体化逐渐实现，地区间发展差距大幅缩小，省际移民趋近平衡，净迁移人口绝对值趋于零。净迁入省份中，浙江处于绝对领先地位，其新增累积移民人口占全国省际移民总量超过三分之一。其次是粤、沪和京三个省市，新增累积移民人口占全国省际移民总量的比例分别为 20%、19%和 12%。苏、津和闽三个省市的移民人口规模占比均小于 10%，但移民数量依旧可观（徐姗等，2016）。净迁出省份中，豫、皖两省迁出移民最多，其次是鄂、湘、贵等省份，占比达到 2%～8%。这些省份大都位于中部和东北部地区，它们人口密度大，农村劳动力富足，但经济发展水平较低，可提供的工作岗位不足，导致了庞大的人口迁出规模（邓羽等，2014）。西部地区大多数省份的新增移民人口规模占比不高，处于-1%～1%，人口流动不活跃。

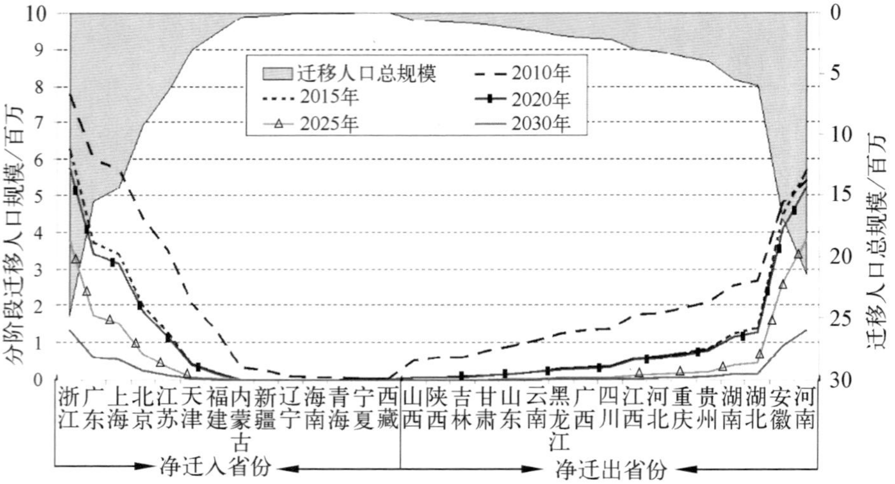

图 3-4　中国省际移民人口的空间迁移总量模拟(2010—2030 年)

省际移民人口的空间再分布，改变了迁入地和迁出地的人口结构，导致地区总人口、农村和城镇人口占比发生变化，推动了全国和区域城镇化进程。2000—2010 年，省际移民对全国城镇化率提升的贡献占到了 18.13%。此外，省际移民缩小了省际城镇化率的差异，促进了区域城镇化协调发展（杨传开等，2015）。

与此同时，都市圈或城市群内部人口迁移流动也开始加速，尤其是迁移活性最为强烈的劳动力的流动性更为频繁。长三角是中国经济活力最强的区域，改革开放以来，吸引了大量的海内外人力资本向其集聚，形成了人力资本的“辐合流场”。2000 年全国人口普查数据显示，长三角 16 个城市 15~64 岁就业人口总量为 5 048.32 万人，占全国就业人口（15~64 岁，下同）总数的 7.80%；1995—2000 年，长三角 16 个城市共迁入、迁出就业人口 847.90 万人、171.79 万人，各占 16 个城市就业人口总数的 16.80%、3.40%；净迁入 676.11 万人，占净迁入人口总数（15~64 岁）的 74.97%，占 16 个城市就业人口总数的 13.39%。长三角 16 个城市在与长三角外地区间的迁移中都表现为净迁入。

由于劳动力流动具有产业跟随性，因此，长三角的劳动力流动所形成的迁移梯度与长三角的经济梯度表现一致。在长三角 16 个城市就业人口迁入、净迁入总量中，各城市所占比例以上海高居首位，各达 28.04%、33.21%，形成了以上海为核心的高强度集聚区；第二层次为苏州、杭州和宁波，占迁入总量比例分别为 9.96%、9.04%和 8.95%，占净迁入总量比例分别为 11.02%、9.64%和 10.10%；第三层次为无锡和南京，占迁入总量比例分别为 6.31%和 6.69%，占净迁入总量比例分别为 6.31%和 7.61%。其他 10 个城市迁入、净迁入合计仅占 31.01%、22.11%。

长三角内迁移流动活跃，但主要以长三角外迁入为主。长三角的劳动力迁移主要由两部分构成，一是长三角 16 个城市的城间迁移，二是长三角 16 个城市与全国其他地区间的迁移。在长三角各城市迁入就业人口总量中，来自长三角以外地区的有 789.36 万人，占 88.44%，因此来自长三角外的迁入人口是长三角各城市迁入就业人口的主体。其中长三角迁移就业人口以长三角外迁入所占比例最高的是绍兴、镇江和杭州，各达 93.17%、93.14%和 91.07%，即便是迁入比例最低的南京也是以长三角外迁入劳动力为主，高达 83.66%。

从长三角城市内迁移就业人口看，虽然较长三角外数量少，但表现也相当活跃。上海、南京、无锡、苏州、杭州、宁波、嘉兴 7 个城市表现为净迁入，其他 9 个城市表现为净迁出，后者（9 市）共向前者（7 市）净迁出 53.32 万人，其中，上海吸纳的比例高达 56.11%。长三角各城市迁出就业人口总体上是以迁往长三角内其他城市为主，占 53.05%，但各城市差别较大。上海、苏州、无锡、杭州、宁波、嘉兴 6 个城市的迁出就业人口以迁往长三角以外地区为主，而其他 9 个城市则以迁往长三角内其他城市为主，湖州市迁出就业人口中迁往长三角以外地区的比例最低，仅为 13.33%（图 3－5）。

3.2.3　中国移民类型

移民是一个涉及多学科的问题，包含政治、经济、文化、宗教和地理等多方面因素。对于中国移民种类的划分，不同的研究视角、研究方法和研究目的，会得出不同的移民类型。

从移民的主观意愿角度，可将移民划分成两种类型：自愿移民和非自

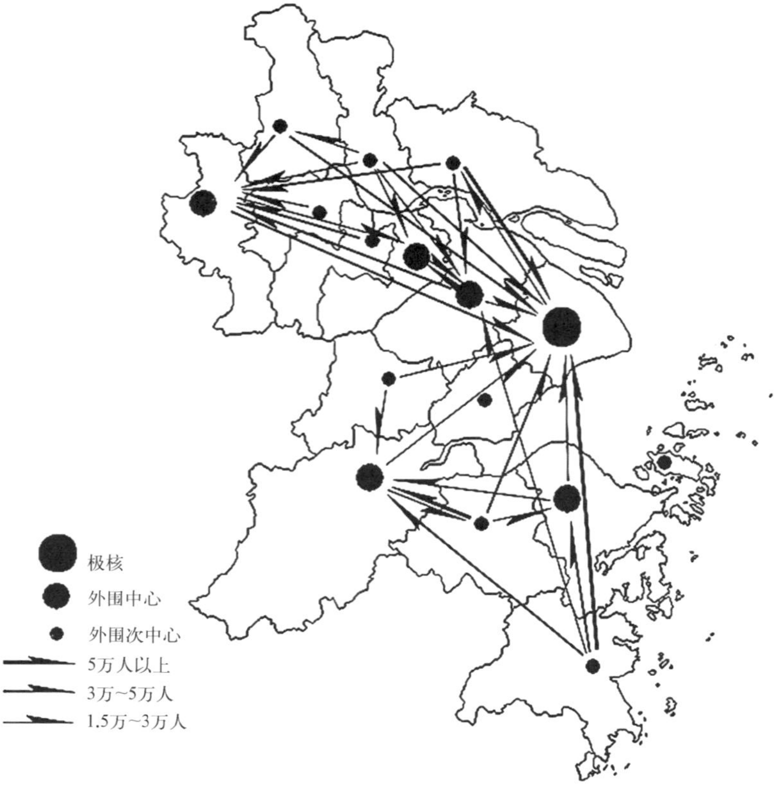

图 3-5 长江三角洲人口迁移流量、流向图[①]

愿移民。自愿移民指移民主体在主观意愿上愿意、自发的移民活动。其进一步又可被细分为有组织的自愿移民、无组织的自愿移民和完全自愿移民。非自愿移民是指移民主体在主观意愿上非自愿，被动、被迫向其他地方迁移的移民活动，通常是各种外在因素发生变化所导致，如工程建设、战争、灾害和生态环境恶化等。

自愿移民，一般是迫于原居住地生态环境恶化、经济发展落后和基础设施不健全等原因，而形成的居民在主观上自愿地向条件更好的地区迁移的现象。地区之间在自然条件、经济基础、基础设施和教育医疗等方面往往差距较大，基于弥补这种差异所带来的利益，人们会自觉地进行自愿性

---

① 乔观民，刘振宇：《长江三角洲都市连绵区内部人口空间流动态势研究》，载《华东师范大学学报（哲学社会科学版）》2004 年第 2 期。

的移民搬迁。目前中国境内的自愿性移民搬迁大多是在政府引导下，有组织、有规模、有计划的整体性行为。近年来，自愿性移民搬迁越来越成为解决中国扶贫攻坚战略的一种重要方式。现代社会的自愿移民，更多涉及的是经济的提升和机会的获取，可以不受来自政府或集体方面的组织引导，移民过程受到更多相关的支持性政策和规则的保护，是自身有实力、有能力、有目标、有计划的主动性迁移（吴上，2016）。

非自愿移民是指原居民受到工程建设、自然灾害、环境恶化和政治冲突等外在不利因素的影响而被迫进行的一种移民搬迁活动，以图寻得更好的生存环境，主要包括工程性移民、灾害性移民和生态环境性移民等若干类型。工程性移民一般因工程建设而产生；灾害性移民源于人类与自然界之间的冲突或自然界不利的变化；生态环境性移民一般源于人类对于自然资源的过度开发活动，导致原居住地的生态环境恶化，继而丧失继续居住和生存的条件，导致居民被迫迁移和调整人口地理空间安排（施国庆，2005）。非自愿移民是经济社会发展过程中产生的阶段性特殊群体，往往难以避免，同时又要求政府对其进行妥善处理。据不完全统计，1949 年中华人民共和国成立后，全国累计产生的非自愿移民已经超过 5 000 万人，且规模仍旧在持续不断地扩张中（吴上，2016）。非自愿移民带有国家强制性、经历周期相对较短、带有集中性，中国的非自愿移民规模在整个移民规模中占据较大比例。

非自愿移民往往是永久性迁移，随着与原所在地区的联系被切断，原有的社会关系网络、熟悉的社区和社会结构分解裂化，社会组织与人际关系平台也被破坏，尤其是分散安置移民方式，导致其自身原有的家乡归属感消失殆尽，紧密的亲缘关系也因空间上远距离分离变得弱化，造成移民一时难以弄清和适应所处的新的社会处境，从而引发一系列社会问题。此外，非自愿移民具有利益相关人群的不可选择性，涉及的移民群体类型众多，如年龄、性别、社会阶层、文化观念和谋生能力等方面，都存在显著差异，因此对于政府来说，进行社会整合的难度要大于自愿移民。非自愿移民的迁移、安置与生计恢复工作是一项系统性工程，涉及政治、经济、社会、文化、宗教、资源、环境、心理和工程建设等多方面领域，需要政府通盘考虑，从整体上进行把握。大规模、有组织的非自愿移民加剧了迁入地区的水土资源稀缺程度，人地关系变得更加紧张，地区和社会阶层差异加大，对非自愿移民迁移与妥善安置的工作难度加大。基于此，注重法制建设，完善社会组织体系，构建移民表达机制、利益协调与均衡机制，完善信息公开制度，对于解决非自愿移民带来的问题显得尤为重要。

按诱导因素可以将移民分为以下类别，包括政治移民、经济移民、文化（宗教）移民、工程移民、环境（灾害）移民和生态移民等。

政治移民通常是因为战争、政变等政治因素诱导而引发的移民活动，可以是行政或军事手段推行的强制性的移民，也可以是自发性的移民。

经济移民通常是因经济因素诱导而引发的移民活动，包括投资性移民、商业性移民、福利移民和企业移民等。可以是自主移民，也可能是有组织和有规模的移民。比如：20 世纪“南欧与拉美移民流向的逆转”；1978 年改革开放后，中国由西向东、由农村向城市、由较不发达地区向较发达地区的人口迁移，都是经济移民的典型案例。

文化（宗教）移民通常是因文化、宗教传播等因素诱导而引发的移民活动。如中国唐宋时期的僧道移民、传播伊斯兰教造成的人口迁移，都是文化移民的典型案例。新旧宗教之间的冲突、不同宗教教派之间的矛盾冲突、同一宗教内部的竞争冲突等，都会导致宗教移民。

工程移民是指由修建机场、铁路、公路、港口和水库等工程项目所引起的需原居住地居民迁移他处的移民活动。工程移民多由政府牵头主导，带有较强的政策性，是有组织、有计划、有规模的整体性搬迁，其主体一般是农民。以修建水库为例：丹江口水库移民约为 38 万人，黄河小浪底工程约为 20 万人，长江三峡工程约为 120 万人，这些都是工程移民的典型案例。

环境（灾害）移民通常是因干旱、洪水和地震等自然灾害因素胁迫导致的移民活动，其可以进一步被细分为自然灾害移民、天文灾害移民和社会灾害移民。如中国的“5·12”汶川大地震引起的人口大规模迁移，属于环境移民。

生态移民包括政府主导性生态移民和民众自发性生态移民。前者是指为了保护或重建生态环境，政府部门有组织、有计划地将人口从生态环境脆弱地区迁移出去的活动。后者是指由于生态环境恶化，适合人类生存和居住的条件丧失，人口被迫自发地迁出原居住地的迁移活动。如中国三江源生态移民工程，至 2009 年年底，已完成搬迁人口累计超过 5 万人，是中国实施的规模最大的、最集中的生态移民工程之一。生态移民已在中国各地尤其是西部地区全面展开，这有效保护了中国的生态环境。

按开发目的，移民可以被划分为开发性移民和扶贫移民。

开发性移民是指在移民安置过程中通过有机地结合安置区的自然资源和人力资源，改善生产生活条件的一种移民方式。开发性移民常见于中国水库移民安置方针中。目前，基于改善能源结构，大力发展水力发电的政策性背景下，水库移民占据开发性移民的主体部分。移民安置主要使用就地后靠、就近搬迁的方式。现阶段开发性移民仍然不能完全离开大农业安置，但由于城镇化进程的加速，城镇化安置越来越成为移民安置的首选方式，其一方面有利于移民的生活条件和环境的改善，另一方面又符合城镇化发展趋势（宋林飞，2018）。

扶贫移民指在政府和其他机构的组织协调下，帮助贫困人口摆脱恶劣生存现状、获得较好发展条件与环境而进行的有组织、有计划、有目的的整体性搬迁活动。根据致贫原因，又可将扶贫移民细分为自然环境致贫性扶贫移民和社会经济环境致贫性扶贫移民两种类型（张毅等，2013）。1983 年，为了解决宁夏西海固地区问题，首次提出扶贫性移民概念。宁夏政府确立“以川济山，山川共济”的扶贫方针，用以解决宁夏西海固地区经济落后、人口超载、生态脆弱和环境恶化等现实问题，并正式提出了扶贫移民的重大战略。经过十多年的开发建设，到 1998 年，扶贫移民人口累计达到 28.3 万人，迁移人口脱贫率达到 94%。扶贫移民是精准扶贫的重要形式，在全面建成小康社会进程中发挥重要作用。“十二五”期间，在中央和地方财政支持下，扶贫移民人口累计达到 1 171 万人，对于居住在“一方水土养不起一方人”地区贫困人口的脱贫具有重要意义。根据“十三五”规划，到 2020 年，要累计完成 981 万人扶贫移民搬迁任务，迁出范围主要包括 4 类地区：（1）不具备基本发展条件的地区；（2）禁止或限制开发的地区；(3) 基本公共服务设施薄弱，且建设和运行成本高的地区；(4) 地方病严重、地质灾害频发的地区。从区域来看，西部地区搬迁人口最多，占搬迁总人口的比例超65%；其次是中部地区，搬迁人口占搬迁总人口的比例约为30%；东部地区搬迁人口最少，占搬迁总人口的比例约为2%。

扶贫移民是政府主导下的非自愿移民，对于这类移民，政府往往采取以下两种政策：(1) 建设新型移民村，通过发展规模农业、高效农业和非农产业，解决就业，提高移民收入，同时也能够有效防止移民村的空心化；(2) 将易地移民搬迁工程纳入城镇化轨道，在城镇安置搬迁移民或者在其周边建立移民新村。

除了上述几类，还有其他移民类型，如以移民的根本目的为标准，可划分为生存型移民和发展型移民；以规模为标准，可划分为小群体移民和大规模移民；以迁移距离为标准，可分为短程移民、长途移民和洲际移民等；以移民的时间为序，可划分为短期性移民和长期性移民；从法律角度来看，可把移民划分为合法移民和非法移民等。

3.3 北京、广州和深圳城市移民比较

3.3.1 北京城市移民概况

1978年改革开放以来，城市移民逐渐成为中国大城市人口规模迅速膨胀的主要因素。尤其是90年代市场经济改革和户籍制度改革后，人口迁移所受到的束缚大幅度减少，城市移民变得愈加频繁，中国四大一线城市率先进入移民城市阶段。北京作为国际大都市，在政治、经济、文化、医疗、教育和基础设施建设等方面优势明显，一直以来都是城市移民的重要集聚地（刘长安，2013）。

北京城市移民的发展具有阶段性特征。1949—1978年，北京城市移民人口增长缓慢。1949年，北京城市移民人口数量为6.08万人，1958年增加到27万人，1960年人口迁移受到政策性限制，城市移民数量骤减到

7.42 万人。直到 1967 年，城市移民规模增速开始回升，城市移民数量一般维持在 15 万~30 万人。1978—2012 年是北京城市移民的主要发展时期，可将其具体划分为五个阶段，进行着重分析。第一阶段（1978—1994 年），增长相对平稳缓慢。这一时期，北京市城市移民数量从 21.8 万人增加到了 63.2 万人。第二阶段（1995—1999 年），这段时期北京城市移民呈现“先升后降”的增长特征。一方面，社会主义市场经济发展方向的确立，促使城市移民人口增长幅度加剧，1994—1995 年，北京城市移民规模从 63.2 万人骤增到了 180.8 万人。另一方面，北京在此期间实施了较严格的城市移民限制政策，因此 1995—1999 年，北京城市移民规模略有回落，几年间移民人口数量降到了 157.4 万人。第三阶段（2000—2005 年），北京城市移民增长提速阶段，数量从 256.1 万人骤增到 357.3 万人，年均增长速率达到 6.89%。第四阶段（2006—2010 年），城市移民膨胀阶段。2005—2008 年，北京城市移民年均增长幅度达到 9.19%。2008—2010 年，城市移民累计增加 239.4 万人，增长速率更是达到 23.07%。第五阶段（2012 年至今），城市移民增长明显放缓阶段（汤苍松，2015）。

此外，需要注意的是，后奥运会期间北京市外来人口出现短暂的非常态剧增。奥运会前三年，即 2005—2008 年，北京城市移民增长率为 9.19%，奥运会后三年，即 2008—2010 年，增长率飙升到了 23.07%这一非正常水平。其中首都功能核心区、城市功能核心区、城市发展新区和生态涵养发展区的年均增长率分别达到 19.82%、20.73%、29.02%和 16.55%，而昌平区的城市移民年均增长率更是高达 57.37%。奥运会后北京城市移民规模出现短暂非常态剧增的阶段性特征的原因在于，奥运会后北京采取了较为宽松的城市移民和城市管理政策，此外也是北京为了摆脱金融危机所采取的积极的经济政策以及世界城市战略的结果。但是由于受到城市功能定位、城市承载能力和城市治理水平等方面的约束，2010 年后，北京城市移民增长率开始出现明显的滑落趋势。

1978 年，北京总人口约为 840 万人，城市移民约为 21.8 万人；到 2000 年，前者约为 1 100 万人，后者约为 250 万人；截至 2010 年，前者达到 1 250 万人，而后者也已经增加到了 740 万人。北京人口增长呈现阶梯型特征的主要原因在于持续性、大规模的城市移民。国际经验表明，当城市移民人口占总人口的比例在10%以上时，该城市就处在了人口活跃流动期。当城市移民人口比例进一步增大时，该城市就开始步入移民城市阶段。

在2010年的第六次人口普查中，北京城市移民为704.5万人，与2000年第五次全国人口普查相比，增加了447.7万人，年均增长44.8万人，年均增长率达到10.6%。城市移民占总人口的比例在2000—2010年期间增长了17%，占比由18.9%提高到了35.9%（陈滢，2012）。城市移民增长是北京总人口快速增长的主要因素。

2010年第六次人口普查数据显示，北京城市移民人口占本地人口的35.9%。其中，82.5%的城市移民来自东北地区、北部沿海地区、黄河中游及长江中游地区。冀、豫、鲁、皖、黑五省是北京城市移民的主要来源区域，占到移民总体的56.3%。其中，河北省来京人口最多，为155.9万人，占城市移民的22.1%；其次是河南省，为98万人，占13.9%；山东省位居第三，为59.8万人，占8.5%；安徽省、黑龙江省的来京人口分别为43.0万人和40.3万人，分别占6.1%和5.7%。

对比2000年和2010年北京人口普查资料数据，可以将北京城市移民的总体特征归纳为以下几条。（1）处在劳动年龄段的城市移民总量很大，但比例逐年降低。随着北京城市移民总量的增加，劳动年龄移民规模持续上升，2005—2010年，劳动年龄移民数量从308万人增长到了643.4万人。在城市移民年龄结构方面，北京城市移民的平均年龄在逐步提高。20~24岁年龄段人数占城市移民总数比例逐渐下降，2000—2010年，占比从21.5%下降到了19.9%。（2）以务工经商为目的的城市移民是移民群体的主体，且比例还在上升。2000—2010年，这类移民占城市移民总体的比例从67.6%增加到了73.9%。（3）举家迁移成为重要特征，居所职业相对稳定。2005年，城市移民家庭户占北京家庭总户数的比例达到18.59%。2010年这一占比进一步提高到了30.6%。（4）受教育程度不断提高。高中以下学历占比稳步下降，而高中以上学历占比呈明显上升趋势。2000—2005年，高中以上学历移民人口占北京城市移民总人口比例增加了近10.0%。到2010年比例更是达到了45.5%，其中大专及以上学历移民人口占比达到 25.3%。（5）职业结构有所改善，但低端就业持续膨胀。在国家机关、党群组织、事业单位负责人以及专业技术人员两大职业类别中，城市移民占比增加明显，尤其是专业技术人员，2000—2010 年，其占比从 5.6%迅速提高到了 13.1%。由此可见，北京城市移民的职业构成正朝着积极的方向转变。但与此同时，从事低端领域的移民规模也在持续扩大。从事批发零售、住宿餐饮、居民服务三个行业领域的城市移民占北京移民总人口的比例不断加大，2005—2010 年，其占比由 45.7%上升到了 43.9%，接近城市移民总人口数的一半（汤苍松，2015）。

城市移民已成为北京经济社会发展的一股重要力量，为城市发展增添了新鲜活力。一方面，城市移民无论在传统行业还是在新兴行业中都贡献着重要力量。另一方面，劳动年龄人口占据着城市移民的主要部分，年轻型移民正不断改善北京的人口年龄结构，缓解了人口老龄化压力。2010 年，劳动年龄移民人口占 91.3%，远高于北京总人口的 76.4%。大量城市移民的涌入为北京的发展源源不断地提供廉价劳动力。第一，城市移民正在成为北京人力资源的重要来源。第二，数量庞大的城市移民极大地降低了北京的劳动力成本。与此同时，城市移民为北京的产业调整提供支撑，一方面为维持经济社会顺畅运转提供重要保障；另一方面又为北京市现代服务业和战略性新兴产业的快速发展提供有力支持。

3.3.2　广州城市移民概况

广州是华南地区的政治、经济和文化中心，也是城市移民的聚集地（蒋丽等，2014）。随着改革开放和户籍管理体制改革的进行，广州借助其自身的优越条件和开放的文化环境，成为中国南方城市移民重镇。2016 年各地人口统计数据表明，广州已经成为中国最受欢迎的城市之一。当地政府为留住人才，颁布了不少移民政策，吸引了大量移民，城市移民不断向广州集中，到 2016 年城市移民数量已经达到了 630 多万人，占到城市总人口的 45%左右，城市移民是广州人口组成的重要部分，在广州社会经济发展过程中发挥着重要作用。

20 世纪 80 年代，广州经济发展进入高增长阶段，城市移民规模急速扩大，分布格局由中心区向近郊区集中，并逐渐向远郊区延伸。1982 年，广州城市移民人口占总人口的比例仅为 1. 55%。到 1990 年，占比较 1982 年增长了 598. 57%，年均增长率达到 27. 51%。其中，近郊区城市移民增速明显，1982—1990 年，近郊区城市移民人口占全市移民总人口的比例由 37. 92%上升到了 56. 31%，年均增长率达到 33. 97%，超过半数的城市移民分布在近郊区，表明城市移民聚集区域已由中心区转移到了近郊区。虽然中心区的城市移民数量增长显著，8 年间增长了 293%，年均增长率达到 18. 66%，但其占广州城市移民总数的比例却在不断降低，1982—1990 年，其占比从 51. 62%骤降到了 29. 04%。远郊区的城市移民虽然总体规模不大，占全市城市移民人口的比例仅为 14. 65%，但其增速显著，8 年间年均增长率达到 32. 98%（李怡然，2018）。

20 世纪 90 年代，广州城市移民规模仍呈现出高速增长态势，但由于其基数较大，因而增速较 80 年代略有下降。1990—2000 年，广州城市移民规模达到 428. 2 万人，年均增长率为 22. 53%。其中，中心区的城市移民增长速率较慢，1990—2000 年，年均增长率为 13. 12%，占全市城市移民总人口的比例由 29. 04%下降到了 13. 05%。而近郊区的城市移民增长迅猛，1990—2000 年，移民总数增加到 299. 8 万人，年均增长率达 25. 23%，占全市城市移民总人口的比例更是达到 70. 01%。与此同时，远郊区的城市移民增速也颇为显著，1990—2000 年，移民总数达到 72. 5 万人，年均增长率为 24. 32%，占全市城市移民总人口的比例已达到 16. 94%，超过了中心区，这表明 1990 年以后广州城市移民不仅向近郊区聚集，并且进一步向远郊区延伸（谢守红，2007）。

第五次、第六次全国人口普查数据显示，2000—2010 年，广州城市移民占总人口比例由 39. 66%上升到了 48. 40%，表明广州总人口中近一半是城市移民。2000 年广州城市移民为 394. 24 万人，2010 年广州城市移民为 614. 75 万人（表 3 - 3）。2000—2010 年，广州城市移民人口增长了 220. 51 万人，增长率达到 55. 93%。在城市移民密度方面，广州城市移民平均每平方千米增加 5 292 人，增长率为 65. 70%。

表 3－3　2000—2010 年广州不同地域城市移民数量和人口密度情况

	城市移民数量/万人		面积/km^2		城市移民密度/(人/km^2)	
	2000 年	2010 年	2000 年	2010 年	2000 年	2010 年
核心圈层	120.90	169.78	178	151	6 792.13	11 243.71
内圈层	213.44	344.81	2 222	2 114	960.58	1 631.08
外圈层	32.07	54.17	1 318	1 578	226.56	343.22
外　圈	27.83	45.99	3 716	3 591	74.89	128.07

资料来源：广州历年统计年鉴。

根据《广州市 2020：广州市总体发展战略规划咨询》，广州可划为 4 个圈层：核心圈层、内圈层、外圈层和外圈。如表 3－4 所示，按广州城市移民数量年均增长率高低对 4 个圈层进行排序：外圈层（6.14%）>外圈（5.16%）>内圈层（4.91%）>核心圈层（3.45%）。按城市移民密度年均增长率高低进行排序：外圈（5.51%）>内圈层（5.44%）>核心圈层（5.17%）>外圈层（4.24%）（蒋丽等，2014）。可以看出，广州城市移民形成了“外圈（远郊区）城市移民高速增长、内圈层（近郊区）城市移民快速增长、核心圈层（核心区）城市移民缓慢增长、外圈层（核心区）城市移民缓慢增长”的区域差异格局，城市移民数量增长和空间集聚呈现由内向外趋势。

表 3－4　2000—2010 年广州不同地域的城市移民数量和密度增长情况

	2000—2010 年城市移民数量			2000—2010 年城市移民密度		
	增长量/万人	增长率/%	年均增长率/%	增长量/(人/平方千米)	增长率/%	年均增长率/%
核心圈层	48.88	40.43	3.45	4 451.57	65.54	5.17
内圈层	131.37	61.55	4.91	670.50	69.80	5.44
外圈层	24.30	81.38	6.14	116.66	51.49	4.24
外　圈	18.16	65.25	5.16	53.18	71.01	5.51

资料来源：广州历年统计年鉴。

可以发现，2000—2010 年，广州城市移民空间分布越来越均衡且呈现出向外扩散的特征，其主要原因在于受经济利益的驱动，城市移民趋向于在就业和居住空间位置间寻求最佳平衡点。外在原因表现为："三旧"改造、新城开发和交通条件改善。1999 年，广州地铁的运营，缩短了城市中心区与郊区的距离，解决了城市移民就业与居住分离的问题，城市移民一方面在城市中心区获得高收益；另一方面在郊区获得低成本，这使得城市移民向内圈层和外圈层流动的规模逐渐扩大。2009 年，广州推行"三旧"改造政策，着手改造位于中心城区核心圈层和内圈层的旧城镇、旧厂房和旧村居，居住在中心城区的城市移民生活成本上升，一部分城市移民被迫向生活成本更低的内圈层和外圈层转移。

大量城市移民的涌入，给广州经济发展带来了新鲜活力，但同时也给广州城市管理和规划建设带来了许多难题，尤其是在次中心地区城市移民的增多，加大了次中心地区的城市管理难度和社会治安压力，交通、治安、基本公共服务设施和城市环境等方面都出现了许多新的问题。广州经济的快速发展，吸引了更多城市移民涌入，导致城市移民空间分布格局不断发生新的变化。规模庞大的城市移民加剧了广州基础设施和生活性用房的紧张程度，促使政府加大各项基础设施改造以及房屋建设力度，进而导致城市空间结构以及土地利用方式显著变化。

城市移民在未来的广州城市规划建设与管理中是一类不可忽视的群体。在流动迁移、空间分布、活动范围以及行为模式等方面，广州管理者应当加强研究，把城市移民纳入城市规划和管理体系中，保证城市的协调高效运行和可持续发展。加快公共服务设施和基础设施建设，将城市移民纳入广州基本公共服务均等化内容当中，通过对各类市场的规划来调控城市移民，按照城市移民的现状和空间发展，制定更为细致、更有针对性的城市移民政策，包括住房、户籍、就业和税收等方面内容，从而加强城市移民的社区融合，使得城市移民尽快市民化。同时，向外转移中心城区的传统产业，通过远距离扩散就业岗位来引导城市移民的合理分布，调整和优化城市空间结构，充分发挥城市移民的积极作用。

3.3.3 深圳城市移民概况

深圳是一个典型的移民城市。所谓移民城市，是指移民在数量上远超原住民，移民文化在城市中处于绝对优势地位，移民是城市发展的生力军和主力军。经济特区建立之前，深圳人口为 33 万人，而 2000 年人口普查时，深圳人口已超过 700 万人，常住人口达 405 万人，深圳居民中的 90% 以上是城市移民，城市移民在深圳社会发展的各个方面已经占据了主导地位。

自改革开放以来，深圳城市移民过程持续展开。1980 年，深圳城市移民的数量仅占总人口的 3.6%；1985 年这个比例上升为 45.7%；1994 年，深圳城市移民占比已高达 72%，2006 年升至 76.39%，到 2015 年深圳总人口达到 1 137.87 万人，其中城市移民为 782.88 万人。1979—2015 年，深圳总人口年增长率达到 10.5%，其中城市移民占到很大比例。深圳庞大的城市移民、倒挂的人口结构无论在中国还是在世界上都是罕见的，这也带来了频繁的文化交流，促进了文化创新。深圳的核心特征之一是城市移民人口来源的多元化，其来源地覆盖了全国所有省、直辖市、自治区以及多个国家和地区，涉及中国所有的民族。城市移民来源前 10 名的省份分别是湘、鄂、川、赣、豫、桂、渝、皖、陕、贵，其中来自湖南省的移民数量就达到了 118 万人。从深圳市下辖各区来看，各区的城市移民来源前 10 名的省份几乎没变，但在具体的分布上则体现了大杂居、小聚居的特点（谢志岿等，2017），显示出深圳极强的包容性，来自各地区、各民族的城市移民为深圳的发展贡献了巨大力量。从 1979 年正式建市以来，深圳城市移民的数量及占比均呈加速上升趋势。1979 年，深圳城市移民为 0.15 万人，仅占总人口的 0.48%；10 年后，城市移民数超过户籍人口，占总人口的 54.22%；在 1992 年这一数字升至 70.07%；1992 年之后，城市移民比例稳步提高，在 2000 年达到峰值，为 82.19%；全国第六次人口普查数据显示，深圳城市移民约为 798 万人，占常住人口的 77%。深圳已然成为吸引城市移民的热土。

与此同时，城市移民的大量涌入也给深圳的社会建设和管理带来了巨大的挑战。深圳在经济飞速发展的同时，可利用土地面积不断缩小，土地市场上已基本无地可卖，可建设用地不足将会对公共资源建设、产业发展和住宅建设产生负面的影响，制约了城市吸引城市移民的发展潜力。城市移民数量在逐年增加的同时，增速却有所下滑，城市移民占总人口比例逐年下降。2010 年全国第六次人口普查数据显示，深圳的城市移民规模已接近 800 万人，占总人口的比例高达 77.09%。但从年均增长率来看，2000—2010 年，深圳城市移民规模累计增加 213.73 万人，增长幅度达到 36.55%，年均增长率为 3.66%，远小于总人口年均 10.47%的增长率。可以预测，深圳城市移民的数量增长将逐渐远离 1979 年建市之后的高速井喷状态，转而以低速平稳的增长态势发展。

随着深圳进入高质量发展阶段，产业结构的调整优化以及高端人才计划的实施，城市移民的人力资本结构不断改善，高学历、高技能型的城市移民人数占总移民人数的比例提高明显，移民整体素质在逐步提升，文盲率在快速降低，受过高等教育的人口增长显著。2000—2010 年这 10 年来，深圳城市移民中具有专科学历以上的人数增加了约 33 万人，初中及以下文化程度人数下降明显。此外，处在劳动年龄段的城市移民占据移民的主体部分，延长了深圳的“人口红利”期。同时，城市移民的性别结构也在发生变化，由“男少女多”向“男多女少”特征转变。2000—2010 年，深圳城市移民男女比上升明显，从 95.27 上升到了 120.33，这与深圳积极调整产业结构紧密相关。

作为改革开放前沿区，在转变市场经济体制、政府职能和执政理念的宏观背景下，深圳城市移民管理体制的构建呈现出一定的阶段性特征，大体上可以分为防范型、综合型和福利型三种既相互区别又具有一定的内在转换逻辑的城市移民管理模式（傅崇辉，2008）。

改革开放之初，深圳对城市移民的管理主要采取“户籍属地”管理方式下的防范型管理模式。深圳建市初期一段时间，为了快速发展经济，各行业都急需大批的劳动力，由于本地居民的稀少，出现大批空缺岗位，导致城市移民快速涌入。城市移民规模大小与城市经济发展快慢密切相关，城市移民以社会财富创造者和消费者的双重身份，推动了深圳经济、文化和科技等各方面的快速发展。从深圳城市移民状况看，1984—1999 年，城市移民规模增长迅猛，由 30.61 万人激增到了 512.71 万人，其占总人口的比例也从 41.3%增加到了 81.05% 。1988 年，深圳城市移民人口超过户籍人口，户籍人口和城市移民占总人口的比例分别呈现出独特的“倒挂”特征。到 1999 年，城市移民与户籍人口的比例已经高达 4.28∶1。随着深圳城市移民迅速膨胀，许多社会问题开始显现，基础设施、教育、医疗、交通、环境资源和住房用地等方面都呈现出不同程度的紧缺状态。同时，深圳社会管理和人口调控能力不足以应对城市移民膨胀导致的各类社会问题，在这种“问题情境”的倒逼下，政府被迫采取了被动的防范型管理模式。

2000—2005 年，深圳采取多元政策目标的管理模式。这一时期，出现了城市移民总量过剩，但结构性紧缺的矛盾。由于“三来一补”企业的几次大规模外迁，深圳经济增长方式逐渐实现了由劳动密集型拉动向资金技术密集型拉动的重大转变。城市移民从快速增长向趋于饱和的阶段转变。2000—2005 年，深圳城市移民的总数由 576.32 万人增加到 645.82 万人，年增长率略低于总人口的年增长率，城市移民占总人口的比例保持在 70%以上。城市移民管理的目标除了社会治安，还包括社会保障、教育和医疗等多元目标，从而保证经济发展质量，综合型城市移民管理模式在实践的要求下逐渐成形。

2006 年至今，深圳采取具有广泛社会整合力的福利型管理模式。这段时期，深圳城市移民增速放缓，逐渐进入饱和期。城市移民对于总人口增长的贡献率逐渐趋于平稳。在过去很长一段时间里，城市移民一直都是政府公共服务覆盖的“盲区”。综合型管理模式“重管理轻服务”的政策取向易于导致管理方式错位和管理措施的混乱，常常造成人力资源的不合理配置。而此时，在城市移民管理框架中注入社会福利和公共服务的内容，显然更适应实际情况。

深圳作为国际化大都市，必须重视为城市发展做出贡献的城市移民，加快促进城市移民融入新生活、新环境。在制度融合方面，将城市移民纳入未来城市养老、医疗、交通、住房和教育政策制定考虑范围内。在社会融合方面，建立属地化的社区管理体系，为城市移民提供必要的服务，通过社区平台加快移民融入新社会。

3.4 本章小结

中国城市移民演变历程从侧面反映了改革开放以来中国发展的迅猛以及城市化进程的加快。中国人口从中西部向东部迁移、从不发达地区向发达地区迁移、从不宜居地区向宜居地区迁移，反映出当前中国经济发展的不平衡性，地区与地区之间差距仍比较显著，但从规模和流向的变化上可以看出，中西部地区经济发展形势向好，对于移民人口的吸引力不断增强。从迁移区域、主观意愿、诱导因素和开发目的等角度划分中国移民类型，显示出中国在城市化进程中对多元化移民的包容和融合。在迁移的推力和拉力作用下，人口实现了空间和时间的形态变迁，人口分布发生变化，对于移民迁出地与迁入地的发展起到不可忽视的影响。基于对北京、上海、广州、深圳城市移民概况与特征的分析，可以发现改革开放后中国城市化进程的迅猛推进，北、上、广、深这四大一线城市的迅速发展与崛起，离不开城市移民。

第4章　中国城市移民与融入的影响因素与作用机制

移民迁入城市的影响因素与作用机制、移民对城市的影响与作用机制和移民融入城市的影响因素与作用机制是理解中国城市移民与公共政策的三大基石。本章首先探讨影响移民迁入城市的影响因素与作用机制，包括户籍制度因素、收入差距因素、公共服务因素、环境因素和文化因素等五个方面；然后深入分析移民迁入对城市经济社会发展造成的影响，重点梳理对城市就业机会、工资差异、教育资源、医疗资源、住房模式和社会治安等的影响；最后分析移民融入城市的影响因素与作用机制，包括经济因素、文化因素和政策因素等。

4.1　移民迁入城市的影响因素与作用机制

4.1.1　户籍制度因素

户籍制度是中国城乡社会管理的基础性制度，各项公共服务和社会福利制度安排嵌套在户籍制度基础上，由此形成城乡二元结构的制度安排。改革开放以来，特别是进入80年代以来，随着中国城乡发展水平和公共财政水平差异的扩大，户籍制度所形成的城乡壁垒日益突出。户籍制度和附属其上的社会福利体制则日益对城乡差异扩大化产生影响。过往城市的户籍制度并不接纳这些暂住的外来人口，因此在城市地区形成了具有当地户籍的本地人口和没有当地户籍的外来人口的区分，在城市内部划分出二元结构。因户籍制度以及在此基础上建立的就业制度、教育制度和社会保障制度等，使得外来流动人口难以均等化地获得城市发展所带来的经济和社会效益，形成外来流动人口对迁入城市的制度排斥，限制了在城市地区的外来移民融入当地社会。因此可看出，户籍制度所造成的“城乡二元结构”是影响城市外来流动人口迁入的重要因素。

4.1.2 收入差距因素

新古典经济学认为，收入差距在人口迁移决策中起着重要作用。参照Lewis的观点，农村劳动力向城市转移的原因是城市现代工业部门和传统农业部门之间存在巨大的收入差距，人口迁移可以在一定程度上平衡城乡之间的收入差距。现有的研究可以发现一个普遍规律，家庭居民收入越低，其劳动力选择进入城市的可能性越高，此规律基于的是迁入地比迁出地可能有获取更高收入的机会。同时，不同类型收入对劳动力流动的影响差别较大，已有的研究发现，选择从事农业或非农就业的收入差距越大，其劳动力选择流出的概率也越大。朱农（2004）认为，农村剩余劳动力向城市迁移和在本地从事非农劳动两者之间存在一种相互替代的关系，若农村剩余劳动力在户籍地从事非农劳动获取的收入越高，其选择留在户籍地的概率越大；若向城市迁移后从事非农劳动获取的收入越高，其选择流出的概率就越大。同时，收入差距是人口迁移的内在动因，收入差距导致人口迁移在区域间发生单向流动，人口迁移表现出由贫困地区流向富裕地区，由农村转向城市的特点。在当下中国，基于收入差距拉大所表现出的劳动力迁移主要体现在农村剩余劳动力流向城市从事非农劳动。一方面，农村的就业机会相对单一，就业机会大多集中在农业部门和少量低端制造业及服务业生产活动部门，就业时间也相对较短，以上均是导致城乡收入差距过大的原因，总之，缺乏非农就业机会是促使劳动力选择迁移到城市的原因。另一方面，行业收入差距也是诱发劳动力流动的重要因素，依据自身人力资源禀赋，劳动力人口一般选择流入教育回报率高的部门。城市的二、三产业相对密集且二、三产业的教育回报率相对较高，从提升人力资本回报的角度出发，也会促使农村劳动力人口流向城市。

4.1.3　公共服务因素

国外学者最早关注到了公共服务对城市移民的影响，这一理论可以追溯到 Tiebout（1956）所提出的公共服务会对百姓居民地选择的影响，该学者认为，人们更愿意选择符合自己偏好类型的居住地居住，从而形成人口迁移。在国内方面，夏怡然等（2015）研究发现，劳动力选择流向城市时不仅为了获得更高的工资和更好的就业机会，而且还为了能够享受城市的基础教育和医疗服务等，虽然工资收入对劳动力流动的作用要大过公共服务，但是公共服务均等化政策在一定程度上有利于缓解人口向公共服务水平较高且工资水平也较高的大城市集聚的状况，促使劳动力的空间分布更加均匀化。现实生活中，伴随着户籍制度在中小城市的放开，城市移民人口享受城市医疗、教育和社会保障等公共服务的机会越来越多，相较之前较为严格的户籍制度，流动人口很难享受到与当地居民同等的公共服务的机会。步入 21 世纪，为了全面促进人的城镇化，中央政府采取多项措施保障流动人口真正享受城市公共服务。当前，劳动力选择流向某个城市，不仅要考虑该城市的工资水平和就业机会，而且还要综合考虑该城市的基础教育和医疗服务水平，因此公共服务尤其是教育和医疗也成为城市移民决策的重要依据。一方面，从城市地域差异角度来看，东部地区城市由于拥有较为完善的公共服务设施，在吸引劳动力定居方面表现尤为突出。另一方面，从城市规模角度来看，城市公共服务质量对城市移民的吸引程度随城市规模的扩大而不断增加。尤其对出于长久定居目的的流动劳动力而言，城市公共服务水平越来越成为其选择流入地的重要参考依据。

4.1.4　环境因素

环境是人类生产与生活的物质基础，因人口迁移所导致的城市移民与环境因素息息相关。经典的劳动力迁移决策模型为唐纳德提出的人口迁移的推拉理论。环境作为重要因素也是推拉理论的一项应有之意。具体而言，环境的“推力”包括迁出地的资源枯竭、环境恶化和生态污染等，“拉力”更多体现在迁入地适宜的气候和环境等自然条件。Chang（2010）

研究了移民政策应该如何应对环境恶化所引起的人口迁移，其研究发现应采取公平、有效的方法应对环境问题，人口“迁移自由”的规定是针对环境所做出的最优决策。以美国菲尼克斯地区社会调查的微观数据为研究对象，运用有序 Logistic 模型分析了人口迁移、环境及健康三者的相互作用关系，研究发现当地周边环境会影响人口迁移和健康。Gutmann 等（2010）以美国为研究样本，研究了常见的四种环境因素对人口迁移的影响，证实了环境因素对人口迁移具有阻碍和促进作用。张苏北等（2013）运用多元线性回归模型研究了安徽各地级市的人口净迁移指数的变化，揭示了省内人口迁移的空间特征。李明等（2019）以来华留学生高校—城市选择作为空间迁移研究对象，研究了空气污染对来华留学生城市选择的影响。

此外，影响移民的环境因素也包括自然灾害和政府决策，结合当前国情可以看出，我国中西部地区多为山地、丘陵和盆地，生态环境较为脆弱，极易受到破坏，自然灾害发生的频次相较于东部地区更高。典型案例包括 2008 年的汶川地震、2010 年的玉树地震及舟曲泥石流，对灾区灾后人口的临时安置和长期安置，其实质问题涉及人口迁移。政府决策影响人口移民的典型案例就是三峡工程人口迁移，因三峡工程修筑导致沿线众多城镇都将被淹没，所以当地的百姓不得不选择搬迁。综上，环境因素是影响城市移民的重要原因之一。

4.1.5 文化因素

1978 年改革开放以来，随着中国市场经济的不断发展壮大，我国现代化进程的速度也在不断加快，由现代化所带来的一系列“现代性”问题，正逐渐渗透于社会的各个领域。文化思想观念作为社会领域的重要组成部分，必定也会遭受一定冲击。城市移民更容易在新环境中遭遇生存冲突，城市中竞争环境尊重个人奋斗，更公正公平，这与移民原先的以家庭为纽带，重视邻里关系的乡村文化不同，因此，城市构建和谐发展路径的前提是建立社会安全保障机制观念。王静（2012）的研究发现，城市移民突破空间壁垒进入城市是对本地资源的竞争行为，因此，本地人会通过加强界定移民的异质性来区分彼此，特别是当两者产生冲突时，本地人的潜在排斥心理会强化，这种竞争和排斥关系的根本在于彼此精神文化的差异，只有创造尊重二者文化的公共区域，才能够逐渐消解彼此的文化摩擦。佟雪铭（2015）基于质化研究范式，提出了知识型新移民文化融合须经历的三个阶段：文化冲突、文化适应和文化交融。应从知识型新移民对文化融合的需求、个人资本与适应能力、对不同领域持有的融合态度及本土居民对其的开放程度和给予的帮助等方面研究文化融合问题。张结海（2011）基于 200 名在上海的外地白领的样本问卷调查数据，研究了文化因素（身份认同、语言适应和交往适应等）对城市移民的影响，发现在上海的居住时间与外地白领移民的文化适应水平呈显著的相关关系。因文化因素选择城市移民的大体逻辑是这样的，首先当文化遇到现代性问题时，会对百姓的思想观念造成影响和冲击，进而会变更百姓原有的思维方式和理念。现代性文明秩序包括以自由、理性和个人权利等为核心的价值观以及以此为基础的民主政治、市场经济和民族国家等一整套制度体系。城市移民不仅会开阔迁入地居民的思维，提升居民的眼界，还为其谋求自身更好的发展奠定基础。考虑到城市移民的大多数是进城务工人员，其选择移民是为了改变命运，伴随着户籍制度的放开，其子女可享受到的在教育、医疗和社会保障等方面的优惠政策也越来越多。相较于留在农村，选择城市移民似乎更有前途和未来。因此，基于文化思想观念转变而选择城市移民的劳动力越来越多，并最终成长为一定规模的城市移民。

4.1.6　移民迁移流动的作用机制

城市移民主要会受到户籍制度因素、收入差距因素、公共服务因素、环境因素和文化因素等多方面的共同作用，图 4 - 1 为简要描述中国城市移民迁移流动的影响因素与作用机制图。其中，户籍制度壁垒不利于城市移民；居民若在原户籍地所获取的收入报酬大于在迁入地获取的收入报酬，则不利于城市移民；原户籍地与迁入地城市若存在过大的文化差异，不利于居民的文化认同，影响城市移民；居民若在原户籍地所获取的收入报酬低于在迁入地获取的收入报酬，则更利于选择城市移民。此外，为获取高质量的医疗、教育和社会保障等资源，享受城市适宜的环境以及迁入地与迁出地相类似的文化均有利于居民选择城市移民。

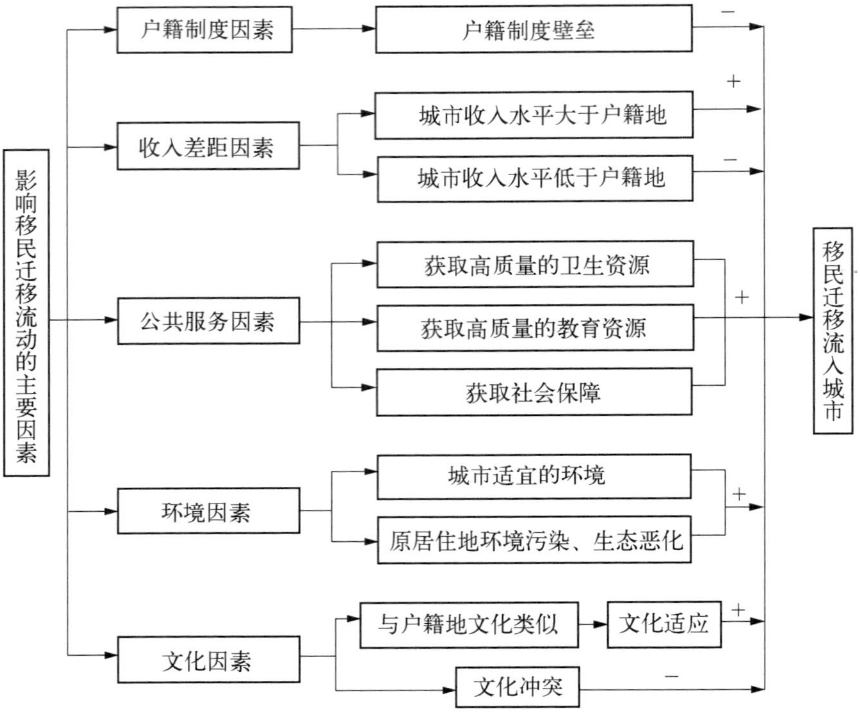

图 4－1　中国城市移民迁移流动的影响因素与作用机制

（注：“+”表示促进推动移民迁移流入城市；“-”表示抑制移民迁移流入城市）

4.2　移民对城市的影响与作用机制

4.2.1　对城市就业机会的影响

随着城市移民的增多，城市移民对城市就业机会的影响引起了学者们的关注，不同学者产生了不同的观点。部分学者认为城市移民会侵占城市原居民的就业机会，部分学者认为城市移民与城市原居民为互补关系，城市移民能促进城市整体就业机会增加，还有部分学者认为侵占与互补两种关系都会存在。

移民对劳动力市场的影响的研究有多种理论基础，主要包括生产理论（Production Theory）、人力资本理论（Human Capital Theory）和双重劳动力市场理论（Dual Labor Market Theory）。

生产理论是评价移民对劳动力市场影响的一种最常见的方法。生产理论指出，农村外来劳动力移民与本地居民二者间存在的关系要么是代替关系，要么是互补关系。如果二者间是代替关系，农村外来劳动力一方面会导致周边外围的生产力下降，另一方面也会在城市内部的工作岗位上与本地居民产生竞争，即对本地居民产生一定的威胁，或者对本地居民有取代的影响，导致本地居民工资下降或者面临事业的难题。如果二者间是互补关系，农村外来劳动力会解决当地劳动力不足的问题，形成产业结构，促进周边边界的生产力发展，推动当地的经济发展，使得当地人口获得更高的薪水待遇。用生产理论从互补和代替两个方面来阐述移民对劳动力市场的影响还是存在一定的缺陷的，其在一定程度上忽视了移民作为经济活动主体所具有的主观能动性，把农村外来劳动力与本地居民两者之间仅仅看作“代替”有点太过于简单化。另外，在分析影响的时候，只看到其竞争关系的不利性，却忽视其另外一面的积极性。

美国著名经济学家舒尔茨和贝克尔两人共同创立的人力资本理论，为人类开辟了生产能力新方向。人力资本理论主要认为物质资本是指物质产品上的资本，一般包括货币、机器、原材料、土地、厂房和其他有价证券等；而该理论中所提到的人力资本，则是人自身的资本，这个资本不仅仅是专业素质、自身条件这么简单，还要对生产者进行教育、专业素质、职业培训……人力资源理论觉得，一个劳动者的个人收入与人力资本的货币收益是成正比的。劳动者自身在劳动中所获得的收入的解释便是人力资源理论的本质。通俗来说就是，相较于出身、种族等其他外界因素，雇主更在乎你的自身能力是否过关以及能否实现企业利润的最大化。这样一来，当外来移民劳动者自身拥有雇主想要的某种技能时，雇主并不会因其不是本地人而不录用。这样一来，农村外来劳动力的移民不仅会有不同程度的失业，本地居民也会因为外来移民导致收入和社会地位改变。所以，较高水平的移民对于本地居民有着很大的威胁性。人力资本理论在解释农村劳动力移民这个问题的影响方面时，存在其合理性，但也有不合理性，存在一定的缺陷，如对于“移民者”能力水平的高低有所忽视，那么对于他们在市场中的影响也就没有明确说明。另外，外来者所接受的教育等多方面都可能存在不同，有可能对外来者来说，这也是一个巨大问题，所以在很多方面都对本地居民的生活、就业和收入等产生影响。

1979 年迈克尔·皮奥里提出双重劳动力市场理论，通常被称为劳动力市场分割理论（Segmented Labor Market Theory）。他主张，产业经济通常产生两大职业——资本和劳动力密集的两大类别，这两大类别，不仅仅是分类别这么简单，资本对应的是市场的主要部门（Primary Sector），反之，劳动力密集所对应的便是次要部门（Secondary Sector）。这次研究表明，主要部门的劳动力，一般都是由本地居民组成，该部门为劳动者提供的不仅有优质的待遇，还有丰厚的薪资等一系列福利。移民人口主要在次要部门进行就业，通常情况下，收入偏低、工作状况很不稳定且工作存在较强的季节性和周期性，很难享受到一些工作上的福利。本地居民通常不在乎外来劳动者所从事的职业。所以，从这方面来说的话，两者之间存在的不是竞争关系，而是互补关系。互补关系，使得双方收入都不会受到影响，且双方目标都是积极的。

可见双重劳动力市场理论强调习俗或制度性的限制阻碍了劳动力市场的自由竞争。抛开劳动者所受过的教育和自身掌握的技能来说，两个市场之间所存在的差距也不仅仅是长期的收入差距，它反映了公司和企业两者对劳动力的要求，如工会组织的集体谈判等。虽然是这样，当地也会存在一些弱势人群，如一些妇女、孩子和老人等，所以外来的劳动力移民与这些本地居民难免会存在一定的竞争关系。因此，这两个市场之间也是存在联系的，如果说两者都相对独立，那也是不准确的。

皮奥里提出的双重劳动力市场理论，把劳动市场分成了两个模式，这两个模式分别是一类劳动力市场和二类劳动力市场。其中，两个市场之间的差距也是较大的，例如：一类劳动力市场以专业技术人才为主，其条件好、薪资待遇高，但是对于劳动人口的自身素质要求也高，简单来说就是门槛高、待遇好；二类劳动力市场对就业者的素质要求相对较低，但是就业者的薪资待遇也较低。

在一类劳动力市场中，城市移民与该市场的就业人员基本不会存在直接的竞争关系。所以，一类劳动市场的就业人员基本不会受到影响。随着企业生产规模扩大，劳动的需求会不断增加，企业对劳动力的需求量也会增大，不管是一类劳动力市场还是二类劳动力市场都会大量要人，导致城市就业岗位增多。农村劳动力转移到城市后，一般进入二类劳动力岗位，不会对一类劳动力岗位产生影响，同时也不会与原存在于一类劳动力岗位的就业人员产生代替关系，因此城市移民与本地居民形成互补关系，促进当地劳动力市场发展。

尽管如此，企业规模的变化也会对劳动力产生一定的影响，如果企业规模扩大，劳动力的需求也会随之增加，这样一味增加也会导致一类劳动力市场失去平衡，使得需求曲线随之向右偏移，这样一来，劳动就业人口和就业薪资也会提升。所以，从这种情况来看，农村向城市转移劳动力，并不会威胁到城市中原有的就业人群，不仅不会影响，反而还会带来一定的优势，使得企业的生产规模扩大，提高劳动人口的收入，一举多得，产生一定的规模化效应。

在二类劳动力市场上，农村转移城市的劳动力与当地劳动力两者并存，逐渐就出现了两种不同的效应。一种是代替效应，另一种是规模效应。代替效应是指农村转移城市的劳动力与当地劳动力产生竞争关系。当农村外来移民进入城市，在其他条件不变动的情况下，外来移民增多，如果就业岗位数量不变，外来移民与当地人口处于竞争关系，城市移民会与城市当地人口产生替代关系，使得当地人口的就业机会减少。规模效应是指在城市移民进入城市劳动力就业市场后，由于劳动力供给的增加以及移民薪资水平较低，使得企业的生产成本相对降低，企业的利润就会增加，进而使得企业进一步扩大生产规模，企业便会对劳动力进行吸纳，使得劳动机会增多。当代替效应超过规模效应时，在二类劳动力市场上本地劳动力被城市移民所替代，本地劳动力就业机会整体减少，产生负的总效应；当规模效应超过代替效应时，二类劳动力市场上就业机会整体增加，本地劳动力就业机会增加，产生正的总效应。

4.2.2 对城市工资差异的影响

移民的流入是否真的会对本地劳动力的工资率产生影响，触动本地居民的既得利益，这不仅是每个本地居民关心的问题，也是当今社会广泛关注的问题。针对这一问题，社会上存在两种不同的观点。第一种观点认为，每一个外来移民都会从本地居民手中夺去一份工作，增加本地居民的失业率，同时，使本地居民的工资报酬下降。这是一个较为普遍的观点，其不仅广泛存在于本地居民心中，甚至也时时萦绕在当地政策制定者的脑海中。正因为如此，虽然中国的地方劳动力市场在不断开放，但涉及劳动就业的制度依然保留着明显的排他性，形成了一堵无形之墙。特别是一些城市政府以实施“再就业工程”的名义出台诸多排斥外地劳动力、保护本地居民和职工的歧视性就业政策，阻碍劳动力自由流动（蔡昉等，2005）。第二种观点则与第一种观点完全不同，其认为外来移民整体素质水平不如本地居民，他们所从事的工作都是本地居民不愿意做的，对当地居民不会产生什么影响。这个看法通常存在于本地的精英劳动力人群中，其原因可能是由于这些人群处于较高的社会阶层而较少遭受外来移民的竞争冲击。

目前，学术界对于外来移民产生的影响众说纷纭，不同的研究得出不同的观点。一种观点将外来移民视为是对本地劳动力的替代，因而得出本地劳动力工资率将下降的结论。这种观点源于一条朴素的教科书式的经济学原理：在其他条件不变的情况下，移民导致某一地的劳动力不断增多，当工作岗位数量不变时，对本地的劳动力需求就会减少，使得其工资率下降。另一种观点认为外来移民的进入会引起一系列经济调整，比如使本地资本扩张、消费需求增加等，这样的经济调整一定程度上对本地劳动力的工资率具有积极作用，反之，则对本地劳动力会产生一定的消极作用。所以，外来移民对本地劳动力工资率没什么大影响。具体的调整主要为以下几项。（1）资本流动调整。外来移民进入本身是一个有利于资本扩张的积极信号，从而刺激外来资本流入，或者刺激本地企业增加投资、扩大规模和创造出大量具有互补性工作的机会；移民在刚流入时或居住期内也可能给当地带来更多储蓄，导致资本存量增加，派生出新的劳动力需求。（2）消费需求调整。外来移民也是消费者，可以推动本地市场消费增加，刺激本地生产扩张。（3）本地劳动力供给反应调整。在新外来移民的竞争压力下，本地部分劳动者可能选择搬离，这种挤出效应（Crowding-Out Effect）缓解了本地劳动力市场的压力。（4）区域间贸易在一定程度上，或许可以优化外来移民对本地劳动力的影响。第三种观点认为劳动力是异质的，外来移民和本地劳动力不是完全替代，甚至可能是互补的，所以在这种观点的认知下，外来移民对生产力能有所提升，使得工资率增加。目前已有一些研究指出，外来移民会导致厂商改变生产技术；导致一些产业（通常是低技能劳动力产业）扩张；促进专业化分工和职业再分配，即外来移民和本地劳动力会根据各自的比较优势选择工作，外来移民更多从事体力密集型（Manual-Intensive）工作，本地劳动力更多从事协调密集型（Communication-Intensive）工作，这种情况下两类劳动力具有互补性。不同的劳动分布，也会有不同的性质，外来移民和本地劳动力可以具有一定的互补性，至少两者是不完全替代的；受教育水平和经验水平是本地劳动力和外来移民之间不完全替代的一个重要原因；新移民主要是与旧移民竞争，而不是直接与本地劳动力竞争。无论消费增加还是产业扩张，或者更具职业互补的分工和专业化，都有助于提升本地生产率，因此工资率也会有所提升。

4.2.3 对城市教育资源的影响

移民学生的涌入对本地义务教育资源分配及本地学生教育结果产生的影响是本地居民及政府关注的问题之一。根据调查显示，北京、上海、深圳等移民集聚城市的本地居民担心放宽移民子女的入学门槛或改变现行的教育选拔制度，最终会损害本地学生的利益，降低本地的教育质量。

经济学和社会学对这一问题有不同解释，经济学多以同伴效应（Peer Effect）或者教育生产函数（Education Production Function）等理论为基础分析移民学生对本地学生教育结果的影响；而社会学则多从学校隔离

(School Segregation)、学校组成(School Composition)以及教育机会均等(Equal Educational Opportunity)视角讨论该问题。以下将分别从经济学和社会学角度解释移民学生对本地学生教育的影响机制。

同伴效应在我们平常生活中是一种很常见的行为，也是人与人相处中的很常见的行为，例如，人们常说的“近朱者赤、近墨者黑”这句古谚恰恰就是形容这种效应。与教育相关的，像孟母三迁一类的故事则表达了中国人对教育中同伴效应的认识。当前中国境内存在的择校热即是同伴效应的现实表达——家长给子女选择学校，会从多个方面来考量，不仅是学校的教育，还包括其所收纳的学生群体。

按经济学的定义，正式学校教育中的同伴效应多指同伴群体对个人的教育结果的影响，有三种不同类型：第一种是相关效应(Correlation Effects)，比如同一学校中受同一教师和学校氛围影响的学生成绩越来越趋同；第二种是同伴群体组成的背景因素对同伴群体成员产生的外生效应(Exogenous Effects)，此类同伴效应与社会学研究中的学校组成研究相似，关注同伴群体的社会经历背景对学生个人学业成绩影响等就属于此类；第三种是内生效应(Endogenous Effects)，即剥离背景性因素，纯粹因为同伴群体内部互动带来个人行为随组变化。

如果将教育视作生产过程，经济学认为义务教育阶段移民学生涌入影响了教育投入并最终会引起教育产出的变化。因此，教育产出会随着移民学生组成的变化而变化。Betts 解释了移民学生影响教育生产过程的具体机制，他认为教育公共预算相对固定，较多的移民学生涌入增加了学生的基数，降低了本地学生的人均经费水平，对老师和学生都产生了影响，老师教育水平和学生学习成绩都会降低，但他同时也强调，移民学生作为教育投入的一部分，其对本地学生教育结果的影响并非总是负面的。较多低水平移民人口的涌入也会加强二类劳动力市场的竞争，增加本地高学历学生的教育回报，促进更多本地学生选择进入高等教育；同时，移民学生也会增加基础教育学校中的多样性，并因此促进学校生产效率。

相比于经济学的解释，社会学研究更加关注社会均等，因而显得更为批判。在社会学看来，移民学生的组成分布及其对义务教育阶段本地学生的影响并不能简单地用同伴效应或教育生产函数解释，因为其还受社会外界影响，尤其是社会隔离所带来的不平等的影响。因此，义务教育阶段移民学生对本地学生影响的关注点就转移到学校隔离（School Segregation）上来。具体而言，社会学认为移民学生数目增加对本地学生有两类影响，一类是学校隔离情况对学生教育过程（如学习行为和习惯等）和结果（如成绩、辍学率和升学率等）的影响；另一类是移民学生的增加对本地居民迁移的影响，越来越多移民学生的涌入使得本地学生选择逃离该校区，形成一个种族隔离的恶性循环。

与经济学关注外生性影响类似，社会学也关注移民学生如何通过学校组成（School Composition）影响本地学生的教育。社会学家关注学校层面的社会经历、背景组成、能力组别构成及性别和移民（族群）等学校组成对个人教育结果的影响。一般而言，移民人口会影响义务教育阶段学校的社会经历和能力组别构成，进而影响学生的成绩。

社会学认为，移民学生数量和分布的变化不仅影响着学校隔离与学校组成，更重要的是，其影响了学生个人教育机会获得，破坏绩效选拔，损害了民主社会的教育功能。教育机会均等分为多个方面，例如：准入、投入、教育结果和教育影响等都包含在其中。科尔曼曾说过，在不同的社会、不同的历史时期，教育机会均等也会不同。另外，义务教育在社会中占有一个重要的引导作用。因此，移民学生的涌入、行程的集聚和隔离现象的本质是教育机会不均等。久而久之，这种不均等也会造成社会的不公。尽管经济学和社会学的侧重点有所不同，但随着研究的不断深入，两学科的研究也开始有交叉之处，体现出逐步整合的趋势。越来越多的社会学家结合同伴效应和教育生产函数等理论讨论该问题，也有越来越多的经济学家在研究中纳入隔离指数等变量来讨论学校隔离、学校组成及教育机会均等问题。从 Brunello 和 Rocco 的实验数据可以看出，隔离程度的高低对于本地学生的学习成绩存在影响。简单来说就是，隔离程度越高，本地学生的学习成绩越差。义务教育阶段移民学生对本地学生教育结果影响作用机制如图 4－2 所示。

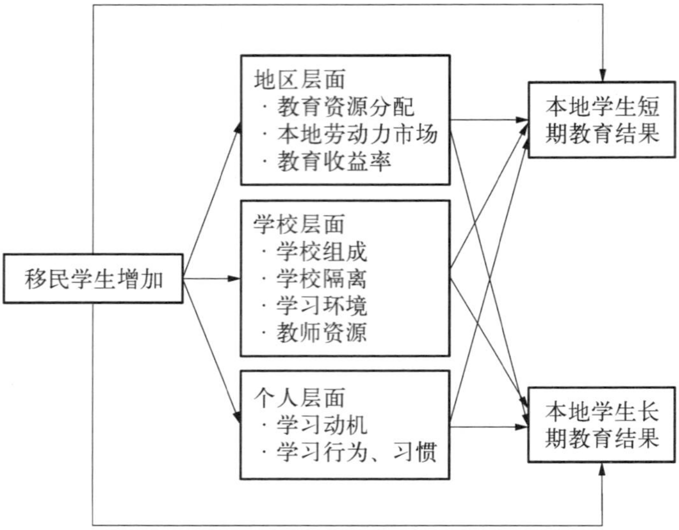

图 4-2 义务教育阶段移民学生对本地学生教育结果影响作用机制图①

义务教育阶段移民学生的增加对本地学生有直接和间接两方面的影响，直接影响为移民学生对本地学生短期和长期教育结果的影响，间接影响为通过地区、学校和个人层面的各类中介机制影响本地学生的短期和长期教育结果。这些中介机制包括：地区层面的教育资源分配、本地劳动力市场以及教育收益率；学校层面的学校组成、学校隔离、学习环境以及教育资源；个人层面的学习动机和学习行为、习惯。从现有研究结论来看，义务教育阶段移民学生对本地学生影响的净效应，即直接的内生性影响并不大，甚至于没有。移民学生主要通过改变学校组成、学习环境、教育资源分配以及学习动机等各类中介机制影响教育成就的取得（van Ewijk et al.,2010）；此外，移民学生对本地学生获得竞争性教育机会的影响要大于其对基础教育机会获得的影响（Betts et al., 2003）。

4.2.4 对城市医疗资源的影响

出于对本地居民原本享有的公共服务资源会因外来移民进入城市而被

① 张雯闻：《义务教育中移民学生对本地生教育的影响：国外研究新进展》，载《教育学术月刊》2017 年第 2 期。

"侵占"的担忧与考虑，外来移民不断变得普遍的同时，其一直都遭受着迁入地政府的政策歧视以及社会公众的舆论歧视。由经验证据可知，地方政府为预防本地劳动力失去就业机会和应对外来移民对本地资源的"侵占"等问题，制定了许多带有歧视色彩的政策与制度，而这些政策制度的出台，是为了增加外来移民在本地的生活成本与就业成本，同时提高他们在本地区投资、住房、学历和就业等的门槛，以限制外来移民在迁入地获得户籍。除了政府带有歧视意味的政策，本地居民对外来移民也抱有一定的歧视——拒绝与外来移民分享已有的高水平生活资源，媒体和舆论一般将城市拥挤、社会混乱和暴力犯罪等社会问题同外来移民联系在一起。实际上，对于外来移民是否会对本地居民享受的公共服务资源造成"挤占"的问题，目前仍存有理论误区，缺乏经验支撑。

站在理论的角度进行分析，外来移民迁入一个地区时，他们对该地区公共品的供给情况会形成两方面的影响——负向的竞争效应和正向的财政效应。由此可见，外来移民会在哪一方面对本地区公共品的供给情况产生何种影响，从根本上是由竞争效应和财政效应二者之间的相对大小决定的。原因在于：其一，外来移民会引起迁入地公共品的直接竞争，因此公共品供给成本提升，供给量减少；其二，外来移民会对迁入地公共品供给情况形成正向的财政效应，即他们会为所在的迁入地直接贡献税收，具有推动迁入地经济增长、间接性地提升迁入地财政收入的可能性。目前，外来移民主要为中青年，因其具有较高的劳动生产率和参与率，所以迁入地的财政情况会因此而得到提升。如果外来移民迁入该地区后的竞争效应大于财政效应，该地区公共品的供给量将会减少，反之则会增加。由此可知，从综合的角度分析移民进入迁入地之后产生的效应及结果是很有必要的。

健康是一种重要的人力资本。城市移民中的农民工作为城市和非农产业的雇用劳动者，从事体力劳动已经成为他们在城市社会经济活动中的重心，维持身体健康，是农民工在城市站稳脚跟及追求更好发展不可或缺的前提。我国实行改革开放 40 多年来，仍存在许多问题，许多农民工在城市进行产业劳动，但他们却只有在二级劳动力市场中选择低端职业的权利，这些职业往往具有巨大的劳动强度与劳动压力，同时处于污染严重、职业病高发或流行、危险程度高的环境之中。在农民工集中的劳动密集型制造业中，由于工厂通风条件差、作业空间布局密集和大量使用化工原料，导致作业场所污染物含量甚高。2008 年，程淑群等对重庆市 28 家纺织、印刷、化工、机械、建筑和运输企业作业工厂空气质量的测定也发现，苯污染严重超标，平均合格率只有 27%。

城市移民的健康情况不理想，主要是由于：(1) 受教育程度低、缺乏应有的卫生保健知识与意识；(2) 经济状况较差，为了攒钱回家，有时不惜以牺牲个人健康为代价；(3) 缺乏社会支持，原有的社会关系网络在流动过程中受到不同程度的中断，同时难以融入迁入地社会；(4) 缺乏原有社区文化或传统社会规范的约束，存在健康风险行为；(5) 在迁入地享受到的社会福利有限等。

4.2.5 对城市住房模式的影响

我国每年新增大量城市移民，如果按照廉租住房标准给他们提供住房，每年的需求增量巨大，城市移民的住房问题成为影响城市经济社会协调发展的重要问题。周达（2010）认为城市移民住房总体上呈现出大分散与小聚居的特点，城市移民对于住房的需求呈现代际差异，第二代移民受教育水平较高，一般集中在城市非核心地带从事服务性行业，由于工作单位提供的住处量少且条件差，多数年轻的城市移民选择自己租房。如果大量城市移民进入新生活系统后住房需求难以得到实现，就会在很大程度上影响城市经济社会平稳发展。刘志林等（2016）认为应当制定合理的城市规划和住房政策，增加针对移民群体的住房供给量。在本地居民与城市移民混合居住的社区中，增加创造双方交流的机会，有助于促进城市移民的社会适应和心理认同。有必要设计一套针对低收入移民群体提供保障性住房政策的制度工具，如用租房补贴勉励城市移民家庭在正规住房市场中寻觅住房。此外，城市公共服务设施计划应避免分配不均，改变当前公共服务设施集中在城市中心区的局面。修缮城市移民聚居区等城乡接合部的公共服务设施，鼓励城市移民在更大范围内融入城市社会。城市移民对于住房区位质量十分敏感，一方面，随着收入的上升，其对公共服务和便利设施的支付意愿增加；另一方面，当地受户籍制度影响的公共服务阻碍其为提升人力资本而投资的意愿，这都会造成福利的损失。特大城市对外来移民的住房限购政策，体制单位对非户籍人口的就业歧视往往是外来移民融入城市后的衍生问题。

从 20 世纪 90 年代开始，中国正式迈进城镇化阶段，越来越多外来人口涌进城市。国内房价逐步攀升，在这一背景之下，希望留下继续发展的外来移民必须要考虑如何应对住房问题。长期以来，国内外大小城市都将移民住房问题视作地理研究热点，以历史进程来看，移民的住房具有环境差、质量低和边缘化的特点，发达国家在研究移民住房问题时，通常会将产权私有、市场化和发达的租赁市场等作为出发点，将跨国移民作为研究对象，展开定量而微观的实证研究。在这一前提下，外来移民与就业地的距离、居住时间的长短、职业地位的高低、收入水平和家庭生命周期等，都是决定移民住房状况的要素。除此之外，制度（国家对移民的住房选择、实际住房状况等）也是其影响因素之一。最近几年已开始出现以新一代移民住房问题作为主要对象的研究，其研究核心为：新生代移民的住房选择是否还存在边缘化（如租用私房、社会性住房等），其地位与住房条件是否得到了实质性的改善，空间是否还存在分异等。移民住房的研究理论从整体上可分成两种：同化研究和分层研究。

所谓同化就是移民主动或被动接受本地居民的价值观念、文化特质以及生活方式的过程。经典同化理论的观点为：经济同化、文化同化、结构同化和空间同化，四者相互关联，它们分别作为同一过程中的不同阶段。空间同化理论（Spatial Assimilation Theory）根据新古典经济学认为，移民由居住隔离变为居住融合，实际上属于一个资源获得与资源转换的自然过程。在完成经济、社会和文化适应之前，移民群体通常会选择与本族群体共同居住以汲取必要的资源和网络支持。在此过程中，移民逐步适应主流社会文化，建立移民外的社会网络，积累起向上流动的经济基础，并最终将获取的资源转化成更高质量的居住条件，迁入在公共服务和卫生医疗等方面更为优越的主流社区，从而实现了与本地居民居住空间的融合。空间同化理论持有的观点为：城市移民的社会地位、经济地位和住房地位等会因为移民代际的变化而变化。若城市移民的社会经济地位提高了，那么他们有可能会通过购买住房等途径提高自身的住房地位，并通过迁入本地居民数量大的社区等途径来与主流社会相适应。

空间同化理论的主要观点可以概括成如下几点。(1) 移民与本地居民的居住融合是更广泛的同化过程的组成部分，空间同化在这一过程中实现并且可以促进整体的同化进程。(2) 种族居住隔离的本质是阶层差异与种族差异的重合，居住隔离是社会经济地位差异和文化适应程度差异的结果。(3) 社会经济的融合会对移民居住空间的融合提供很大帮助。(4) 移民的空间融合还可通过文化融合来促进。(5) 移民居住隔离是暂时的经济社会现象，而移民从居住隔离向居住融合过渡则是必然的。

作为对空间同化理论的补充，住所分层理论并不否认社会经济因素和文化因素是移民居住隔离的重要原因，但更强调本地居民的歧视和偏见会独立地对移民的居住模式造成影响。住所分层理论认为移民居住隔离不仅反映社会经济成就的差异，更反映了住宅市场隔离化的现实。本地居民将其对移民的负面情绪与负面评价融进政府、金融、保险和房地产等机构之内，会造成移民在其居住地区受到明显排斥。根据住所分层理论，本地居民的歧视和偏见渗透在社会各个方面，移民与本地居民的居住隔离并不会随着时间的推移而消逝。居住歧视的存在，使得社会经济资源和文化资本的效应在移民居住选择上被削弱。

地区分层模型（Place Stratification Model）主张，不同社会群体在进行空间资源配置时，具有不同的等级序列，它并不单纯取决于“自由选择”，“主流群体”通常会通过许多不同的手段以保持自身与城市移民在社会和空间上的距离。由最新的研究及其结果可知，多元化的新格局逐步浮现。欧洲一些地区（德国柏林、荷兰阿姆斯特丹和比利时布鲁塞尔等）的移民多数以租用社会性或私人住房的方式居住在内城；巴黎的城市移民多数通过租用社会性住房的方式居住在城市的边缘地区；雅典的新生代阿尔巴尼亚移民多数集中在内城，其住房情况主要取决于房地产商和住房中介；伦敦郊区的城市移民住房拥有率随着中心城市移民群体对社会性及私有住房的租用比率的增加而增加；北美城市（洛杉矶、温哥华等）的族裔郊区化趋势较为显著，其中，中产阶级“郊区族裔区”（Ethnoburb）处于生成状态中。根据已有的研究可知，探讨移民社会融合问题时，可将出发点放在城市移民住房模式（租房、拥有住房等）上。

就中国城市住房的研究结果来看，研究的主要内容通常包括住房政策、单位住房、居住迁居、职住分离、住房产权、住房分化和居住空间分异等，研究的结果显示，当经济从计划转型至市场时，中国城市住房的格局逐步向多元化发展。国内有关城市移民居住问题的研究仍在少数，主要针对外来人口在城市中住房选择展开了研究，在其中探索其住房质量，找到住房制度对外来人口边缘化地位造成的影响；或以“就业——居住”关系作为出发点，具体分析了中国大城市流动人口的居住空间；也有学者探讨了上海外来人口的住房存有的低质量、边缘化和区域差异的特征及其原因。中国城市化的进程在近几年迅猛发展，新生代“80 后”“90 后”城市移民开始出现，他们大多具备不同于传统的消费观念与物质文化生活需求，有的是具备一定经济能力的投资者，有的是被看作“蚁族”的大学毕业生，还有的是集中居住在“城中村”的新生代农民工等。

城市移民的社会分层研究中存在着两种观点，一种观点认为，由于城乡身份体制的存在，流动民工这一群体更多时间被同质化地看待，其日益增长的多样性、差异性和分化现象等容易在静态的社会分层框架内被忽视；另一种观点在探讨群体内部分化时，将出发点集中在职业流动这一角度，并认为当前的流动民工在经过职业分化后已完全分属于三个不同的社会阶层——拥有一定生产资本并可以此来雇用他人的业主、拥有少量资本用于自我雇用的个体工商业者、无生产资本只依靠打工的受薪者。从整体来看，这一研究通过“居住”作为衡量指标具体划分社会阶层，区别不同的城市移民群体，这一现象较为罕见，大多数研究更关注城市移民的居住状态及相关影响因素的分析。

4.2.6　对城市社会治安的影响

得益于中国 1978 年改革开放政策的落实，社会发生剧烈变化，中国经济迈上了高速发展之路。与此同时，城市流动人口的数量不断增加，根据《中国流动人口发展报告 2017》：仅 2016 年，我国流动人口规模高达 2.35 亿人，占全国总人口的 17.71%，流动人群集中去往中国东南沿海的发达城市，形成一定规模的城市移民，他们在给本地经济、社会发展和文化融合等多领域带来积极作用的同时，在很大程度上也造成其与本地社会矛盾的激化，给本地社会治安造成不确定性。本节主要以犯罪率作为社会治安的衡量标准，梳理城市移民给本地社会治安造成的影响。

学术界对城市移民与犯罪的描述，主要从心理学、社会学和犯罪学等多角度进行探析，由此提出了很多政策建议。以上对城市移民与犯罪的诸多研究是将城市移民会导致社会治安不稳定作为一个假设前提，借助不确定的前提为假设条件，仍旧需要进行检验，很多时候会失去其公允性。因此在社会学领域，针对城市移民对犯罪率的影响作用仍旧没有统一的见解，流动人口的增加是否会刺激犯罪有待商榷。其中，社会解体理论持有如下观点，大量的城市移民会加速社会的变革，加速原有的社会的解体，共同社会价值观的形成难度开始增加，因而刺激犯罪，不断提升犯罪率（Taft，1993）。在文化冲突理论的认知中，城市移民会导致主流的社会规范与移民群体的社会规范产生冲击，进而加剧社会矛盾，引发犯罪率的提升。社会紧张和机会理论认为，由于大多移民人口本身受教育程度较低，其通常在城市中从事附加值较低的产业如农业、低端的服务业和制造业等，因此难免会受到来自本地居民的歧视，同时，其获取公平和平等的社会公共资源（就业、住房、教育、医疗）的机会也较少，因此会加剧其心理失衡，进而促进犯罪率的上升。

犯罪经济学中并没有假设城市移民会出现犯罪的前提，其理论着重强调的是移民群体与本地居民存在较大的收入差距，同时缺乏威慑效应。一方面，移民因为与本地居民的收入差距较大而造成犯罪概率的提升，犯罪经济学中的威慑理论认为对犯罪行为产生威慑作用的是惩罚的严厉程度，尤其是惩罚的概率和方式，且惩罚概率比严厉程度更具威慑作用（Kessler et al.，1999）。另一方面，移民具有多高的犯罪倾向，取决于对犯罪程度的清晰界定，已有研究发现在严重犯罪比例中，移民和本地居民并无较大差别，而在轻微犯罪比例中，城市移民则占据较大比例。

4.2.7　移民对城市的影响机制

城市移民对经济社会影响的作用机制主要体现在就业机会、工资差异、卫生资源、教育资源、住房模型以及社会治安等方面（图 4－3）。随着城市移民数量的增加，一方面移民迁入会侵占原有居民的就业机会，给本地居民的就业选择造成影响和冲击，造成失业率上升；另一方面，移民迁入会与当地居民形成就业互补关系，由于移民身份、学历和能力的不足，移民大多从事本地居民不愿意就业的工作岗位，促进就业机会融合和增加。工资差异方面，大多观点支持移民会增加本地居民的失业率，致使本地人工资报酬下降，劳动工资率下降。卫生资源方面会产生两方面的作用，一方面，城市移民会侵占城市原有的医疗卫生资源，使得公共卫生资

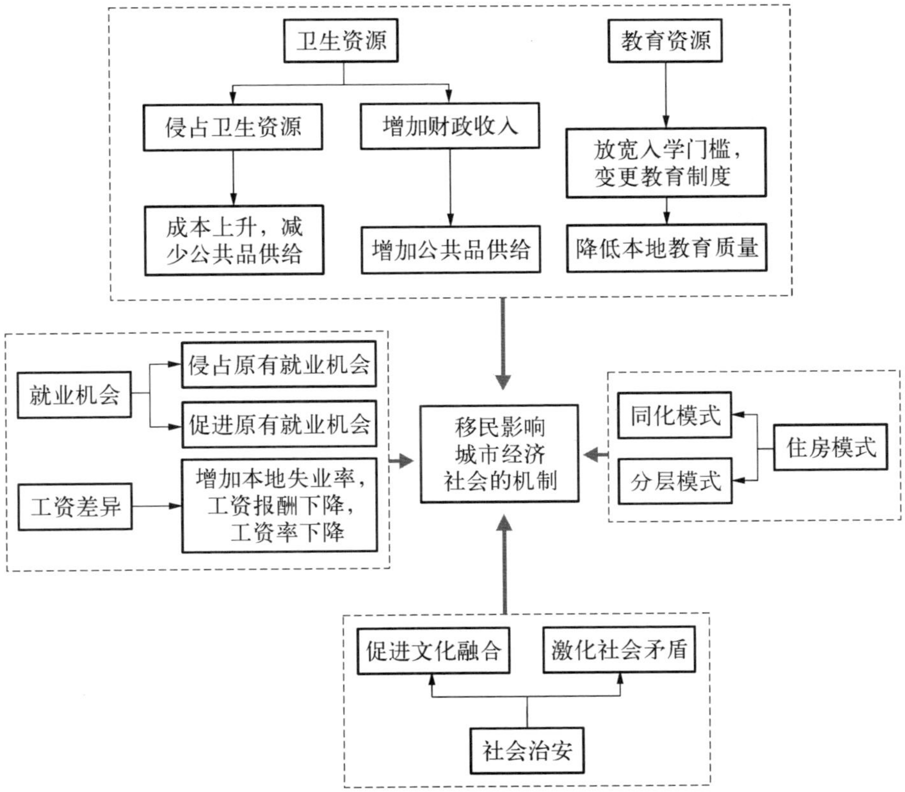

图 4－3　移民对城市经济社会的影响作用机制图

源成本上升，供给下降；另一方面，移民迁入城市会扩大当地政府的财政收入，促进卫生资源的供给。教育资源的作用更多表现在入学门槛的放宽，影响本地教育质量。住房方面表现在住房模式的同化与分异特征。社会治安方面表现为既能够促进与本地文化的融合，又能够加深社会矛盾的激化。

4.3 移民融入城市的影响因素与作用机制

4.3.1 经济因素

研究者们开始关注移民在迁入地普遍存在的贫困现象。Michael E. Fix 和 Jeffrey S. Passel 对美国移民的贫困状况进行分析，相较于美国公民，移民的贫困率较高，大约有 25%的美国低收入者为移民群体。同时，移民能够获取的补贴不足，例如食品券的补助甚少，且基本无法满足正常的消费需要。同时，移民群体一般由于收入较低无法为子女积累资金和财富，因此会造成代代贫穷的局面。Lynette A. Rawlings 和 Randy Capps 的实证研究发现，绝大多数的移民往往居住在城市的贫困区，由于贫困区经济发展速度较为缓慢，居民的受教育程度都比较低，这种贫困的空间外部性又反过来加剧了其经济贫困，导致城市移民群体无法真正融入当地的社会。

4.3.2 文化因素

对于城市移民来说，无论是经济移民还是非经济移民，都需要面临与迁入地文化、意识形态和价值观念等多方面的差异，会产生巨大的心理成本，因此，能否实现在文化上的身份认同是城市移民群体融入度高低的关键（Samuel P. Huntington，1998）。文化身份认同实则就是对“我们应该采取哪种文化模式”的回答。例如像许多国家所实证研究发现一样，刚移民到美国的群体会面临着多方面的调整，包括生活方式、语言、习俗和饮食等；而移民的儿童或青少年群体则更多的是考虑到自身未来的发展。无论文化差异是否明显，文化认同的转换问题都是每个移民首先需要回答的社会身份问题，这可能也是当代关于移民文化认同研究最为丰富的原因。文化认同体现在穿戴的服装、吃的食物、交往的人群、坚持的价值观以及用来适应新文化和当地人的策略等方面（Ward et al.，2001）。当前，在文化适应上存在着“同化论”和“多元文化论”两种模型，前者强调外来移民对迁入地文化的吸收，后者则强调外来移民对原住地文化的保留。

移民对迁入地文化认同度越高，则越能实现移民与本地居民的有效互动。移民的文化水平越高，对迁入地的文化认同度越高，与本地居民更易产生互动，易于融入。若是移民群体的受教育水平有限，则易因循守旧，不愿意抛弃原有的交往模式和文化观念，因而无法及时融入迁入地的文化中，限制了两者的沟通交流，导致本地居民对移民到来的担忧。如移民的犯罪率问题、移民对迁入地劳动力市场的冲击问题和移民失业问题等，这些问题加剧了本地居民与移民的疏离感。但移民对迁入地就业和工资的影响，并无一致结论。具有种族主义、排外主义和民族主义情绪的本地居民往往促使当地政府限制移民，而人均 GDP 较高的国家居民比人均 GDP 较低的国家居民更支持移民。

4.3.3　政策因素

歧视性移民政策在一定程度上会阻碍移民的融入程度，郑朗等（2010）对德国移民融入政策及其理念进行分析，发现 21 世纪以前，德国移民政策因受到过往联邦政府对于移民现状的否定态度，因而导致缺乏对移民政策的理念指导，其融入现状并不乐观。一般情况下，移民政策的制定要考虑多方面因素，包括经济、政治、人口和人道主义等四个目标。经济目标：主要是为了实现经济的增长和人民生活水平的改善；政治目标：主要用以提升对国家和地区的认同感，尤其是提升国家的国际地位；人口目标：主要涵盖人口的教育、职业和规模等，保障当地劳动力市场中有充足的劳动力；人道主义目标：包括家庭团聚在内，同时为受到自然灾害和迫害的难民提供一定的帮助。2002 年的瑞典受到自由流动模式的影响，与欧洲自由贸易协会进行合作，进而有效改善了移民的技能和职业结构。

针对 12 个经济合作组织国家研究结果表明，为满足部分群体的需要才会出现移民政策。例如，美国将移民家庭成员的居住考虑在移民法内；加拿大构建了结合个人和劳动力市场的系统；欧盟对非成员国的公民流动有相应的条款进行约束；对于北欧国家而言，瑞典并没有相应的移民约束。当然，也有学者针对单边迁移政策提出质疑，认为其效率低下，难以发挥永久有效的作用，需要借助多边协议的方式最终实现帕累托最优。与此同时，本地居民对于移民的情绪也会受到移民政策的影响，并且对移民的融入产生至关重要的作用。

4.4 本章小结

在前文分析的基础上，笔者尝试绘制影响城市移民与融入的主要因素与作用机制图（图 4－4）。首先，影响城市移民的主要因素一般包括户籍制度因素、收入差距因素、公共服务因素、环境差异因素和文化差异因素等；其次，移民迁入对城市经济社会会产生诸多影响，主要包括城市移民

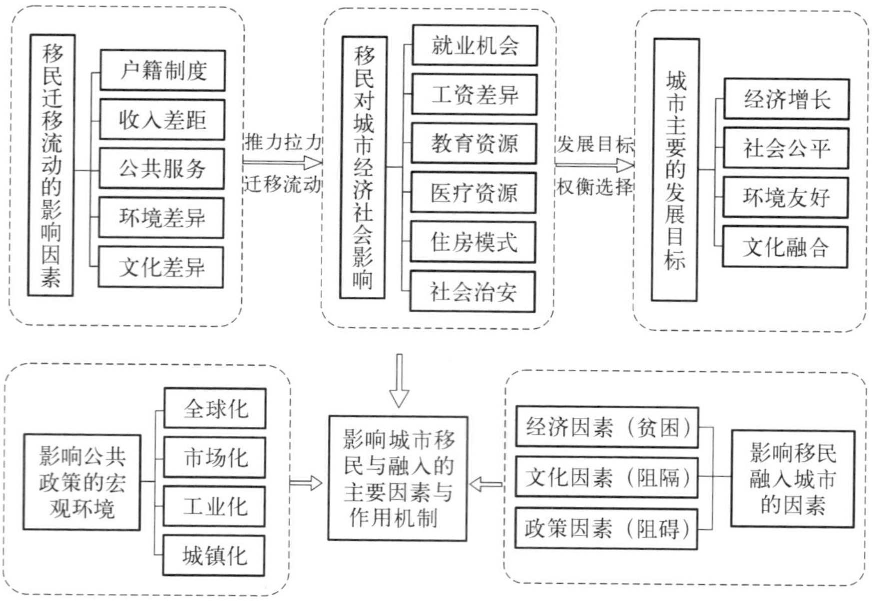

图 4－4　影响城市移民与融入的主要因素与作用机制图

对本地居民就业机会、收入差距、教育资源、医疗资源、住房模式和社会治安等方面；最后，影响城市移民融入的因素，一般包括经济因素、文化因素和政策制度因素等方面。此外，全球化、市场化、工业化、城镇化和国际化等外部环境因素，经济增长、社会公平、环境友好、文化融合等城市发展目标的权衡选择也会影响城市移民融入与公共治理的路径策略。

影响移民迁入城市的因素和作用机制，包括政治因素、收入差距因素、公共服务因素、环境因素和文化因素等。移民迁入对城市经济社会的影响，主要有对本地居民就业机会、收入差距、教育资源、医疗资源、住房模式和社会治安等多方面的影响。城市移民对本地居民的就业机会存在着代替和规模两种效应。对当地劳动力工资率差异的影响学术界还并未统一。教育资源方面，可能会造成学校放宽移民子女的入学门槛抑或是变更现行的教育选拔制度，进而损害本地学生的利益，降低本地的教育质量。对当地医疗的影响，更多的是体现在公共品——医疗卫生资源的供给方面，这主要取决于竞争效应和财政效应的相对大小，如果竞争效应较大，会增加公共品的供给成本、进而显著降低迁入地医疗卫生资源的供给；如果财政效应较大，则会直接促进当地政府的财政收入，促进经济增长，进而提升迁入地医疗卫生资源的供给。对住房模式的影响主要基于空间同化理论和住所分层理论，前者强调的是经济、社会和文化等因素对城市移民居住模式的影响，而后者更强调本地居民的歧视和偏见对城市移民居住模式的影响。社会治安方面，社会学理论主要从社会解体和文化冲突出发研究城市移民对社会治安的影响，认为城市移民会加剧原有社会瓦解和本地居民的文化冲突，犯罪经济学中的收入差距和威慑效应也是犯罪率提升的原因。影响城市移民融入的因素，一般包括经济因素、文化因素和政策因素等。

第5章　上海城市移民的宏观背景演变

城市功能定位和结构演化会影响城市移民迁入的数量和结构变化，城市移民数量和结构变化会影响城市政府公共政策的偏好选择。上海城市功能经历了由单一到多样化、由低级到高级、由“本土化”到“国际化”的演进过程。本章在分析上海产业、经济和社会空间等演化发展，回顾上海城市功能定位的历史演变的基础上，借鉴主体功能区划分思路，把上海各行政区划分为功能核心区、功能拓展区、功能发展新区和生态涵养区，对上海城市功能空间结构演化进行研究。同时，从城市发展规划、城市治理策略以及财政、税收等经济政策等政府行为和外资企业进入、信息技术发展和可通达性等市场行为，探讨上海城市功能结构演化的动力机制和未来可能的发展态势。

5.1　上海城市发展演变的总体概况

改革开放以来，尤其是20世纪90年代浦东开发开放以来，上海的工业、贸易、航运、金融以及文化等多领域全方位实现快速发展，中央政府在该阶段对上海的城市功能定位以服务全国为主。随着2001年《上海市城市总体规划（1999—2020）》获国务院批复通过，并要求上海加快建设成为国际经济、金融、贸易、航运中心之一的现代化国际大都市，上海以“四个中心”建设为核心的城市功能定位才逐渐形成。2017年，国务院批复原则同意《上海市城市总体规划（2017—2035年）》，要求上海加快推进国际经济、金融、贸易、航运和科技创新的“五个中心”建设，努力把上海建设成为国际文化大都市、卓越的全球城市以及社会主义现代化国际大都市，上海以“五个中心”建设为核心的城市功能定位才得以确定。为完成不同时期中央政府赋予上海的重要任务，上海通过采取建构国际功能体系、布局重大功能设施、拓展城市发展框架等系列措施，不断优化城市功能结构、推进产业结构转型升级、改善城市营商环境，极大地提升了上海的综合实力和国际地位，也为推动我国经济快速发展和提升我国国际竞争力发挥了巨大作用。

中国已由高速增长阶段转向高质量发展阶段。统计数据显示，2010 年以来我国国内生产总值增速呈持续下降趋势，由 2010 年的 10.4%，持续下降到 2017 年的 6.9%。作为全国经济中心的上海的经济发展也面临着巨大挑战，由于对土地资源的高度依赖，上海经济发展的内生动力呈现财富与投资“双轮驱动”的格局，同时还面临经济下行压力增大，资源环境约束趋紧，结构转型升级挑战增多，科技创新能力和活力明显不足，文化品牌国际影响力亟待提升以及发展的质量和效益亟待提高等诸多问题。据统计，2015 年上海建设用地规模占全市陆域面积的比例达到 46%，远高于伦敦、巴黎、东京等国际大都市 20%~30% 的水平。其中，工矿仓储用地约为 840 km^2，占比达 27%，是东京、纽约等城市的 2~3 倍；公共设施和绿化广场用地占建设用地的 15%，也低于国际对标城市，上海土地可利用空间趋紧，用地结构亟待优化。另外，上海国内生产总值增长速率也从 2010 年的 10.3%下降到 2017 年的 6.9%，年均下降 0.425 个百分点，经济发展面临较大的下行压力，亟待通过优化上海城市空间结构，完善城市综合功能，推动经济结构转型升级，进而实现经济高质量发展。

在这样的背景下，国务院批复原则同意《上海市城市总体规划（2017—2035 年）》，并要求上海做强城市核心功能，逐步推动城市非核心功能向郊区以及更大区域范围疏解，促进上海城市功能空间布局更加合理化以及城市功能结构优化升级。2018 年 11 月 5 日，习近平在首届中国国际进口博览会开幕式上的主旨演讲中宣布自贸区扩容、设立科创板并将长三角一体化三个战略上升为国家战略。三大战略的提出显示了中国中央政府在新时代中赋予上海在新型对外开放中的特殊地位和作用，就是要上海成为新时期、新时代对外开放的窗口和示范区，引领中国迈向更高质量发展转型。2019 年 8 月 6 日，中国（上海）自由贸易试验区临港新片区建设方案被国务院批复同意设立。对于如何建设上海临港新片区，国务院批复的《中国（上海）自由贸易试验区临港新片区总体方案》提出要求参照经济特区进行管理，加快建立促进投资贸易自由化等制度，具体以促进投资、贸易、资金、运输和人员从业等自由作为重点。与 2014—2015 年的自贸区扩围相比，2019 年提出的上海自贸试验区增设新片区建设意义更为深远。

5.2 城市功能结构演化研究进展

早期学者基于城市特定阶段的用地类型将城市区域划分为不同的功能区展开了关于城市功能的研究。Burgess 较早以城市用地对城市功能空间布局进行了划分，以中心城区为圆心向外围延伸，分别为中央商务区（CBD）、过渡区、工人阶级区、住宅区和通勤区，不同功能区分别承担相应的城市功能。Harris 和 Ullman（1945）认为，多数城市的土地使用模式并不专注于单一中心，而是有多个中心，例如，零售区、仓储区、制造业、教育和金融中心。事实上，城市功能数量多寡并不严格受制于城市等级，对于等级较低的中心地而言，其所在城市的人口密度越大、人口总量越多，就越容易使其跨过市场消费门槛，并承担更多的城市功能，甚至很有可能形成只有更高等级中心地才具有的职能。Batty（1995）指出，大都市区通常由 CBD、高科技园区等多个核心组成，每个核心的功能具有专业化倾向，伴随着大都市区快速发展，大都市区的城市功能结构也出现新的变化。赫希（1990）从比较成本利益视角剖析了城市功能的形成和演化机制，指出在生产和需求两方面的共同作用下促进了城市功能的产生，在供求关系中，生产起着决定性作用，而比较成本利益则是影响生产的最重要因素。推动城市功能形成的力量并非来自供给方，而是来自城市内部和城市外部构成的市场需求，但是城市功能能级提升则是供需双方共同作用的结果。

城市功能的本质、内涵与特征也是学者们重点研究的内容。刘社建（2013）认为城市功能本质上是指城市对内、对外提供一切产品和服务的功效与作用，换而言之，城市功能是指城市系统内部及外部的物质、信息和能量在相互作用过程中所呈现出来的属性、能力、功效以及作用。赵渺希（2012）根据城市功能所呈现出来的功效和作用，将城市功能分类为非基本功能和基本功能，其中非基本功能是指服务于城市内部活动的功能，基本功能则是指服务于城市外部的功能。将城市功能划分为核心功能和非核心功能，指出核心功能起主导作用，可以影响非核心功能的运行，并决定城市的性质以及发展的方向。盛维等（2018）从广义视角对城市功能进行定义，认为只要有利于强化城市性质和发展目标的功能，例如金融、航运、制造、科技、创新和文化等功能，都应视作全球城市的核心功能。一些学者还对全球城市的核心功能特征进行了研究，认为全球城市的经济、金融、航运、科技创新和文化等核心功能具有高效连通性、核心枢纽性、节点管控性和强力吸引性等 4 个特征，充分展示了其对全球资源和战略要素的配置功能。

伴随着城市的发展，城市功能的内涵与表现形式也在不断地发生变化，并经历了从单一功能向多功能综合体转变，由传统的军事、宗教和政治等功能向工业生产、贸易中心、金融服务、科教文化、仓储运输、信息中心和政治中心等现代城市功能转变的演进过程。许学强等（2009）指出，由前工业化社会，到工业化社会，再到后工业化社会，城市功能不断向前发展，城市功能的内涵及形式都得到极大丰富，并伴随着时间推移经历了从单一向多元综合、从简单向复杂、从散乱到互补、从低级到高级的演化进程。刘涛等（2015）进一步指出，城市功能经历了由前工业化阶段的单一化与简单化，工业化阶段的多元化和复杂化，到后工业化阶段立足于区位优势、要素禀赋、人力资本和科技创新等的差异，推动着城市从内部合作走向外部合作，并进一步引起区域功能空间分异。而功能空间分异格局的形成，又进一步推动城市功能朝着多元化、专业化、互补化和差异化方向发展，并通过有形或无形渠道将空间“流”综合起来，形成城市功能互补的空间网络。随着城市空间结构的变化以及新的空间组织方式出现，信息时代的城市功能逐渐显现出全球化、柔性化、复合化和差异化等特征（魏宗财等，2013）。

相对于现代城市兼具工业生产、金融、信息、贸易、科技、商业、教育、文化和行政管理等多种功能于一体，且各城市功能以人、物质和信息等为代表的“空间流”为联系纽带，各城市功能之间是一种相互联系、相互制约的关系；作为一国或区域性政治、宗教或军事中心的传统城市，其经济和文化等功能严格依附于军事功能或政治功能，城市功能结构相对单一，且各种城市功能均带有浓重的军事或政治色彩，城市功能也仅以人为联系纽带（许学强等，2009）。伴随着全球化发展，部分特大城市扮演着全球要素资源中转平台的角色，也即所谓的全球城市。Hall（1996）认为，只有满足 7 个基本特征，即成为主要的政治中心、金融中心、国际贸易中心、人才集聚中心、信息中心、人口中心和国际娱乐休闲中心才能称之为全球城市，换而言之，只有具备国际政治、金融、贸易、信息和游憩等功能才有可能成为全球城市。Sassen（2013）重点考察了纽约、伦敦和东京等全球城市的功能演变特征及趋势，发现全球城市在全球经济结构转型过程中被赋予承担某些特定生产、服务、科技和金融等任务的功能。盛维等（2018）认为，全球城市集合体现市场的（国际性指向）、实体的（地方性战略场所）、功能的（金融中心、航运中心和科创中心等）以及制度的（便利化、国际化、法治化的营商环境）等方面的能力，其城市功能结构是否优化，例如金融、航运和制造等功能是否实现合理发展，又会对全球城市发展产生深远影响。

由于受城市不同发展阶段中的城市规划、宏观政策以及市场等多方面因素影响，城市功能结构的演化并非处于持续动态演替状态，反而会在路径依赖作用下陷入阶段性的停滞。龙绍双（2001）论述了城市结构与城市功能之间的内在联系，认为城市功能依附并源于城市结构，随着城市的经济、文化、政治、空间、社会和生态等结构的变化而变化，培育城市功能的着力点在于调整和优化城市结构。Mozuriunaite（2016）基于 1960—2011 年有关立陶宛最大城市的相关研究成果，剖析城市功能和技术因素对城市功能突变的影响，指出随着技术、经济、全球化和生活方式等的发展，城市结构变得更加复杂，进而改变城市功能结构。城市功能与人口空间分布存在着密切联系，只有城市功能结构处于优化合理状态，才能保证城市持续稳定运转，进而实现可持续发展。城市功能具有动态演化特性，即随着城市处于不同的发展阶段，其功能拓展的重点及方向也会不一样。然而，部分学者则认为城市功能结构在发展到特定阶段之后会陷入停滞，蒋三庚（2006）剖析城市中心区功能结构处于停滞状态的原因，认为城市系统内部因素之间的相互制衡，导致城市系统在短期内无法形成足够的牵引力促成系统蜕变。在路径依赖的作用下，城市中心区功能和产业发展被固定在特定的路径之上（Morgan et al.，2008）。刘奕彤等（2011）认为，在城市中心区功能演化和产业发展的上升期，路径依赖性对功能结构优化和产业发展都有促进作用；但是在功能演化和产业发展的衰退期，路径依赖性则起到阻碍作用，并造成城市中心区功能结构陷入停滞状态，无法实现功能结构的优化升级，此时需要政府的引导才有可能推进城市中心区功能结构优化。

在城市功能结构与城市空间结构的相关研究中，Fuentes（2000）剖析了奇瓦瓦州华雷斯城（Ciudad Juárez，Chihuahua）的城市功能及其对城市结构的影响，发现位于奇瓦瓦州华雷斯城东北方向的工业园区改变了传统的同心增长和住宅区，该住宅区以高收入居民为主，中等收入居民居住区则占据中央商务区和城市外围低收入之间的中间位置，城市功能布局对城市空间结构形成具有重要影响。Tian 等（2002）采用尼尔森分析方法从行业就业率视角分析了中国城市的城市功能结构，发现中国大城市中制造业就业率最高，但在 1989—1996 年出现持续下降趋势，而科学、教育、文化、卫生和金融等的就业人数持续增加。而且城市规模越大，采矿业、制造业和建筑业就业人数越少，科学、教育、金融、保险、房地产和行政权就越大。张水清等（2001）探讨了上海城市功能转移与城市空间结构优化之间的关系。于涛方等（2006）基于第五次人口普查数据和第一次经济普查数据，利用主成分因子分析方法测度了我国城市功能专业化程度，并剖析了我国城市功能的演变格局。官莹等（2006）在阐述早期城邑到现代城市经济功能演化的一般规律基础上，实证分析深圳经济功能演替和城市空间结构优化之间的关系，认为城市空间结构的演化实质上是不断适应经济功能演替的过程。王郁（2007）根据上海各区县1995—2005年的数据研究发现，上海城市功能由中心城区向郊区迁移过程中呈现出明显的结构性特征，表现为居住先由中心城区向近郊区迁移，再向远郊区迁移；工业、仓储和文教等直接向远郊区迁移，商办类功能则向中心城区集聚。

综上所述，国内外学者对城市功能的定义、内涵和特征，城市功能结构的演化发展，以及城市功能结构与城市空间结构的内在联系等诸多方面展开诸多研究。然而，已有研究更侧重于研究城市功能对城市发展的影响，鲜见关于城市功能结构演化发展及其背后驱动机制等方面的研究。在上海相继被定位为国际经济、金融、贸易、航运中心和卓越的全球城市的关键阶段，研究上海城市功能结构演化及其驱动机制，对于拓展上海城市发展空间，释放发展潜力，优化城市功能结构，实现经济高质量发展具有重要理论和现实意义，同时，上海城市发展与功能结构演化研究也有助于我们理解上海城市移民的历史轨迹变迁背后的机制，以及未来城市公共政策的路径策略。

5.3 上海城市发展基本情况

5.3.1 上海城市经济发展演化

中华人民共和国成立以来，为改变我国经济发展比较落后的局面，我国提出了借鉴苏联经济发展模式的振兴经济发展计划，并相继制定“五年”发展规划。从1953年我国“一五”计划中，中央政府对上海提出维持、利用和积极改造的建设方针，要求上海利用较好的工业底子为全国经济恢复建设服务；到1978年把上海作为我国改革开放前沿阵地，以及1992年制定上海浦东开放开发战略；再到新时代赋予上海建成卓越的全球城市的历史使命。

从上海的经济增长来看（图5-1），1952—2017年上海GDP总量呈现稳步增长趋势，由 1952 年的 36.66 亿元，提高到 1978 年的 272.81 亿元，再到 2017 年的 30 133.86 亿元。从上海 GDP 同比增长速率来看，可以将 1952—2017 年上海经济增长速率划分为三个阶段。第一阶段为 1952—1992 年，该阶段经济增长速率波动幅度较大，并未显示出明显的持续上升或下降趋势。例如 1955 年的 GDP 增速为 3.2%，1960 年急剧上升到 29.1%，但是 1975 年又快速下降为 4.1%，1978 年又上升到 15.8%。第二阶段为 1992—2007 年，该阶段经济增速实现了连续 15 年的两位数增长，2007 年甚至达到 15.2%，上海 GDP 也从这一时期得到快速提升，由 1992 年的 1 114.32 亿元，增长到 2007 年的 12 668.12 亿元，增长了约 11.4 倍。第三阶段为国际金融危机之后的新常态阶段，2008 年国际金融危机爆发后，尤其是 2010 年以来，上海经济增长速率呈现出波动下降趋势，由 2010 年的 10.2%，下降到 2017 年的 6.9%，上海经济增长趋缓。

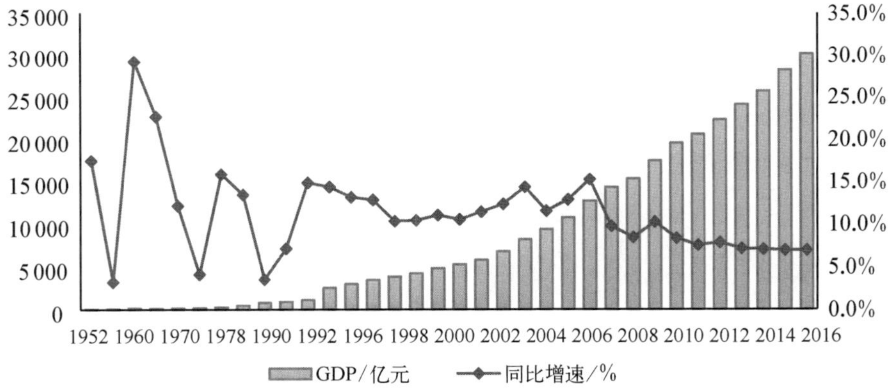

图 5-1　1952—2017 年上海 GDP 及其同比增速

（资料来源：历年上海统计年鉴）

5.3.2　上海城市产业发展演化

从上海的三次产业发展来看（图 5-2），上海三次产业实现快速发展，1952—2017 年上海三次产业生产总值呈现出稳步增长趋势。其中，第一产业从 1952 年的 2.11 亿元，增长到 1978 年的 11 亿元，再到 2017 年的 98.89 亿元，年均增加约 1.5 亿元；第二产业从 1952 年的 19.22 亿元，增长到 1978 年的 211.05 亿元，再到 2017 年的 9 251.4 亿元，年均增加约 142 亿元；第三产业从 1952 年的 15.27 亿元，增长到 1978 年的 50.76 亿元，再到 2017 年的 20 783.47 亿元，年均增加约 319 亿元。

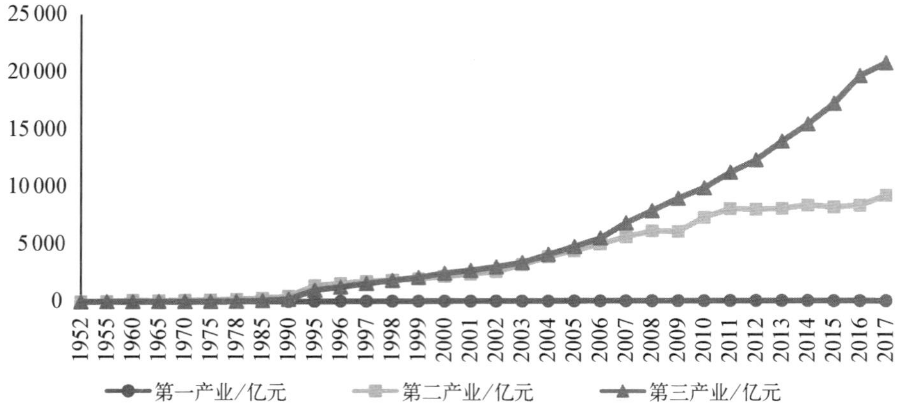

图 5－2　1952—2017 年上海三次产业生产总值演变趋势

（资料来源：历年上海统计年鉴）

其次，1952—2017 年上海三次产业由“二、三、一”的结构转变为“三、二、一”的结构，产业结构日趋合理（图 5－3）。其中，第一产业所占比例经历了波动下降的演变趋势，由 1952 年的 5.9%下降到 1960 年的 2.7%，在 1968 年又上升到 6.7%，之后一直波动下降至 2017 年的 0.3%。第

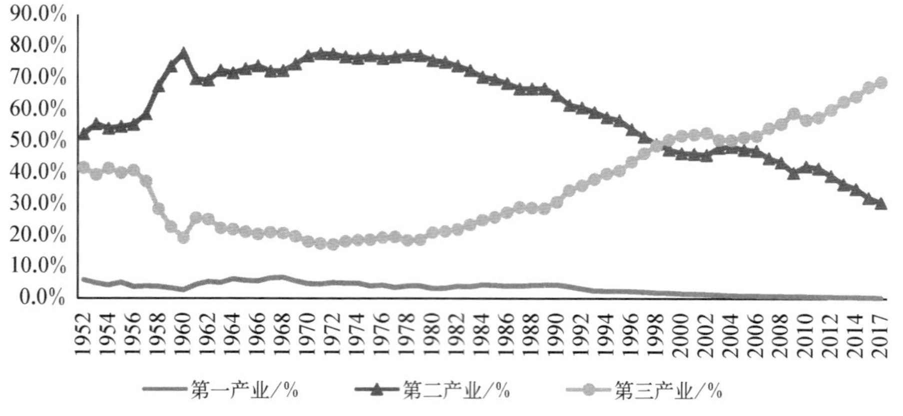

图 5－3　1952—2017 年上海产业结构演变趋势

（资料来源：历年上海统计年鉴）

二产业所占比例经历了先升后降的演变过程，由 1952 年的 52.4%上升到历史最高点 1960 年的 77.9%，之后波动下降至 2017 年的 30.7%。第三产业所占比例大体经历了先下降后上升的演变过程。其中，1952—1972 年呈现持续下降趋势，由 1952 年的 41.7%下降到 1972 年的 17.3%，之后经历了一段时间的上升，并在 1999 年首次超过第二产业所占比例。

5.3.3　上海工业结构发展演化

从上海经济结构来看，进入 21 世纪以来，上海的先进制造业、现代服务业以及科技创新业等都取得了快速发展，逐渐成为推动上海经济发展的重要力量，上海经济结构也日趋合理。

六个重点工业行业在上海工业中的作用日益突出。2001—2017 年，上海电子信息产品制造业、汽车制造业等六个重点发展工业行业总产值逐年稳步增加，从 2001 年的 3 958.2 亿元增加到 2017 年的 23 405.5 亿元，其占全市工业总产值的比例也从 2001 年的 54.5%上升到 2017 年的 68.9%(表 5-1)。

表 5-1　上海主要年份六个重点发展工业行业总产值及其比例

年份	电子信息产品制造业/亿元	汽车制造业/亿元	石油化工及精细化工制造业/亿元	精品钢材制造业/亿元	成套设备制造业/亿元	生物医药制造业/亿元	六个重点工业行业总产值/亿元	占全市工业总产值比例/%
2001	1 013.1	723.9	788.9	678	558.2	196.2	3 958.2	54.5
2003	2 205.0	1 362.1	1 065.4	796.4	915.1	215.6	6 559.6	63.4
2005	3 989.5	1 026.5	1 784	1 339.8	1 532.6	281.9	9 954.3	63.1
2007	5 744.3	1 807.5	2 511.5	1 609.9	2 440.9	389	14 502.9	65.2
2009	5 598.2	2 566.8	2 532.3	1 289	3 049.9	502.1	15 538.2	64.5
2011	7 166.7	4 129.6	3 954	1 813.2	3 888.8	641.1	21 593.3	66.6
2013	6 486.4	4 884.1	4 148.2	1 517.1	3 713.4	836.8	21 585.9	67.2
2015	6 285.1	5 223.8	3 359.1	1 152.9	4 031.8	911.6	20 964	66.9
2017	6 505	6 774.3	3 798.7	1 281.4	3 978.7	1 067.3	23 405.5	68.9

资料来源：上海历年统计年鉴。

科技创新取得新发展。2000 年以来，上海市研究与试验发展（R&D）项目支出比例、R&D 人员、R&D 经费支出等持续上升，基础理论成果等科技成果总量呈现稳步增长态势（表 5－2），科技创新的发展对上海经济结构转型起着越来越重要的作用。

表 5－2　上海主要年份科技投入及科技成果

年份	科技投入				科技成果		
	科技活动人员/万人	R&D 人员全时当量/万人年	R&D 经费内部支出/亿元	R&D 支出占 GDP 比例/%	基础理论成果/项	应用技术成果/项	软科学成果/项
2000	20.17	6.31	76.73	1.59	79	953	70
2005	19.67	7.07	213.77	2.28	61	1 555	85
2010	33.46	13.5	481.70	2.76	152	2 104	62
2011	37.53	14.85	597.71	3.06	182	2 137	69
2012	38.91	15.34	679.46	3.31	218	2 112	85
2013	43.16	16.58	776.78	3.49	248	2 152	90
2014	45.10	16.82	861.95	3.58	263	2 023	98
2015	44.81	17.18	936.14	3.65	239	2 040	77
2016	49.88	18.39	1 049.32	3.72	272	1 909	64

资料来源：上海历年统计年鉴。

服务业经济持续繁荣。近年来，上海服务业比例持续提升，由 2011 年的 58%急剧上升到 2016 年的 70.5%，年均增长 2.5 个百分点，服务业比例更是远远高于全国 50% 的平均水平，达到进入后工业化社会的标准（70%～80%）；信息服务业等现代服务增长迅速，逐渐成为拉动经济增长的新动力（图 5－4）。与此同时，上海的金融业取得了快速发展，其中，2017 年上海期货交易所的总成交金额实现了快速增长，达到了 89.93 万亿元，同比增长率也达到 5.8%。而中国金融期货交易所的总成交金额更是创造历史新高，达到了 24.59 万亿元，同比增长率达到 35.0%。银行间市场总成交金额也达到 997.77 万亿元，同比增长率为 3.9%。上海黄金交易所总成交金额达到了 9.76 万亿元，同比增长率为 11.9%。

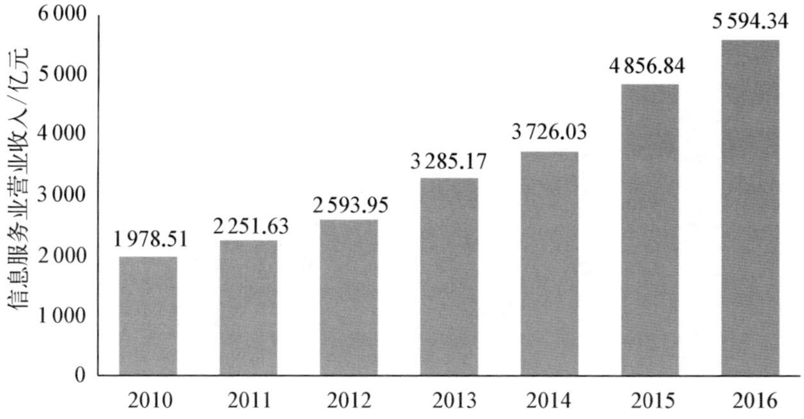

图 5－4　2010—2016 年上海信息服务业营业收入

（资料来源：历年上海统计年鉴）

5.4　上海城市功能结构发展演化

5.4.1　上海城市功能定位的历史演替

自从 19 世纪 40 年代被迫开埠通商以来，上海逐渐从不知名的小城市发展成为全国的经济、金融、贸易中心以及全国最大的港口城市。上海城市功能定位也经历了多个阶段。

1. 中华人民共和国成立以前的发展定位：港口城市与工商业中心城市

上海在 1927 年被设立为特别市以来，首次制定了综合性的都市发展规划，即《大上海计划》（简称“计划”），该计划充分结合了当时上海的实际情况，重点突出了上海作为港口城市的特色。抗日战争胜利之后，国内由战争状态进入战后重建阶段，为适应战后重建的需要，进一步巩固和提升上海在全国的地位，上海市政府在 1946 年制定并出台了《大上海都市计划》（简称“都市计划”），都市计划提出要把上海发展为全国乃至国际性的港埠都市、金融中心以及工商业中心。上海由一个不知名的海边小城逐渐发展成当时中国最大的城市，同时也发展成当时中国乃至远东地区（东亚地区）最重要的商业贸易、经济金融以及工业中心之一，成为中国对外联系的重要窗口。该时期的上海主要承担航运、工业生产、贸易、金融和文化等城市功能。

2. 中华人民共和国成立后到改革开放前期的发展定位：工业为主体的生产城市

中华人民共和国成立后，为尽快恢复国民经济发展，加快建立具有社会主义性质的经济基础，我国对农业、手工业和资本主义工商业进行社会主义改造，上海市政府也积极参与“三大改造”，通过运用政治、经济和法治等多种手段优化城市经济社会发展环境。随着我国提出确立优先发展重工业，加快推进社会主义工业化的过渡时期总路线，中央政府决定借鉴苏联的经济发展模式，即制定短期的经济社会发展规划，紧接着我国实施了第一个五年计划（简称“‘一五’计划”）。在“一五”计划中，中央政府对上海的城市定位是建设成为一个为全国服务的老工业基地。上海按照中央政府的定位要求，依托自身有利条件，积极推进工业基地和科技基地建设，同时发展纺织业等轻纺工业以及机电工业等重工业，为全国工业化建设提供了强有力支援，经过不断发展，上海也成为门类比较齐全，轻纺工业和重工业较为发达的综合性工业城市。

为进一步优化城市空间结构，促进城市经济发展，上海市政府于 1953 年出台《上海市总图规划示意图》，首次对上海城市土地空间进行系统规划，并对上海的住宅区、港区、工厂区、运动场区、铁路、建筑艺术以及仓库区等布局进行详细指导。1959 年，上海就城市发展规划出台了《关于上海城市总体规划的初步意见》，提出有序改造旧市区，控制工业区的空间规模，有计划地建设卫星城的城市建设方针，并相继提出建立闵行、吴泾、嘉定、安亭、松江等卫星城和近郊工业区。卫星城以及近郊工业区的建立，极大地推动了上海工业发展，使上海作为全国工业生产基地的地位得到进一步巩固。

3. 改革开放到浦东开发开放前期的城市定位：国际经济中心与贸易中心

1978 年，中央政府确立以经济建设为中心的方针。这一时期，我国对城市建设与发展的认识有了重大转变，对城市功能的认识也发生了重大转变，从以往偏重于强调城市的“工业生产”属性，转变为“城市是多功能的地域社会经济活动的中心”。随着以经济建设为中心的战略思路的提出，为促进我国经济发展和提高综合实力，中央政府对我国的工业中心——上海提出新的发展要求。1985 年，国务院批复同意《关于上海经济发展战略的汇报提纲》（简称“汇报提纲”），汇报提纲指出，上海应充分发挥中心城市多功能的作用，争取到 20 世纪末建设成为开放型、多功能、产业结构合理、科学技术先进、具有高度文明的社会主义现代化城市。1986 年，《上海市城市总体规划方案》（简称“规划方案”）获得国务院批复同意，规划方案指出，上海是我国重点建设的工业基地之一，也是全国的经济、科技、贸易、金融、信息和文化中心，要致力于把上海建设成为太平洋西岸最大的经济贸易中心之一。

这一阶段，中央政府对上海的城市功能定位由过去的国内中心上升为现在的国际中心，上海城市发展进入新的阶段。为完成中央政府赋予上海城市发展的定位，上海政府提出了改造和建设中心城、积极开发开放浦东地区、充实和发展卫星城、有步骤地向杭州湾北岸和长江口南岸两翼展开的发展思路。上海通过主动优化城市空间结构，加强与杭州湾城市以及长江口沿岸城市的互动联系，促进了经济快速发展，GDP 总额由 1986 年的 490.83 亿元，增长到 1991 年的 893.77 亿元，为拉动全国经济增长发挥了重要作用。

4. 浦东开发开放到新时代前期的城市定位：“四个中心”与全球科技创新中心

在 1992 年，中央政府提出了以上海浦东新区开发开放为重点，不断扩大开放长江沿岸城市，加快把上海建设成为国际经济、金融和贸易中心（简称“三个中心”）的要求。在 2001 年 5 月，《上海市城市总体规划（1999—2020）》获中央政府批复同意，该规划明确提出要加快把上海建设成为经济繁荣、社会文明和环境优美的现代化国际大都市，同时支持将上海建设成为国际经济、金融、贸易和航运中心之一。至此，“三个中心”进一步延伸为“四个中心”，上海城市发展进入全新的历史时期。伴随着我国经济发展进入新常态阶段，我国经济发展面临前所未有的挑战，为充分利用国内国外两种资源和两个市场，促进经济持续稳健发展，以及提升我国国际地位，中央政府做出继续扩大改革开放的战略决策，再次赋予上海新的历史使命。2013 年 8 月，中共中央同意设立中国（上海）自由贸易试验区，将上海作为我国对外开放新的试验田。2014 年 5 月，习近平总书记要求上海应当加快向具有全球影响力的全球科技创新中心进军，走在我国科技创新的前列。2016 年 3 月，我国国家“十三五”规划进一步提出要把上海建设成为国际性的综合交通枢纽，同时支持上海建设全球科技创新中心。上海以“四个中心”以及全球科技创新中心建设为核心的职能得到明确。

5. 中国全面迈进新时代以来的城市定位：“五个中心”与卓越的全球城市

伴随着中国特色社会主义全面进入新时代，作为全国改革开放排头兵、创新发展先行者的上海再次被中央政府赋予新的历史使命。2017 年 12 月，《上海市城市总体规划（2017—2035 年）》（简称“新规划”）获国务院批复同意，新规划将上海城市发展定位为“国际经济、金融、贸易、航运、科技创新五大中心和文化大都市，国家历史文化名城”，并致力于将上海建设成为卓越的全球城市和具有世界影响力的社会主义现代化国际大都市，上海城市发展进入全新的历史时期，“四个中心”建设也全面延伸为“五个中心”建设，并明确了以“五个中心”和卓越的全球城市建设为核心的城市功能。与此同时，为了进一步优化城市功能布局，加快推动上海建设成为创新、人文和生态之城，以及卓越的全球城市和社会主义现代化国际大都市。上海从用地规划、城市空间布局以及功能性基础设施建设等方面对新时代上海发展提出要求，这必然会对上海城市功能提升，以及城市功能空间结构优化产生深远影响。

“新规划”对上海建设用地中的居住用地、公共设施用地、工业仓储用地、绿化广场用地等，以及非建设用地中的耕地、林地和其他非建设用地等的用地面积及比例提出更严格的要求（表 5 - 3）。例如，规划工业仓储用地面积控制在 320 ~ 480 km^2，占规划建设用地比例控制在 10% ~ 15%；绿化广场用地面积不低于 480 km^2，占规划建设用地比例不低于

15%；规划公共设施用地面积不低于 480 km^2，占规划建设用地比例不低于 15%。

表 5－3　上海规划用地平衡表

用地类别		现状 2015 年		规划 2035 年	
		面积/km^2	比例/%	面积/km^2	比例/%
建设用地	城镇居住用地	660	21.5	830	26
	农村居民点用地	514	16.7	≤190	≤6
	公共设施用地	260	8.5	≥480	≥15
	工业仓储用地	839	27.3	320~480	10~15
	绿化广场用地	221	7.2	≥480	≥15
	道路与交通设施用地	430	14.0	640	20
	其他建设用地	147	4.8	200	6
	小　计	3 071	100	3 200	100
非建设用地	耕地	1 898	—	1 200	—
	林地	467	—	980	—
	其他非建设用地	1 397	—	1 453	—
	小　计	3 762	—	3 633	—
总　计		6 833	—	6 833	—

资料来源：《上海市城市总体规划（2017—2035 年）》。

“新规划”还对上海城市功能提升和功能空间布局做了新的部署，要求上海加快提升城市功能能级，重点从市辖区层面对城市空间功能和产业空间布局进行优化调整。要突出交通枢纽对城市功能布局的优化作用，引导枢纽地区功能集聚和复合开发，使其成为城市重要功能的承载区。此外，要提升主城区的功能能级，将中心城以及中心城周边虹桥、川沙、宝山、闵行 4 个主城片区作为全球城市功能的主要承载区；将位于重要区域廊道上，发展基础较好的嘉定、松江、青浦、奉贤、南汇等新城培育成在长三角城市群中具有辐射带动作用的综合性节点城市，全面承接全球城市核心功能（表 5－4）。

表 5－4　上海城市功能空间规划

层　级	名　称	规划人口/万人	功　能　引　导
主城区	中心城	1 400	以中心城为主体，将其周边虹桥、川沙、宝山和闵行 4 个主城片区作为全球城市功能的主要承载区
	主城片区		
新　城	嘉定新城	70	沪宁廊道上的重要节点城市，主导产业为汽车研发和制造；具有人文魅力、科技创新力、辐射服务长三角的现代化生态园林城市
	松江新城	110	沪杭廊道上的节点城市，以科教和创新为动力，以服务经济、战略性新兴产业和文化创意产业为支撑的现代化宜居城市，具有上海历史文化底蕴和自然山水特色的休闲旅游度假胜地和区域高等教育基地
	青浦新城	65	沪湖廊道上的节点城市，以创新研发、商务贸易、旅游休闲功能为支撑，具有江南历史文化底蕴的生态型水乡都市和现代化湖滨城市
	奉贤新城	75	滨江沿海发展廊道上的节点城市，杭州湾北岸辐射服务长三角的综合性服务型核心城市，具有独特生态禀赋、科技创新能力的智慧、宜居、低碳、健康城市
	南汇新城	65	滨江沿海发展廊道上的节点城市，以先进制造、航运贸易、海洋产业为支撑的滨海城市，以自贸区制度创新、产业科技创新、智慧文化创新为动力的我国新一轮改革开放的先行试验区
新市镇	核心镇	引导人口适度集聚	包括金山滨海地区的金山卫镇、山阳镇和崇明城桥地区的城桥镇。金山滨海地区进一步增加生态和生活岸线，推动海洋资源利用。崇明城桥地区进一步打造生态宜居功能

续　表

层　级	名　称	规划人口/万人	功　能　引　导
新市镇	中心镇	适当提高人口密度	包括罗店、安亭、朱家角、佘山、枫泾、朱泾、亭林、海湾、奉城、惠南、祝桥、长兴、陈家镇等新市镇，以及位于中心城周边的南翔、江桥、九亭、浦江、周浦、康桥、唐镇、曹路等新市镇。按照中等城市标准进行设施建设和服务配置，强化综合服务和特色产业功能
	一般镇	—	郊区城市化水平较低的城镇，突出现代农业、生态保护等功能，满足周边城乡居民的基本公共服务和就业需求

资料来源：根据《上海市城市总体规划（2017—2035 年）》整理。

5.4.2　上海城市功能结构的演变发展

城市功能结构是指城市各项功能相互关系、相互作用的形式和方式，包括功能空间结构等。已有研究较少涉及城市功能结构的定量测度，肖周燕等（2015）主张利用区位商衡量城市功能空间结构。原因在于，城市功能的本质是城市通过自身产业体系为城市区域内部和城市外部提供产品与服务，为使城市功能得到最大的发挥，政府会根据城市特征对产业进行空间布局，如建立工业区。从市场角度来看，市场力量会自发促进城市相应功能区形成，例如汽车销售行业会自发地集中在城市某一片区域，从而使该区域主要发挥贸易功能。无论是政府的规划安排，还是市场自发形成，都源于承接相应功能的地区要比其他地区更适合承载该项功能，区位商可以对这种功能“优势”进行直观判断。因此，区位商在一定程度上可以反映城市各项功能的空间结构。

本章借鉴肖周燕的做法，结合《上海市主体功能区规划（2012）》，将上海各区县划分为功能核心区、功能拓展区、功能发展新区和生态涵养区 4 种功能类型。为对应工业、金融、信息和政治等现代城市功能，对 20 大类行业进行归类与整合。其中，农林牧渔业、建筑业、交通运输、仓储和邮政业、信息传输、计算机服务和软件业6个大类行业予以保留；把采矿业、制造业、电力燃气及水的生产和供应业等行业大类合并为工业；把批发和零售业、住宿和餐饮业、租赁和商务服务业等行业大类合并为商业服务；把金融业和房地产业2个大类合并为金融房地产业；把科学研究、技术服务和地质勘查业、教育、文化、体育和娱乐业、卫生、社会保障和社会福利业、居民服务业和其他服务业、水利、环境和公共设施管理业等10个行业大类合并为科教文卫；把公共管理和社会组织、国际组织2个行业大类合并为行政管理。这种划分及合并方法在一定程度上反映了上海的交通仓储中心、信息中心、工业中心、商业中心、金融房地产中心、科技文卫服务中心和政治中心等城市功能的空间分布格局。

根据上海第四次、第五次和第六次人口普查资料以及2015年上海市1%人口抽样调查数据，本节测算上海各区县主要功能的区位商，并对功能核心区、功能拓展区、功能发展新区和生态涵养区的区位商时空演变进行分析，以刻画上海功能空间结构的演变趋势。

表5-5为1990年上海各区县功能的区位商测算结果。从中可看出，黄浦区、徐汇区等功能核心区除了农林牧渔业的区位商小于1之外，建筑业，邮电、仓储及运输等功能的区位商基本都大于1。功能拓展区、功能发展新区和生态涵养区农林牧渔业的区位商均大于1；科教文卫和金融房地产等区位商全部小于1。

表5-5　1990年上海各区县功能的区位商

	农林牧渔业	工业	建筑业	邮电、仓储及运输	商业服务	金融房地产	科教文卫	行政管理
黄浦区	0.031 6	1.024 5	0.768 2	1.355 9	1.616 7	1.421 3	1.347 1	1.169 8
徐汇区	0.054 8	0.903 9	1.035 3	0.885 2	1.183 3	1.406 8	1.994 4	2.036 8
长宁区	0.067 7	1.020 3	1.064 1	0.902 2	1.127 7	1.370 5	1.707 2	1.275 2
静安区	0.006 7	1.025 4	0.717 4	0.709 3	1.551 8	1.835 9	1.689 4	1.164 7
普陀区	0.052 3	1.095 3	0.991 8	1.344 3	1.148 9	1.134 0	1.322 6	0.969 8
闸北区	0.059 2	1.084 0	0.817 8	1.567 3	1.332 6	1.124 6	1.199 3	1.043 9

续　表

	农林牧渔业	工业	建筑业	邮电、仓储及运输	商业服务	金融房地产	科教文卫	行政管理
虹口区	0.016 4	1.031 1	0.820 8	1.382 2	1.491 6	1.623 8	1.388 7	1.114 6
杨浦区	0.091 1	1.144 4	0.798 9	1.419 0	1.066 3	0.997 8	1.205 9	0.919 3
功能核心区	0.047 7	1.044 2	0.857 6	1.260 1	1.348 6	1.340 2	1.432 8	1.190 7
闵行区	1.282 7	1.071 3	1.052 0	0.970 9	0.690 9	0.699 5	0.642 4	0.891 7
宝山区	1.157 8	0.930 0	2.406 3	1.209 6	0.695 4	0.722 0	0.633 9	0.885 9
浦东区	2.058 4	0.984 7	1.205 7	0.497 1	0.607 2	0.578 6	0.456 0	0.743 6
功能拓展区	1.647 4	0.990 7	1.478 3	0.789 8	0.649 2	0.643 4	0.544 9	0.814 5
嘉定县	1.330 0	1.119 2	0.592 1	0.839 2	0.720 8	0.720 5	0.672 5	0.757 5
金山县	2.372 0	0.834 0	1.289 4	0.827 1	0.604 9	0.533 6	0.648 5	0.709 1
松江县	2.270 5	0.928 2	0.890 9	0.662 5	0.667 0	0.625 8	0.484 3	0.875 0
青浦县	2.525 8	0.900 3	0.682 8	0.500 8	0.651 3	0.574 2	0.475 1	1.003 8
奉贤县	2.013 1	1.006 7	1.010 5	0.460 4	0.590 5	0.616 1	0.522 8	0.747 5
功能发展新区	2.099 0	0.956 5	0.904 8	0.663 7	0.645 8	0.613 0	0.564 4	0.812 7
崇明县	3.040 6	0.807 0	0.883 6	0.683 1	0.480 3	0.685 0	0.309 3	0.671 5
生态涵养区	3.040 6	0.807 0	0.883 6	0.683 1	0.480 3	0.685 0	0.309 3	0.671 5

注：1. 闵行区数据基于上海县与闵行区数据计算得出。
2. 黄浦区数据基于南市区、卢湾区和黄浦区数据计算得出。
3. 浦东区数据根据川沙县、南汇县数据计算得出。
4. 浦东新区设立于 1992 年，为便于比较，此处命名为浦东区。

表 5－6 为 2000 年上海各区县区位商测算结果。从中可看出，黄浦区、徐汇区等功能核心区的农林牧渔业、工业和建筑业的区位商全部小于 1，邮电、仓储及运输和商业服务等功能的区位商全部都大于 1。除了功能拓展区中的浦东新区、功能发展新区中的金山区、松江区、青浦区、奉贤

县以及生态涵养区中的崇明县的农林牧渔业区位商均大于 1 之外，闵行、嘉定等行政区的农林牧渔业区位商由 1990 年的大于 1 变为小于 1。与此同时，功能拓展区、功能发展新区的工业行业区位商逐渐由 1990 年的小于 1 变为大于 1。

表 5-6　2000 年上海各区县功能的区位商

	农林牧渔业	工业	建筑业	邮电、仓储及运输	信息传输与计算机服务	商业服务	金融房地产	科教文卫	行政管理
黄浦区	0.006 3	0.775 0	0.754 7	1.005 7	1.850 3	1.783 7	1.662 5	1.446 4	1.137 2
徐汇区	0.008 6	0.826 9	0.841 4	0.939 5	2.366 5	1.378 2	1.666 1	1.659 8	1.241 1
长宁区	0.037 5	0.772 1	0.935 0	1.111 2	2.369 3	1.452 9	1.848 4	1.538 7	1.289 6
静安区	0.010 8	0.705 2	0.695 6	1.030 9	3.275 8	1.517 3	2.119 0	1.608 5	1.672 9
普陀区	0.037 7	0.856 2	0.823 8	1.507 0	1.719 3	1.500 8	1.479 6	1.325 5	1.203 3
闸北区	0.013 0	0.952 7	0.550 7	1.618 3	1.294 3	1.461 1	1.279 1	1.274 5	1.153 6
虹口区	0.006 8	0.792 6	0.757 3	1.814 9	1.717 2	1.462 2	1.812 1	1.374 3	1.354 3
杨浦区	0.041 1	0.982 1	0.557 3	1.566 2	1.296 3	1.238 2	1.460 7	1.426 7	1.128 0
功能核心区	0.021 9	0.850 7	0.740 1	1.352 1	1.854 5	1.456 0	1.614 5	1.447 7	1.230 5
闵行区	0.426 3	1.213 9	1.192 5	0.971 5	1.142 6	0.966 6	0.927 8	0.874 3	0.864 9
宝山区	0.715 2	1.003 5	1.757 3	1.381 8	0.560 7	0.946 6	0.696 0	0.885 0	0.917 0
浦东新区	1.125 0	1.032 5	1.317 2	0.862 0	0.777 0	0.912 8	0.909 3	0.882 5	0.877 2
功能拓展区	0.884 0	1.066 7	1.381 7	0.995 1	0.812 9	0.931 8	0.868 8	0.881 2	0.882 8
嘉定区	0.919 1	1.358 6	0.897 7	0.635 7	0.295 9	0.727 2	0.475 3	0.758 7	0.912 4
金山区	2.721 2	1.063 1	0.824 3	0.670 6	0.127 9	0.393 8	0.345 2	0.555 0	0.749 4
松江区	1.472 4	1.288 6	1.161 0	0.611 2	0.144 1	0.545 8	0.419 6	0.581 7	0.930 7
青浦区	1.972 4	1.195 6	0.889 6	0.513 4	0.088 6	0.530 7	0.416 7	0.562 0	1.180 5
奉贤县	2.052 7	1.193 4	0.934 7	0.534 2	0.130 1	0.504 3	0.405 6	0.578 9	0.823 7

续　表

	农林牧渔业	工业	建筑业	邮电、仓储及运输	信息传输与计算机服务	商业服务	金融房地产	科教文卫	行政管理
功能发展新区	1.794 2	1.225 1	0.941 9	0.595 1	0.162 3	0.546 6	0.414 6	0.612 4	0.917 2
崇明县	5.375 9	0.530 5	0.412 0	0.355 0	0.027 8	0.276 5	0.192 8	0.394 5	0.533 3
生态涵养区	5.375 9	0.530 5	0.412 0	0.355 0	0.027 8	0.276 5	0.192 8	0.394 5	0.533 3

注：1. 黄浦区数据基于卢湾区和黄浦区数据计算得出。
2. 浦东新区数据基于浦东新区与南汇县数据计算得出。

表 5－7 为 2010 年上海各区县区位商测算结果。从中可看出，黄浦区、徐汇区等功能核心区的农林牧渔业、工业、建筑业的区位商全部小于 1；黄浦区、徐汇区和静安区等行政区的邮电、仓储及运输业的区位商也小于 1。闵行区、宝山区和浦东新区等功能拓展区的科教文卫、行政管理和信息传输与计算机服务等行业区位商由 2000 年的小于 1 变为大于 1。

表 5－7　2010 年上海各区县功能的区位商

	农林牧渔业	工业	建筑业	邮电、仓储及运输	信息传输与计算机服务	商业服务	金融房地产	科教文卫	行政管理
黄浦区	0.017 6	0.365 4	0.439 3	0.833 1	1.064 4	1.887 0	1.565 1	1.404 4	1.366 0
徐汇区	0.053 3	0.563 8	0.716 1	0.819 1	1.998 5	1.313 2	1.540 3	1.645 2	1.382 6
长宁区	0.041 0	0.414 7	0.659 4	1.011 2	1.984 2	1.444 3	1.901 5	1.590 7	1.371 8
静安区	0.006 1	0.328 2	0.639 0	0.785 1	1.411 3	1.587 0	2.065 8	1.700 2	1.602 6
普陀区	0.061 3	0.547 9	0.758 9	1.245 4	1.766 3	1.433 3	1.635 3	1.225 2	1.163 5
闸北区	0.028 2	0.526 2	0.722 4	1.338 2	1.596 4	1.507 3	1.437 1	1.179 2	1.376 3
虹口区	0.026 0	0.461 4	0.637 8	1.176 2	1.630 7	1.457 1	1.667 1	1.491 3	1.436 8

续 表

	农林牧渔业	工业	建筑业	邮电、仓储及运输	信息传输与计算机服务	商业服务	金融房地产	科教文卫	行政管理
杨浦区	0. 036 2	0. 608 1	0. 733 3	1. 323 3	1. 547 6	1. 150 4	1. 585 7	1. 561 4	1. 479 0
功能核心区	0. 039 3	0. 509 5	0. 684 1	1. 115 9	1. 670 5	1. 426 6	1. 626 7	1. 446 6	1. 366 7
闵行区	0. 261 7	1. 033 1	0. 976 8	0. 988 6	1. 022 8	1. 080 5	0. 848 0	1. 034 3	0. 853 7
宝山区	0. 328 3	0. 859 1	1. 174 6	1. 897 2	0. 942 9	1. 049 2	0. 829 3	0. 922 3	1. 004 8
浦东新区	0. 903 0	0. 950 7	1. 206 9	1. 089 7	1. 250 9	0. 964 4	1. 248 2	0. 978 1	0. 775 7
功能拓展区	0. 616 7	0. 954 8	1. 138 5	1. 221 9	1. 128 6	1. 012 4	1. 057 6	0. 982 2	0. 842 0
嘉定区	0. 772 8	1. 511 0	0. 976 5	0. 798 1	0. 390 8	0. 732 3	0. 437 6	0. 629 8	0. 725 7
金山区	1. 698 6	1. 458 6	1. 066 1	0. 624 3	0. 301 8	0. 610 7	0. 406 2	0. 807 6	1. 084 9
松江区	0. 448 4	1. 574 3	0. 984 2	0. 580 9	0. 382 2	0. 682 1	0. 576 9	0. 656 6	0. 868 4
青浦区	1. 815 3	1. 492 3	1. 137 7	0. 613 1	0. 205 9	0. 627 0	0. 360 9	0. 651 2	1. 105 7
奉贤区	2. 176 7	1. 508 7	1. 234 7	0. 512 8	0. 205 6	0. 609 8	0. 343 9	0. 622 6	0. 880 2
功能发展新区	1. 229 4	1. 518 4	1. 064 0	0. 635 2	0. 311 9	0. 664 0	0. 441 2	0. 660 0	0. 901 7
崇明县	12. 227 1	0. 796 7	1. 181 1	0. 497 3	0. 165 5	0. 436 0	0. 262 4	0. 717 9	0. 985 4
生态涵养区	12. 227 1	0. 796 7	1. 181 1	0. 497 3	0. 165 5	0. 436 0	0. 262 4	0. 717 9	0. 985 4

注：表中黄浦区数据基于卢湾区和黄浦区的数据计算得出。

表 5－8 为 2015 年上海各区县区位商测算结果。从中可看出，黄浦区、徐汇区等功能核心区的农林牧渔业，工业，建筑业，邮电、仓储及运输业大部分都小于 1。嘉定区、金山区、奉贤区等行政区的工业和建筑业的区位商基本上都大于 1。

表 5－8　2015 年上海市各区县功能的区位商

	农林牧渔业	工业	建筑业	邮电、仓储及运输	信息传输与计算机服务	商业服务	金融房地产	科教文卫	行政管理
黄浦区	0.024 8	0.272 3	0.470 4	0.749 7	0.997 7	1.956 2	1.397 1	1.316 6	1.119 6
徐汇区	0.044 2	0.491 7	1.013 2	0.681 8	1.885 7	1.284 2	1.495 6	1.446 0	1.211 8
长宁区	0.043 0	0.323 8	0.468 4	0.857 7	1.859 3	1.496 4	1.542 0	1.651 2	1.156 8
静安区	0.017 2	0.262 5	0.313 9	0.643 8	1.262 0	1.623 4	2.078 3	1.574 6	1.477 5
普陀区	0.039 8	0.442 1	0.993 0	0.976 9	1.777 8	1.418 1	1.603 1	1.191 4	1.020 9
闸北区	0.030 9	0.533 3	0.633 1	1.049 6	1.590 8	1.414 1	1.569 7	1.144 5	1.256 6
虹口区	0.016 3	0.374 3	0.596 8	1.329 6	1.605 1	1.367 8	1.565 2	1.418 2	1.530 6
杨浦区	0.122 0	0.549 9	0.628 4	1.202 4	1.381 9	1.117 0	1.629 5	1.535 5	1.467 4
功能核心区	0.049 1	0.436 0	0.715 3	0.968 2	1.602 0	1.406 5	1.572 0	1.388 2	1.253 0
闵行区	0.143 8	0.969 6	1.004 7	0.956 0	1.076 1	1.090 1	0.845 9	1.121 8	0.969 6
宝山区	0.401 9	0.785 6	1.008 2	1.652 0	0.910 6	1.214 9	0.858 0	0.958 4	1.009 1
浦东新区	1.163 3	0.915 0	1.274 1	1.084 6	1.264 2	0.919 3	1.348 0	0.915 2	0.857 9
功能拓展区	0.760 1	0.903 6	1.155 0	1.162 5	1.148 4	1.019 4	1.127 1	0.975 4	0.915 3
嘉定区	0.399 5	1.506 5	0.707 7	1.006 7	0.649 4	0.885 9	0.399 8	0.750 2	0.539 0
金山区	1.780 0	1.586 9	1.501 7	0.582 2	0.260 9	0.566 3	0.350 2	0.769 0	1.034 2
松江区	0.495 2	1.597 8	0.753 3	0.606 7	0.519 4	0.705 0	0.606 6	0.844 4	1.037 7
青浦区	1.388 7	1.451 4	1.453 4	1.130 7	0.311 6	0.654 9	0.440 2	0.658 9	1.044 0
奉贤区	1.753 9	1.694 6	0.974 1	0.630 5	0.171 5	0.606 8	0.417 1	0.706 6	0.911 9
功能发展新区	1.030 8	1.562 0	1.012 5	0.811 9	0.415 0	0.704 1	0.459 7	0.750 1	0.897 6
崇明县	12.693 7	0.906 2	0.885 8	0.898 0	0.216 0	0.590 3	0.287 9	0.910 4	1.330 7
生态涵养区	12.693 7	0.906 2	0.885 8	0.898 0	0.216 0	0.590 3	0.287 9	0.910 4	1.330 7

注：本表数据根据 2015 年上海市 1%人口抽样调查数据测算得出。

从功能核心区各项功能的区位商变动趋势来看，1990—2015 年，功能核心区在邮电、仓储及运输，商业服务，信息传输与计算机服务，金融房地产，科教文卫和行政管理等功能的区位商基本上大于 1，在农林牧渔业、工业、建筑业等的区位商基本上小于 1 或呈现下降趋势。作为功能核心区的黄浦区、徐汇区、长宁区等 8 区，其在商业服务、金融房地产、信息传输与计算机服务和行政管理的区位商基本上都大于 1，这在一定程度上说明功能核心区主要发挥着经济、科技、文化以及政治功能。然而，只有黄浦区的商业服务、普陀区的信息传输与计算机服务、闸北区的金融房地产、虹口区的行政管理、杨浦区的金融房地产等的区位商呈现持续上升趋势，而核心功能区中其他各区在商业服务、信息传输与计算机服务、金融房地产、科教文卫和行政管理等的区位商均呈现先升后降的态势，说明功能空间结构随时间变化而变化。此外，在黄浦区、徐汇区等功能核心区中，农林牧渔业，工业，建筑业和邮电、仓储及运输的区位商总体上呈现逐渐下降趋势，除了工业，建筑业和邮电、仓储及运输在部分年份的区位商大于 1 之外，农林牧渔业等功能的区位商均小于 1，说明功能核心区在生产功能和运输功能等方面的功能在不断减弱。究其原因，主要是上海市政府对上海城市产业空间结构进行优化调整，将生产、制造、交通和物流等功能向郊区扩散，而将高端制造功能、商务服务、科技文化等功能集中在黄浦区等 8 大核心功能区。

从功能拓展区的区位商演变趋势来看，1990—2015 年，功能拓展区在邮电、仓储及运输，商业服务，信息传输与计算机服务，金融房地产，科教文卫和行政管理等功能的区位商总体上呈现波动增加趋势，例如，金融房地产的区位商由 1990 年的 0.643 4 增加到 2015 年的 1.127 1；商业服务的区位商由 1990 年的 0.649 2 增加到 2015 年的 1.019 4，由小于 1 增加到大于 1。表明随着时间推移，功能拓展区逐渐承担一定的金融、科教文卫、信息传输与计算机服务等功能。然而，功能拓展区在农林牧渔业、工业和建筑业等的区位商总体上呈现波动下降趋势，例如农林牧渔业的区位商从 1990 年的 1.647 4，下降到 2015 年的 0.760 1，说明功能拓展区的生产功能在不断减弱。作为功能拓展区的浦东新区、闵行区和宝山区在 1990—

2015 年的各项功能中，浦东新区只有信息传输与计算机服务和金融房地产两项功能的区位商呈现稳步增长趋势，且在 2015 年显著大于 1，说明浦东新区的金融服务和信息传输与计算机服务方面的功能在不断强化；闵行区只有科教文卫的区位商呈现增长趋势，由小于 1 增长到大于 1。随着上海交通大学、华东师范大学等高等学校在闵行设立校区，闵行区承担的教育、文化和科技等功能日益突出；宝山区的建筑业和邮政、仓储及运输的区位商一直大于 1。

从功能发展新区的区位商演变趋势来看，功能发展新区中的农林牧渔业、工业和建筑业的区位商值基本上由小于 1 转变为大于 1；邮电、仓储及运输，商业服务，信息传输与计算机服务，金融房地产，科教文卫和行政管理等功能的区位商值则始终小于 1，这说明功能发展新区主要承担的是农副产品生产、工业生产等生产功能。究其原因，由于受商务成本等成本不断攀升的影响，大量制造企业将原位于中心城区的工厂转移到嘉定区、奉贤区等上海郊区，促进了郊区工业发展。具体来看，1990—2015 年，嘉定区农林牧渔业的区位商呈现稳步下降趋势，从 1990 年的 1.33 下降到 2015 年的 0.399 5；工业区位商则呈现上升趋势，从 1990 年的 1.119 2 上升到 2015 年的 1.506 5。金山区、青浦区和松江区在行政管理功能中的区位商在 2015 年均大于 1，表明其开始承担一定的行政管理功能。奉贤区的工业区位商始终大于 1，且呈现稳步上升趋势，表明奉贤的生产功能日益增强。

从生态涵养区各项功能区位商演变趋势来看，作为生态涵养区的崇明区只有农林牧渔业的区位商始终大于 1，从 1990 年的 3.040 6 增加到 2015 年的 12.693 7，呈现稳步增加态势。工业，建筑业，邮电、仓储及运输，商业服务，信息传输与计算机服务，金融房地产和科教文卫等功能的区位商在 1990—2015 年几乎都小于 1，表明崇明区不具备承担工业生产、金融服务和科教文卫等功能的优势，这与上海将崇明区定位为生态涵养区相吻合。需要注意的是，1990—2015 年崇明区行政管理功能的区位商经历由小于 1 到大于 1 的转变，这说明崇明区也具备承担行政管理功能的优势。

根据上述分析，我们发现上海城市功能空间结构处于不断演化发展过程中，总体上趋于合理化。作为功能核心区的黄浦区、徐汇区、长宁区等

8大中心城区，主要承担上海的经济、科技、教育、文化、金融、信息和政治等功能；作为功能拓展区的浦东新区、闵行区和宝山区等城区，主要承担上海的邮电、仓储及运输，以及部分金融，商业等功能；作为功能发展新区的奉贤区、金山区、嘉定区等上海郊区主要承担上海农副产品生产、工业生产等生产功能；作为生态涵养区的崇明县主要承担上海的农副产品生产功能和游憩功能。

5.5 上海城市功能结构演化的驱动机制

城市功能结构变化是城市与外部环境相互作用，以及城市系统内部各项功能之间相互联系、相互作用的外在表现，随城市内部与外部环境变化而变化。政府与市场在上海城市功能结构演化过程中起着重要推动作用。

5.5.1 城市发展规划演变

每个城市或城市区域在演化发展过程中，都会被政府赋予承担相应城市功能的使命。在城市不同发展阶段，政府根据形势变化以及城市或城市区域的资源禀赋、区位条件、产业基础和历史文化等情况变化，制定新的城市发展规划来调整城市以及城市区域已有的经济、政治、文化、科技、创新、商业、服务和游憩等城市功能结构。纵观英国伦敦、法国巴黎和日本东京等国际大都市的发展史，其城市功能提升、功能布局合理和功能结构优化，无一不是政府规划和引导的结果（孙建国，2012），政府制定的城市发展规划对城市功能结构演化起着关键作用。

中华人民共和国成立以来，中央政府根据国内外形势变化及不同时期发展目标，对上海城市功能结构做出适时调整。在20世纪50年代，我国为了推动社会主义工业化的发展，把上海城市发展定位为全国重要的工业基地。按照中央政府的定位，1959年，上海在《关于上海城市总体规划的初步意见》中，提出控制近郊工业区发展规模，有计划地建设卫星城的发展策略，相继建设闵行、吴泾、嘉定、安亭、松江等卫星城和近郊工业区，使上海的工业生产由市中心扩展到城市外围，上海城市功能空间布局发生了变化。改革开放之后，尤其是浦东开发开放战略实施之后，上海城市功能结构转型步伐加快。在 2001 年，《上海市城市总体规划（1999—2020 年）》获国务院批复同意，该发展规划把上海城市发展定位为国际经济、金融、贸易和航运中心。上海逐渐从以工业生产为主的内向型城市，转向工业、金融、贸易和航运等多中心的外向型城市；上海的城市功能结构也从工业生产功能占据主导地位，转变为兼具工业、航运、科技、金融等多功能的结构。我国经济发展进入新常态阶段以来，中央政府再次调整上海的城市发展定位，在《上海市城市总体规划（2017—2035 年）》中，中央政府把上海定位为国际经济、金融、贸易、航运、科技创新中心和文化大都市，国家历史文化名城、卓越的全球城市，上海的城市功能结构进一步发生变化，并朝着更加合理化、高级化和多样化的方向发展。

5.5.2　城市治理策略演变

城市或城市区域的资源环境承载力高低，决定着该城市或城市区域是否可以承担某一项或若干项城市功能。当城市或城市区域面临着过度拥挤、环境污染和居住条件恶化等问题产生的成本超过集聚经济以及不完全竞争产生的收益时，从城市治理出发的非核心城市功能疏解将会变得不可避免（夏添等，2017）。由于存在市场失灵情况，仅仅依靠市场调节是无法解决外部性问题的，要有效地纠正市场失灵，解决市场负外部性，政府通常会采取相应的政策工具对经济社会活动进行干预。政府治理城市所采取的，诸如人口规制、产业规制和空间规制等规制型政策工具，是疏解城市非核心功能和改变城市功能结构的重要手段。在实际操作过程中，政府根据城市或城市区域的资源环境承载力变化情况，通过调整规划、行政命令、土地审批、资格审查和财政税收等多种手段，对不符合城市或城市区域主体功能定位的经济活动和社会活动进行规制和迁移。

从美国、法国、德国等发达国家的城市发展历程来看，政府为了治理环境污染、解决交通拥堵等城市问题，采取了产业转移、增加绿化用地供给和人口迁移等手段。在上海城市发展过程中，上海政府也采取诸如控制工业、绿化等用地规模，疏解城市非核心功能和优化人口结构等治理手段，以强化城市核心功能。例如，2001 年上海“四个中心”建设目标确立之后，为治理环境污染问题，促进产业结构转型升级，优化城市功能结构，上海通过人口规制、产业规制和空间规制等多种手段，把环境污染严重、经济效益低的产业，以及不符合上海城市功能发展定位的产业转移到我国中西部地区，并严格控制人口规模总量，重点引进高素质人才。这一时期，上海的产业结构和城市功能结构都得到优化升级。2017 年以来，上海根据“五个中心”建设和建成卓越的全球城市的目标，对城市用地结构和城市功能布局等进行优化调整，尤其是不断强化核心城市功能和促进非核心城市功能疏解。总之，政府治理城市过程中所采用的人口规制、产业规制和空间规制等政策工具，对上海城市功能结构的形成及其演化具有重要作用。

5.5.3 经济政策演变

经济政策，是指政府为实现特定时期经济发展目标而制定的各类措施、法令以及手段的总和，是政府宏观调控的重要手段。经济政策手段通常包括财政、税收、金融和外贸等政策。根据不同的经济发展阶段以及不同的经济发展形势，政府可采取不同的经济干预政策。事实上，无论是财政政策还是税收政策，抑或是外贸政策，都有可能改变城市或城市区域经济发展的方向。中央政府和上海政府历年对上海或上海市域所实施的有关财政、税收和金融等政策，对上海的产业发展、城市功能能级提升以及城市功能结构优化都发挥着重要作用。

从中华人民共和国成立到中国特色社会主义全面迈进新时代，中央政府在不同的历史时期，出台一系列政策促进上海经济发展，包括成立浦东新区、中国（上海）自由贸易试验区等，使上海始终走在我国改革开放前列，这为上海经济结构转型和城市功能结构优化提供源源不断的动力。上海市政府在国家对上海的城市功能定位基础上，通过出台有关财政、税收和金融等一系列政策，吸引高新技术产业、现代服务业和战略性新兴产业等的进入，推动上海产业转型升级。例如，为吸引跨国公司以及企业总部落沪，上海分别于 2002 年、2008 年和 2011 年出台鼓励跨国公司设立地区总部的规定，给予进驻上海的跨国公司和企业总部税收返还和财政补贴等一系列优惠政策。引进了金佰利公司、久保田、阿斯利康（亚太）、罗地亚、巴斯夫等跨国企业地区总部或研发中心，促进了上海经济快速发展以及城市功能结构转型升级。此外，上海政府通过引进建设—经营—转让（BOT）、政府和社会资本合作（PPP）等模式，加大力度发展市域交通，极大地提高近郊区的交通通达性，使得工业、科技、教育和金融等上海城市功能逐步由中心城区扩散至近郊区，改变了上海的城市功能空间结构。

5.5.4　国外资本流入

改革开放之后，我国于 1979 年颁布《中华人民共和国中外合资经营企业法》，鼓励沿海开放地区利用外资发展经济。作为开放城市的上海，也开启利用外资发展经济的试验探索，逐渐形成形式多、来源广、多层次的外资利用格局。外资企业带来先进的生产线、技术及管理经营理念等，对上海城市功能结构变化产生深远影响。总体上，外资企业对上海城市功能结构的影响经历三个阶段：第一阶段是强化上海的生产、制造等城市功能；第二阶段是强化上海的生产、制造和科技创新等城市功能；第三阶段是强化上海的先进制造、现代服务、科技创新和文化等城市功能。

20 世纪 80 年代至 90 年代末，上海引进外资的目的在于改造、升级老企业装备与技术，完善城市交通与通信等，较少投向技术含量高的产业。上海引进的上海联合毛纺织有限公司、上海贝尔电话设备制造公司等纺织与设备制造外资企业主要集中在闵行、虹桥经济技术开发区、漕河泾新兴技术开发区等 8 个国家级开发区和 9 个市级工业区。该阶段外资企业的进入，主要强化了外资企业进驻地的生产与制造等城市功能。进入 21 世纪以后，上海调整引资方向，重点吸引跨国公司总部和外资研发中心等，以及技术含量高、经济效益高、环境污染少的外资项目。据统计，2003 年上海跨国地区总部和外资研发中心分别只有 56 家和 106 家，到 2012 年分别增加到 403 家和 351 家，上海的国际影响力得到迅速提升。这一阶段上海通过吸引一批优质外资项目，促进了城市功能能级提升和城市功能结构转型。2008 年国际金融危机以来，上海把引进外资与“四个中心”建设、全球科技创新中心建设紧密结合，重点引进高新技术产业、高端制造业和现代服务业等产业。据统计，2010 年，上海引进的国盛里昂（上海）股权投资管理有限公司、映瑞光电科技（上海）有限公司和吉富新能源科技（上海）有限公司等现代服务业、先进制造业大型项目 203 个，外资合同金额达 125.7 亿美元，占当年利用外资总额的 82.1%。此外，2017 年，上海市的跨国公司地区总部数量达到 625 家。其中，亚太区总部 70 家；投资性公司 345 家；外资研发中心 426 家。上海的先进制造、现代服务、科技创新等城市功能不断强化，并逐渐占据主导地位。

5.5.5 信息技术发展

通信、信息以及技术的快速发展大幅降低企业的通信成本，以及企业将生产、研发和营销等部门空间相分离所引起的协调管理成本等，是推动城市功能空间结构变化的重要力量。由于信息技术发展使企业实现以较低成本对处于不同地理空间的生产、制造、研发和营销等职能部门的统一管理，企业出于节约成本和最大化利润的目的，把生产、研发和营销等职能部门分别布局于不同的城市或城市区域。由于许多企业采取了与此相同的做法，分别将生产、制造、研发和营销等职能部门布局在同一城市或城市区域，大量相同职能部门在同一城市或城市区域的集聚，会促使该城市或城市区域主要承担该项功能，以此类推，每个城市或城市区域都将主要承担某一特定功能，城市功能的空间结构由此改变。在实践过程中，为了降低土地租金和劳动力等持续攀升的商务成本，企业会选择将某个职能部门，甚至是全部职能部门转移至商务成本相对较低的地区，例如把位于城市中心的制造部门转移至城市近郊区，结果是城市近郊区的生产制造功能得到强化。与此相反，为了增强研发创新能力，更加接近市场，企业可能会把位于低等级中心地的研发、营销等职能部门转移到高等级中心地，结果是高等级中心地的创新、服务等城市功能得到强化。无论是企业职能部门的转出或转入，都会引起城市功能结构变化。从上海的产业发展过程来看，得益于信息技术的发展，上海引进企业的侧重点从早期大力引进国内外企业，转变为重点引进跨国公司地区总部、本土企业总部，以及绿色低碳的优质大型项目。据统计，2002 年在上海落户的跨国公司地区总部只有 25 家，到了 2015 年，这一数量增加到 535 家，投资性公司和外资研发中心也分别达到 312 家和 396 家，这种转变也改变了上海的经济结构和城市功能结构。可见，信息技术发展是推动城市功能结构变化的重要力量。

5.5.6　交通可达性增强

区位理论认为企业的区位选择主要受到市场潜力、服务水平、资源禀赋、交通通达性和土地价格等因素的影响。具备交通可达性强、服务水平高、税负水平低、土地价格低等优势的地区，通常是企业区位选择的理想地。然而，地区的区位优势并非不变，而是在时空压缩下随着交通工具等发展处于持续变化过程中。自 1843 年被迫开埠通商以来，得益于海运、陆运等交通设施发展，上海的区位优势日益凸显，吸引大量企业进入，并在 20 世纪 30 年代发展成为远东的国际金融中心、全国的经济中心和贸易中心；中华人民共和国成立之后，上海依托良好的工业基础和突出的区位优势，成为我国的工业中心，主要承担工业生产功能；之后，上海持续加大交通基础设施建设的资金投入，其中，“十一五”期间上海交通建设投资累计达到 3 630 亿元，该数字占同期上海 GDP 的 7.1%。伴随着国家高速公路网、高速铁路网、长三角城际轨道网组成的区域快速交通网络初步建成，上海城市发展以“五个中心”建设为重点，并初步形成了枢纽型、功能性和网络化的现代化城市基础设施体系构架。现代化城市基础设施体系的形成，尤其是交通基础设施的快速发展，显著地提高了上海的运输能力、路网承载能力并增强了上海的交通可达性，为增强国际经济、金融、贸易、科创及航运中心的综合服务功能和集聚辐射能力奠定了基础。张蕾等（2014）对虹桥机场空港经济区的企业分布特征的研究发现，虹桥机场空港区的企业高度集中在 0~6 min 的交通可达性强的区域，而交通可达性较差的区域均无企业进入，企业密集区与交通可达性区域在空间上高度吻合。可见，交通可达性通过影响企业空间布局，进而影响城市功能结构。

5.6 上海城市功能结构未来发展趋势

随着上海“五个中心”“四个品牌”以及卓越全球城市战略的提出，上海城市功能的未来发展演化将会成为上海城市经济社会发展的基础，也会影响人口、资本和技术等各种要素的流入。

5.6.1 构建新型城乡发展格局

上海政府要加强规划引领，根据城市区域环境承载力，结合综合交通对城市发展的支撑作用，不断优化上海城市功能空间结构。具体来看有以下几方面：(1) 加快提升中心城和虹桥、川沙、宝山、闵行4个主城片区的功能能级，将其作为全球城市功能的主要承载区；(2) 突出新城的综合性节点城市功能，积极培育嘉定、松江、青浦、奉贤、南汇等新城成为在长三角城市群中具有辐射带动作用的综合性节点城市，承载部分全球城市功能；(3) 依据新市镇的功能特点分类发展，主要承载全球城市非核心城市功能，以及城乡服务、生态宜居和休闲游憩等城市功能；(4) 凸显乡村宜居功能，完善乡村基础设施和公共服务设施，适度发展休闲、旅游和创意产业，承载生态宜居和休闲游憩等城市功能。

5.6.2 构建综合交通网络体系

通过前文分析，我们发现交通可达性对上海的企业空间布局具有重要影响，大多数企业都位于交通可达性较强的主要交通干线上。加快促进交通网络建设，是吸引企业进驻上海的重要因素，也是上海有序疏解非核心城市功能到郊区新城和郊区新市镇的重要前提。在新时代，上海要加快建设与全球城市功能相匹配的对外对内综合交通系统。利用完善的交通网络强化新城与主城区快速联系和对外辐射的能力，促进中心地区和外围地区，以及外围地区之间的联动发展。与此同时，完善货运枢纽布局，发展多式联运的现代货运物流体系，强化上海的枢纽型功能引领。

5.6.3 提升全球城市核心功能

建成“五个中心”和卓越的全球城市的发展定位，意味着上海必然要提升已有的金融、贸易、航运、文化和科技创新等城市功能能级。受城市空间约束趋紧限制，优化上海城市功能结构，促进约束趋紧下的睿智发展已经迫在眉睫。在新时代，上海应加快集聚科技创新高端要素，营造激发创新活力的制度环境，提升信息通信枢纽服务水平；探索金融城和自贸区建设，加快建设高品质的商务集聚区；加快先进制造业的集聚和传统产业的转型升级，促进产业向高端化、服务化、集聚化、融合化和低碳化发展。强化上海在金融、贸易、航运、文化和科技创新等方面的功能引领。与此同时，通过优化用地结构、实施财税政策、制定标准等手段，例如减少低效率工业用地量供给，有序推进非核心城市功能向上海近郊区的新城、新市镇以及我国中西部地区疏解。重点疏解与城市功能发展定位不符合的产业，严格淘汰高污染、高能耗和低产出的企业。

5.6.4 营造良好的营商环境

良好的营商环境是上海对外沟通与联系、互动与交流、竞争与合作的重要依托，也是衡量上海城市文明程度的重要标志。中央政府赋予上海建成“五个中心”和卓越的全球城市的发展定位，意味着上海的城市功能除了服务于全国，还应当在支配全球高端要素和战略资源中占据主导地位。打造法治化、国际化和便利化的国际一流营商环境，使上海成为贸易投资最便利、行政效率最高、服务管理最规范、法治体系最完善的城市之一，有利于上海吸引更多优质跨国企业、大型项目以及本土企业总部。市场作为推动上海城市功能结构演化的根本性力量，企业又是市场的重要主体之一，只有大力引进跨国企业总部、外资研发中心等总部经济，才能有效地提升上海的国际化水平，增强上海的国际影响力。在新时代，上海应积极打造良好的营商环境，推动城市功能结构转型升级：（1）持续提升营商环境法治化水平，大力营造全社会依法依规营商办事的浓厚氛围；（2）不断提升上海市的营商环境国际化水平，例如，探索建立国际化知识产权保护体系；（3）推进“放管服”改革。

5.7 本章小结

城市发展与功能演化是影响城市移民与公共政策最为重要的内在机制。本章旨在通过研究上海的城市功能结构演化及其驱动机制，揭示上海城市功能定位和结构演化的历史轨迹，为揭示上海城市移民的发展演化变迁的历史提供宏观背景。对上海城市发展定位的历史演变进行回顾，并梳理迈进中国特色社会主义新时代之后的上海城市发展定位，发现上海的城市功能经历了由单一到多元综合、由低级到高级、由“本土化”到“国际化”的演变过程。上海城市功能演化受制定城市发展规划、城市治理策略以及财政、税收等区域经济政策以及外资企业进入、信息技术发展和可通达性等途径影响。在社会主义市场经济体制下，政府在产业和经济的发展中只起规划、引导和调控作用，决定了其在城市功能结构演化过程中仅起引导和促进作用；市场作为配置资源的主要方式，决定了其是驱动上海城市功能结构演化的根本性力量。未来上海将要构建新型城乡发展格局、加快构建综合交通网络体系、全面提升全球城市核心功能等政策和思路将会深刻地影响上海城市发展和功能结构演进，也会影响上海城市移民的规模和结构。

第6章　上海城市移民发展概况与特点

城市移民的大量涌入为上海的崛起注入了生生不息的活力和强劲的动力，如何管理好、服务好城市移民是新时代上海高质量发展的关键一环。本章将上海城市移民演变历程划分为三个阶段：开埠至中华人民共和国成立、中华人民共和国成立至改革开放及改革开放后，着重分析比较这三个阶段内上海城市移民的发展概况与特点。上海作为典型的移民城市，除来自国内其他省份的移民外，国际移民也是上海移民人口构成中不可忽视的组成部分，上海自开埠以来一直是中国国际移民的主要目的地，随着上海高质量对外开放的深入，越来越多的国际移民将不断涌入。与此同时，本章也从空间视角探讨了上海本籍常住人口、外来常住人口和外籍常住人口的空间分布演变态势。

6.1　上海城市移民的发展演变

6.1.1　开埠至中华人民共和国成立

上海在历史上是典型的移民城市，19世纪中叶至20世纪中叶，就有“帝国的飞地，移民的天堂”之称。1842年上海开埠后，发展极为迅速，不仅超越了在政治、经济、文化等方面占据绝对优势地位的周边历史名城，而且一举成为中国乃至亚洲最大的中心城市。上海由一个普通的地区商埠迅速发展成为全国经济中心和远东金融中心，其中的基本动力便是移民（王世军等，2009）。开埠后，得益于优越的地理条件、特殊的政治格局和多功能中心城市的集聚效应，大批城市移民涌入上海，并与其他各种有利因素汇聚成强大的发展定势，为上海的崛起注入新鲜活力和强劲动力，成为上海快速发展的重要资源之一（李瑊，2001）。根据公共租界和华界人口统计数据，公共租界内上海本籍人口在1930年占比最大，但也仅为22%，华界则是在1929年和1932年两个年份的上海本籍人口占比最大，但占比也仅为28%；公共租界内本籍人口的最小比例是1885年的15%，而华界则是1936年的24%（邹依仁，1980），可见城市移民在上海人口结构中占据着绝对优势（表6-1）。

表6-1　1930年上海男女性别比例一览表

区　域	男性人数	女性人数	男女比例/%
华　界	972 985	719 350	135
公共租界	437 300	280 709	156
法租界	228 218	153 066	149

资料来源：根据邹依仁《旧上海人口变迁的研究》内容整理。

1842年开埠以后，移民上海成为一时之潮流，上海人口规模迅速膨胀，1852—1949年，人口数量由54.4万人增加到了545.5万人，其中城市移民占上海总人口比例达到84.9%（杨丽萍，2006）。上海的城市移民主要来源于苏、浙、皖、闽、粤、晋、云等省份，其中，来自苏、浙两省的移民人口占上海城市移民人口总数的比例分别达到48.0%和25.7%，远高于其他省份和地区。除苏、浙两个省份以外，来自皖、鲁、粤等省份的移民也占据相当大的比例，其次是长江中游和中原地区各省移民，然后是西南、西北各省和东三省的移民。彼时，迁沪移民多数集中在外国资本家开办的船舶修造厂、出口加工类企业以及国内资本创办的近代企业中。上海外贸中心地位的确立带动了金融、加工运输和商品交易等行业的发展，创造出大量就业机会，吸纳更多迁沪移民。尤其是19世纪80年代以后，上海近代工业开始崛起，上海城市的人口容量大大扩大，最能吸收劳动力的轻纺工业逐渐成形，大量移民的迁入满足了上海经济发展的需要。除了工商企业，还有数量颇多的迁沪移民从事服务业职员、家用仆佣、学徒店员、人力肩夫等职业。可见，近代上海的迅速崛起离不开城市移民的贡献。

1852—1936 年，上海总人口增长幅度超过 600%，从 54 万余人扩展到了 380 万余人。剔除掉自然增长的人口，380 万余人中至少有 255 万人属于迁沪移民带来的机械性增长。1936—1948 年年底，上海城市移民数量累计超过 160 万人，移民人口占上海总人口比例超过了 50%，典型的移民城市人口构成形态就此在上海形成。这种特殊的人口构成形态主要源于上海开埠后的三次“移民潮”。

1855—1865 年，上海迎来第一次城市移民高峰。由于太平天国运动，长江中下游地区尤其是苏、浙一带，战事频繁，出于避难目的，大量城市移民涌进政治上比较稳定、经济上更有吸引力的上海，在这期间上海接纳的城市移民人口累计达到 11 万人。社会经济的发展决定人口的增减变动，而人口的增减变动对社会经济的发展也起着重要的反向作用。一般来说，社会经济的发展要求城市保持着与物质资料生产相适应且能产生最大效益的适度人口。由于居住地的人口压力、自然经济的瓦解、战乱灾荒的社会动荡以及上海城市的吸引力等各种“推拉力”的作用，大量移民蜂拥而至，给上海的经济发展带来了充裕的劳动力资源。

1910—1927 年，上海迎来第二次城市移民高峰，移民数量累计超过 136 万人。随着城市移民人口占总人口的比例的加大，“上海人”这一群体概念在 20 世纪 30 年代逐渐形成，其文化意蕴超越了地域内涵，在某种程度上已失去了籍贯上的意义，更多的是文化上的认同。这是工业化、移民社会和环境推力等社会经济要素共同作用的结果。

1937—1949 年，上海迎来第三次城市移民高峰。这期间的城市移民大多是出于躲避战乱的目的，12 年间累计增加移民 70 万余人。经历过这三次移民高峰，上海人口剧增，为上海发展成为具有世界影响力的国际大都市提供了充足的人力资本资源。

大规模城市移民的涌入为上海社会经济的发展提供了充足的人力资本，这些迁沪移民大多为未婚、年轻且有一技之长的男性，是质量较高的劳动力。

20 世纪 30 年代，上海的男性人口在总人口中占据绝对优势地位，21~60 岁年龄段的适龄劳动人口合计占比达 57.31%（表 6-2），亦占据绝对优势，这种黄金人口比例得益于城市移民，它保证了上海在近期内经济增长所必需的劳力后备资源。

表 6-2 1935 年华界人口年龄构成统计表

年龄段/岁	人 数/人	占总人口比例/%
<1	48 163	2.37
1~5	197 120	9.70
6~12	230 028	11.30
13~20	332 066	16.34
21~40	768 503	37.81
41~60	396 330	19.50
61~80	57 698	2.84
81~100	2 490	0.12

资料来源：邹依仁《旧上海人口变迁的研究》。

迁沪移民多以经济活动人口为主，多为技术见长、年富力强的劳动力，是上海近现代工业早期技术工人的生力军和主力军。此外，出于上海良好的投资环境和宽松自由的社会氛围，数量颇多的高层次的经营者和技术性人才被吸引，成为入沪移民的一部分，进而形成良性循环。大量来沪移民（剔除难民）的数量、文化程度、劳动技能以及年龄、性别等各种构成都有利于经济发展，不仅为上海节省了一大笔职业培训教育的人口投资费用，也使上海人口素质相对提高，其形成的集聚效应，对上海经济发展产生了不可估量的作用（陈真等，1957）。城市移民为上海资本主义发展提供了大量的货币资本。在迁沪移民中，有相当一部分是因战乱等原因被迫迁移的乡绅富商，这类移民往往带来大量的货币财富，虽然这些资金不能够完全被投注于近现代工商业，但终究会有相当大的一部分货币资金直接或间接地流入资本市场。在极度缺乏原始性资本积累的近代上海，地主、绅商、官吏和贫民等各类移民带着一定数量的货币资金迁居沪上，这在某种程度上，是货币资金的有益流动，构成了上海资本主义发展过程中重要的一笔原始积累，无疑为上海的社会经济提供了货币“血液”①。

城市移民的大量迁入促进了上海消费市场的初步形成，并使之在短期内迅速扩大。20 世纪 20 年代中后期，南京路已跃居为国内最负盛名的商业购物街，五大马路著称于时，静安寺、霞飞路、小东门和公馆马路等地也初具商业规模。社会创造的最终产品的唯一消费者是人口，而城市移民人口的大量集聚，使得上海一度发展成为当时国内唯一的“大商场”。同时，各类服务行业也相继兴起，餐馆、茶楼、照相馆、出租业以及娱乐业等服务类行业迅速发展。20 世纪 30 年代初期，上海的大小店铺数量约为 7.2 万户，至 1936 年，数量已增涨至约 8.6 万户。商业网络的逐步形成，扩大了上海的辐射范围，推动了上海从传统的地方性市场迅速地发展成为近代化的商贸中心市场，为资本主义商品经济的形成和发展提供了良好的市场条件和销售环境，并因此积累了大量货币资金，作为资本主义经济进一步发展的重要原始积累。同阶层的移民迁至沪上，不仅影响着上海的商品生产、流通、需求数量、消费结构、消费水平及商业网点的设置，催发着商品市场的进一步扩大和发展，也直接刺激了以纺织、食品等消费工业为主体的上海民族工业的飞速发展（邹依仁，1980）。

迁沪移民推动上海形成新型的以业缘为纽带的职业社会。城市移民以各自的籍贯属地、受教育水平、职业类别、财产收入和文化背景等方面的相同或相似而形成并融入不同层次类别的社会群体中。近代上海会馆、行会、同业公会和同乡会大量涌现，仅上海开埠后至 1911 年先后组建的同乡、同业团体就达 87 个；至 1936 年年底，上海工商各业同业公会总数达到 236 个。这种特殊现象充分说明了主要由移民组成的上海城市居民与宗族关系的日渐疏离，促成了血缘社会的解体。

迁沪移民在增加上海总人口数量的同时，也促进了上海社会分工的细化。具有不同背景的移民涌入使得上海的文化和职业构成产生很大的异质性，这些潜在的差别又促进了社会进一步分工。根据不完全统计，1909

---

① 浙江省政协文史资料委员会编.《浙江近代金融业和金融家（浙江文史资料第 46 辑）》，浙江人民出版社 1992 年版，第 171 页.

年上海至少有 165 种行业，说明当时上海的分工已达到较发达的程度。日益发达的劳动分工和社会分化进一步促进了上海的商品经济更加迅猛地发展。

但同时，大规模的城市移民人口涌入也给上海带来了一系列负面影响。与西方国家人口城市化和工业化并行发展、互为因果的模式不同，上海的城市移民并非源于大机器工业的发展把农业人口转移到工商业上，而是由于中国小农经济解体、战乱以及灾荒迫使农业人口迁移到城市中。由于近代中国资本原始积累严重不足，导致即使国内工业化程度最高的上海，在资本主义经济发展上也极度滞后于西方发达国家，因此，以农村剩余人口为主要组成部分的入沪移民既不是资本主义生产发展的结果，也不可能完全被发展严重不足的工业部门所吸收，从而只能最终成为“隐蔽的失业者”，这也导致众多的城市问题，如人口膨胀、交通滞塞、管理混乱和帮会势力盛行等。

即使存在着上述负面问题，也不可否认迁沪移民对于近代上海经济发展和社会进步起着至关重要的作用。移民不仅展现出了为上海发展提供资金、劳力等“外显功能”，还展现出了改变上海人的价值观念乃至社会结构的“潜在功能”。

6.1.2 中华人民共和国成立至改革开放

中华人民共和国成立后，上海社会经济逐渐恢复并得到发展，此时大规模的城市移民潮再度兴起，城市总人口数量一路猛增，给社会稳定和经济发展增添了隐患。为此，上海市政府开始逐渐缩紧移民政策，对入沪移民施以积极调控，这在一定程度上遏制了上海人口的过度膨胀。

上海是一个典型的移民城市，至 1949 年，上海已经拥有人口 545.5 万人，城市移民人口占 85%，是中国最大的工商业城市和经济文化中心（邹依仁，1980）。在迁入地吸引力驱动下的城市移民，其在本质上是一种无政府状态的自主迁移，这种迁移一方面给上海发展带来了无限生机活力，但同时，也给社会造成一定程度的混乱和不必要的浪费，特别是在新中国政权建设的肇始阶段，这种表现尤为突出。中华人民共和国成立伊始，上海社会经济混乱、民生凋敝，生产生活保障曾经一度供给不足。维持全市生产生活的大米、棉花和煤炭储存量极为有限，人民政府历经 10 个月之久，才结束了物价动荡和市场供应混乱的局面。随即上海又陷入另一困局——失业以及由此造成的普遍贫困。1949 年 5 月上海解放时，失业人数达到 25 万人，1950 年为 16 万人，1952 年为 18.9 万人[①]。社会贫困普遍存在。与此同时，人口迁入经过解放初期的低迷之后，再度出现大幅增长的趋势。1951 年上海迁入人口高达 100.4 万人，此后几年一直保持猛增势头。除此之外，在解放初的前三年里，始终有相当数量的灾民和难民涌入城市，人数在 160 万人以上。由于缺乏基本的生活保障，其往往成为危害社会的不安定因素。面对上述困难局面，上海市政府开始逐渐收紧控制迁沪移民政策，并从迁入和迁出两个方面同时展开，实施迁移控制政策。

中华人民共和国成立后至改革开放前这段时期，上海城市移民主要包括以下三种类型。（1）投亲型移民。随着上海社会的稳定、经济的恢复和发展，大量投亲型移民迁入上海，包括婚迁、家属随迁、父母投靠子女、两地分居夫妇投靠配偶、外地沪籍经营者回流等。据统计，1954 年迁入上海定居的 19 万人口总量中有 46.57%来自农村投亲者（胡焕庸，1987）。据上海市 1955 年 7 月底调查，全市 659 万多人中，基本人口占 17.31%，服务人口占 16.5%，被赡养人口和其他人口占到 66.19%，而三四十年代上海这类人口所占比例均未超过 50%（忻平，1996），投亲型移民的规模由此可见一斑。（2）调动、就学型移民。解放初期，为了巩固上海新政权，中央从各地调集了大批干部前去上海，接管各类机关（熊月之，1999）。同时，上海有高校 44 所，占全国的四分之一，因此每年有大量的求学移民涌入上海。调动、就学型移民在接管、稳定和发展上海方面发挥了重要作用，成为对上海进行社会主义改造的主力军。（3）盲目流入型移民。这类移民严重影响上海社会经济的稳定与发展，加大了社会保障系统的压力。为了加强城市管理，上海采取了严格的人口控制措施。1958 年，

① 中共上海市委党史研究室：《历史巨变（1949—1956）》，上海书店出版社 2001 年版。

《中华人民共和国户口登记条例》颁布并实施后，上海大规模的自发性城市移民现象逐渐消失。

鉴于上海特殊的政治经济地位，改革开放前的这段时期内，上海市政府对城市移民采取较为严格的控制政策，并将其纳入政府宏观管理体制，因而，这段时期的上海城市移民特征比较独特。迁移方式上，上海城市移民有序流动。为了应对中华人民共和国成立初期大规模的城市移民流入造成的城市管理难度加大的状况，上海开展了控制人口迁移政策的尝试，对城市移民开始进行有计划的征集、调动和招收，过去零散的、非组织的和自发性的城市移民规模日趋缩减，城市移民逐渐呈现出有序流动的特点。迁移类型上，城市移民愈加趋于多元化。上海城市移民可以划分为主动型城市移民和被动型城市移民两类（杨丽萍，2006）。主动型移民又可以被细分成谋生型、求学型、享受型和投亲型等类型。被动型移民又包括避难型、调动型、支援型和遣送型等类型（图 6-1）。其中调动型、支援型移民群体具有一定的特殊性，这类移民迁移动因往往兼具主动性和被动性两种。既有国家出于对生产力布局的考虑，进行组织统一抽调的情况，也不乏响应国家工业化号召，主动请缨的情形。

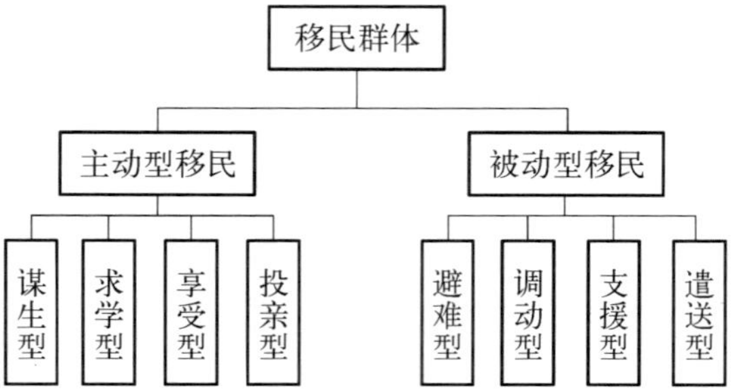

图 6-1　上海城市移民类型图

中华人民共和国成立初期，上海城市移民规模波动较大。1951—1954 年为大迁入期，而 1955—1956 年又迅速转为大迁出期。在大迁入期，上海城市移民数量累计达到 294.6 万人，年均迁入移民数量达到 58.9 万人。在大迁出期，上海城市移民不增反减，期间共迁出移民 129.0 万人，年均迁出移民数量达到 64.5 万人。1951—1956 年，涉及的上海城市移民人口累计达到 752.7 万人。1951 年城市移民数量最多，达到 100.4 万人，而 1955—1956 年，由于大规模城市移民迁出，上海出现正常年份罕见的负增长现象，自开埠以来，只有在 1932 年、1945 年和 1949 年战争影响下才出现过这种现象，并且不具连续性（杨丽萍，2006）。

1955—1978 年，为了支援国家建设，上海实施有组织的移民活动，以移民输出为主，主要表现为参军参干、外出求学、支援大西北、失业职工返乡、支援大小三线及知青上山下乡等移民迁出活动。相比较而言，上海接收的城市移民数量相对有限，移民群体主要源于干部南下、部队复员、转业、退伍、大专院校毕业生分配、知青回城和落实政策等。这段时期，由于支内、支边和大量知识青年“上山下乡”，上海移民迁出远远大于迁入，上海作为移民城市的特点和优势消失殆尽（葛剑雄，1997）。据统计，1949—1982 年，上海移民净迁出数量累计约达 74.5 万人（王世军等，2009）。

在中华人民共和国成立初期阶段特殊的历史背景下，上海市政府对移民政策进行调控，由以往传统的自由放任的人口迁移政策转变为收缩控制的移民政策，这使得该时期上海的人口迁移表现出与以往截然不同的特点，这些变化深刻影响了上海社会。

（1）入沪移民政策的收紧，有效放缓了上海人口的增长速率，缓解了由城市人口过度膨胀引发的社会公共资源紧张的问题，为整个城市社会经济的恢复和发展营造出一个较为宽松稳定的环境。

（2）城市人口的一些构成呈良性转变。一是性别构成。中华人民共和国成立前，迁沪移民大多是青壮年男性，这就导致了上海人口性别比例的严重失衡，从而引发了一系列社会问题。中华人民共和国成立以来，迁入人口中占主导地位的是投亲型移民，女性人口较多；但与之相反，在迁出人口中支援型移民占据主要部分，这类移民往往男性比例较高，这样一来，女性人口占比逐渐上升，上海性别比例失衡问题得以有效缓解。二是文化构成。中华人民共和国成立后，由于种种原因，即使是知识分子也面临严峻的就业压力。1952 年，上海市登记在册的失业知识分子达 3 万余人，其中不乏大学以上高学历者。为支持国家提出的第一个五年计划，上海市政府组织了大规模的支援活动，至 1959 年，累计迁出支援型移民数超过 150 万人，其中包括大量熟练技工和高级技师。大批技术性人才的迁出既有效缓解了上海社会经济转型时期面临的结构性失业问题，也有效提高了人才资源的使用效率。

需要指出的是，中华人民共和国成立初期上海实施紧缩的城市移民政策，是党和政府在城市人口管理方面一次有益的探索性尝试，但在实施过程中，也不可避免地产生一些意外结果。这就是，随着户籍制度的实施，上海控制人口迁移政策日益严格，人口的机械变动渐趋呆滞和封闭，城市现代化不可或缺的人才、资金、技术和劳动力流动被截断，导致人才、劳动力交流困难。

6.1.3 改革开放后

1978 年改革开放后，上海经济开始进行市场化改革，尤其是在邓小平南方谈话及浦东开发开放后，上海城市移民规模开始急剧膨胀。1982 年移民数仅为 53.8 万人，1984 年和 1988 年分别增至 75.9 万人和 105.8 万人，1993 年到达一个小高峰后略有回落。之后则保持较快的增长速率，2007 年达到 660.3 万人，2008 年小幅下降后，2009 年城市移民总数达到 695.8 万人，比 1982 年增长了近 12 倍，占到了上海人口总数的一半。

上海作为“移民城市”的特点表现得越来越明显。除 1979 年由于落实政策造成城市移民骤增外，其他各年城市移民增幅都较为平稳。1978—1995 年，平均每年有 22.61 万的城市移民。2010 年第六次全国人口普查主要数据公报显示，上海市全市常住人口为 23 019 148 人，同 2000 年第五次全国人口普查结果相比，10 年共增加 6 281 414 人，增长 37.53%，年平均增长率为 3.24%，其中，城市移民为 8 977 000 人，占全市常住人口的 40.6%，年平均增长率为 9.99%。截至 2017 年年底，上海城市移民已达到 972.69 万人。表 6－3 所示为上海市主要年份人口迁移及人口增长情况。可见，进入 21 世纪，上海人口增长已从自然增长为主转为城市移民为主。在移民历史上，上海又迈入一个逐渐发展的时期。大批城市移民涌入上海，他们几乎遍布各行各业。

表 6－3　上海市主要年份人口迁移与人口增长情况

年　份	迁　入		迁　出		机械增长	
	人口/万人	迁入率/‰	人口/万人	迁入率/‰	人口/万人	迁入率/‰
1990	12.18	9.52	10.72	8.38	1.46	1.14
1995	13.12	10.09	6.47	4.98	6.65	5.11
2000	15.16	11.51	5.32	4.04	9.84	7.47
2001	14.63	11.05	5.56	4.20	9.07	6.85
2002	15.41	11.58	4.38	3.29	11.03	8.29
2003	14.92	11.15	3.69	2.76	11.23	8.39
2004	13.93	10.34	2.74	2.03	11.19	8.31
2005	12.96	9.55	3.46	2.55	9.50	7.00
2006	12.86	9.43	3.50	2.57	9.36	6.86
2007	14.69	10.70	3.95	2.88	10.74	7.82
2008	17.28	12.48	4.29	3.10	12.99	9.38
2009	15.72	11.26	4.77	3.42	10.95	7.84
2010	17.22	12.24	4.97	3.53	12.25	8.71
2011	13.15	9.29	5.33	3.76	7.82	5.53
2012	12.96	8.11	5.89	4.14	7.07	3.97
2013	12.12	8.48	6.06	4.24	6.06	4.24
2014	11.55	8.05	5.78	4.02	5.77	4.03
2015	11.61	8.06	5.32	3.69	6.29	4.37
2016	11.25	7.78	4.64	3.21	6.61	4.57

资料来源：《2016 上海市统计年鉴——人口》。

伴随着上海经济的快速发展，进入上海的企业数量剧增，加之交通、通信、教育、医疗和卫生等公共服务日益完善，大量城市移民流入上海。据统计（表 6－4），在 2000—2016 年，上海全市人口总量增长近 1 倍，由 2000 年的 1 321.63 万人，增加到 2016 年的 2 419.70 万人，已经非常接近将 2020 年常住人口控制在 2 500 万人以内的目标。在浦东新区、黄浦区和徐汇区等 16 个城区中，只有黄浦区的人口总量呈现明显下降趋势，浦东新区等其他 15 个城区基本上保持小幅增长或急剧增长的态势。徐汇区、长宁区、静安区和杨浦区等中心城的人口总量增长较缓慢；而松江区、青浦区和嘉定区等郊区新城的人口总量增长迅猛，几乎都增长 1 倍以上。2016 年，浦东新区的人口规模最大，达到 550. 10 万人，其次为闵行区和宝山区，两区的人口总量也都已超过 200 万人。城市人口总量的持续上升，不可避免地增加了基础设施、公共服务和资源环境等方面的压力。

表 6－4　上海主要年份人口规模及人口密度

地　区	年末常住人口/万人				人口密度/（人/km^2）			
	2000 年	2005 年	2010 年	2016 年	2000 年	2005 年	2010 年	2016 年
全　市	1 321. 63	1 778. 42	2 302. 66	2 419. 70	2 084	2 805	3 632	3 816
浦东新区	234. 17	367. 76	504. 73	550. 10	1 935	3 038	4 170	4 545
黄浦区	101. 77	78. 01	67. 84	65. 62	49 741	38 128	33 157	32 072
徐汇区	86. 77	98. 59	108. 52	108. 56	15 846	18 004	19 817	19 825
长宁区	60. 49	67. 18	69. 06	68. 87	15 794	17 540	18 031	17 982
静安区	106. 63	101. 46	107. 71	106. 78	28 913	27 511	29 206	28 953
普陀区	84. 27	110. 60	128. 88	128. 23	15 369	20 171	23 505	23 387
虹口区	80. 36	78. 26	85. 23	80. 50	34 225	33 330	36 299	34 314
杨浦区	107. 95	120. 32	131. 30	130. 94	17 775	19 812	21 620	21 561
闵行区	65. 40	130. 54	243. 12	253. 98	1 760	4 817	6 558	6 850
宝山区	80. 95	170. 76	190. 56	203. 05	1 949	4 594	7 032	7 493
嘉定区	48. 64	94. 28	147. 20	157. 96	1 060	2 055	3 171	3 403
金山区	53. 01	59. 21	73. 25	80. 51	905	1 010	1 250	1 374
松江区	49. 55	88. 58	158. 34	176. 48	819	1 465	2 614	2 914
青浦区	45. 89	73. 75	108. 19	121. 49	679	1 092	1 614	1 813
奉贤区	50. 42	73. 44	108. 41	116. 74	733	1 068	1 577	1 698
崇明区	65. 36	65. 68	70. 34	69. 89	628	554	593	590

资料来源：根据上海历年统计年鉴整理。

截至 2016 年年底，上海人口仍然主要集聚在黄浦区、虹口区和普陀区等中心城，人口密度偏高；奉贤区、金山区和崇明区等郊区新城人口集聚缓慢，人口密度普遍偏低，中心城和郊区新城之间的人口空间结构不够合理。据统计（表 6－4），2000—2016 年，上海全市人口密度持续上升，从 2000 年的 2 084 人/km^2上升到 2016 年的 3 816 人/km^2。从中心城和郊区新城划分来看，中心城中仅有浦东新区、闵行区和宝山区的人口密度低于10 000 人/km^2，但高于 3 816 人/km^2的平均水平；徐汇区、长宁区、静安区、普陀区、虹口区和杨浦区等中心城的人口密度均高于10 000 人/km^2，虹口区和黄浦区更是超过 30 000 人/km^2，分别达到34 314 人/km^2和 32 072 人/km^2。此外，松江区、青浦区、嘉定区等郊区新城的人口集聚缓慢，人口密度均不足 3 500 人/km^2，均低于全市 3 816 人/km^2的平均水平。人口过度集聚在中心城，会引发中心城拥堵加剧等一系列问题；郊区新城人口集聚缓慢，则不利于郊区新城承接来自中心城的非核心城市功能。

上海城市移民群体主要分为三类。第一类为农民工。这类城市移民的产生始于 20 世纪 80 年代，在邓小平南方谈话及浦东开发开放后，为迎合上海经济社会发展的需要，这类移民群体数量开始大规模增长，充当着上海城市建设的主力军和生力军。第二类为高级技术人员、知识型白领和投资创业者。这类群体是上海经济发展的主力军和先锋。第三类为海外移民。伴随着全球化发展，跨地区、跨国家的国际移民日趋活跃频繁，其规模也日益庞大。改革开放后，上海作为中国经济最发达、开放程度最高的国际化大城市，吸引了大批国际移民。因此，上海的城市移民除来自国内各省（区、市）以外，还包含 40 万的境外移民，其中有 10 万是来自世界 119 个国家的外籍人士，其他则是港澳台同胞。这类移民群体大多以商务经营和经济活动为主要迁移动因，由公司派遣为主，以短期和中长期居留为主要迁移类型并频繁地往返于两地之间，是典型的往返性移民和巡回性移民。

20 世纪 90 年代，上海市政府逐渐深入实施劳动用工制度和户籍制度等各项与移民联系紧密的政策改革，特别是对浦东的开发开放，吸引了大量城市移民涌入，上海的城市建设和经济发展驶入“快车道”。进入21世纪，上海城市移民增速略有放缓，但绝对数量依旧很大。2005年，上海成为全国城市移民人口数量最大的城市。数量的急剧增加使城市移民占上海总人口的比例从1983年的4%快速上升至2010年的40.6%。2015年城市移民数量比1993年增长了291.1%。2000—2015年，城市移民数量从305.74万人增加到了981.65万人，增长幅度达到221.1%，年均增加45万人。2015年，上海城市移民出现新变化，移民规模首次出现缩减，比2014年减少了10.41万人（许璇，2016）。

上海城市移民除了在增量和增速上发生变化以外，在年龄结构、文化程度、区域分布和来源等方面还呈现出以下特点。（1）城市移民的年龄构成以青壮年劳动力为主体。2000—2010年，劳动年龄城市移民占移民总数的比例从85.61%上升到了88.86%。（2）城市移民的受教育程度明显提升。2010年，大专及以上文化程度移民占14.1%，高中文化程度移民占16.3%，比2000年上升了15.5个百分点。上海作为全国经济、文化和科技创新最发达的城市之一，正吸引着越来越多的高学历人才。上海市政府通过出台系列人才引进政策大力引进各类高素质人才，取得了一定效果。但在纽约、香港、新加坡、北京、广州、深圳、西安和武汉等国际对标、国内同级以及国内二线城市的人才政策冲击下，上海人才集聚优势不明显。巨大的人才数量缺口，难以适应上海经济转型发展需求。上海第五次人口普查（简称“五普”）和第六次人口普查（简称“六普”）数据显示，2010年大学本科及以上学历人口达到240.13万人，是2000年的3倍；具有研究生以上文化程度人口，从“五普”的7.62万人上升为“六普”的42.18万人，增长速度较快。但总体而言，大专及以上文化程度的人口比例仍低于北京、南京和武汉等城市。（3）上海城市移民大多集中在近郊地区。2010年第六次全国人口普查数据显示，浦东新区、闵行区、松江区、嘉定区和宝山区是上海城市移民主要集聚的区域，5个区共容纳移民575.97万人，占城市移民总数的64.2%。（4）上海城市移民来源广泛。2010年第六次全国人口普查数据显示，皖、苏、豫、川、浙和赣6省是上海城市移民主要来源地，占移民总量的比例分别为29%、16.7%、

8.7%、7%、5.4%和 5%，合计达到 71.8%（许璇，2016）。

大量的城市移民涌入上海，给上海社会经济发展带来了活力，但同时也带来了一系列的问题，加大了上海城市管理的难度。上海作为一个常住人口超过千万的特大城市，土地、水、能源、公共设施和教育医疗等方面的承载能力逐渐面临饱和。城市移民的迅速膨胀给城市公共服务带来了巨大压力，各种社会问题激增，如犯罪问题、教育问题、环境问题和文化冲突问题等。上海市政府在规划城市未来发展计划时应将城市移民作为重要参数纳入其中，完善城市基础设施和公共服务功能，做好对迁沪移民的服务与管理工作。解决好城市移民问题，是未来上海高质量、可持续发展的关键。

6.2　上海城市外籍移民发展概况

19 世纪中叶，上海开埠通商，开始早期现代化进程，国际移民对于早期上海经济社会的繁荣发展起着不可或缺的推动作用，为日后上海发展成为国际性大都市做出了重要贡献。开埠之初，上海的国际移民只有 26 人，到 1910 年，国际移民人口已高达 15 012 人，不到 70 年，上海国际移民增加了 500 多倍，这在世界大城市的移民史上是十分罕见的。此后，上海国际移民的人数一直在持续不断地增长，1920 年为 2.7 万人，1930 年为 5.8 万人，1942 年多达 15 万人（邹振环，1997）。英法租界作为“帝国飞地”，在近代中国特殊环境下充当了“孤岛”和“蓄水池”作用，容纳了数量庞大的外侨和国内难民，为上海人口和工商业的发展发挥了示范性作用（朱国栋等，2008）。国际移民奠定了近代上海贸易、金融和经济中心的基础，也促进了近代上海的城市建设、市政建设和房地产开发。

20 世纪三四十年代，上海是远东地区的金融中心、贸易中心、经济中心和亚洲最为繁华的国际化大都市，吸引了大量的国际移民和外籍常住人口来此居住。上海是一个移民城市，具有成为国际化大都市的良好历史文化传统。20 世纪中期以来，随着工业化与城市化进程的急速推进，上海逐渐集聚起资本强大的企业，创造出众多工作岗位，在全球化背景下，跨地区、跨国家的人口迁移日趋频繁，商品、资本、人力和信息的完全流动打破了空间上的壁垒，国际移民已经成为城市移民群体中不可忽视的一部分。这批来沪的国际移民从事的职业范围广泛，包括从政、经商、行医、传教、办学和办报等。至 1942 年，分布在上海的国际移民人口总数已达到 15 万人，即使到 1949 年上海解放之时，在沪国际移民人口数量仍达到 2.8 万余人。这些移民主要来自英、法、美、日、德、俄、意、葡、波兰、捷克、印度、越南和韩国等近 40 个国家。

改革开放后的上海是中国经济最发达的地区，也是我国融入经济全球化最深的地区之一。深厚的历史积淀、开放的文化传统、优越的地理区位以及积极的进取精神，使得上海率先成为中国最具国际化的大都市，其全球影响力持续显著增加。因此，上海的城市移民人口除来自国内各省（区、市）外，还有大量国际移民，这类移民在上海已渐渐形成自己的居住群和生活区。

1990 年，上海浦东开发开放，对资金、技术、劳动力等要素需求显著增加，吸引大批国际移民入沪投资。截至 2010 年年底，外国在沪就业者已超 16 万人。在沪国际移民来自全球 152 个国家，其中来自日、美、韩、新、德、马、加、法、澳和英这 10 个国家的移民数量最多，占到来沪国际移民总数的 85%，其中日本人占 31.8%、美国人占 11.7%、韩国人占 8.8%（朱国栋等，2008）。

从数量上来看，2000 年上海外籍移民人口数量为 6.00 万人，到 2010 年人口普查时上海外籍人口数量为 20.86 万人，2000 年至 2010 年上海外籍人口数量增加了 14.86 万人，外籍人口数量增长迅速，但外籍人口在上海总人口中所占的比例上升的幅度较小，仅仅由 0.37% 缓慢地上升至 0.91%。外籍人口比例过低，上升幅度过小，这都说明了上海人口的国际化程度还比较低。普查数据显示来自日本、美国和韩国的外籍移民数量最多，其已经形成了自己的居住群和生活区。来到上海的外籍人口类别以留学人员及家属、驻华机构代表及家属和外资企业工作人员及家属为主，而外国专家及家属的数量较少。

从空间上来看，上海外籍人口已表现出一定的集聚性，常住境外人口主要集中在中心城区的静安区、卢湾区、长宁区、徐汇区及近郊区的闵行区和浦东新区，而且一些街道、镇的外籍人口的集聚性特别明显，虹桥镇、虹桥街道、花木镇和徐家汇街道，外籍人口数量都在 1 万人以上，这些区域逐渐形成了外籍人口的社会文化环境和国际化居住生活区域。上海市的远郊区外籍人口居住和生活较为分散，数量和规模都比较小，还没有形成一些大的集聚区。上海外籍人口空间分布特点体现为空间分布广泛，几乎每个街道、镇都有外籍人口；空间集聚性明显，一些特定的区域集中了大部分的外籍人口。

从某种意义上来讲，浦西外籍人口热点区域形成与法租界（徐汇区、卢湾区）的历史文化影响有关，法租界的历史文化为外籍人口在此居住和生活提供了某种社会文化环境，使外籍人口更容易适应这里的生活环境。许多的领事馆、驻华机构和外资企业在此分布，更加促进了外籍移民热点区域的形成。随着虹桥枢纽的建成，浦西将会吸引更多的外籍人口在此集聚。浦东新区外籍移民热点区域形成是由于改革开放后浦东新区的开发，建立国际金融中心和航运中心，需要引进大量外资和国际化人才，逐步形成的国际化社区增强了外籍移民的集聚性。上海外籍人口随机分布的区域比较大，大部分街道、镇的外籍人口都是随机分布的，而外籍移民较冷点的区域主要分布于远郊区、浦东新区（原南汇区）的部分区域、奉贤区沿海岸的部分区域、金山区和崇明区的大部分区域，这些区域外籍人口数量稀少，由于缺少外资企业和驻华机构，因此外籍人口很少来此居住和生活。

国际移民在上海总人口中的占比较小。虽然 20 世纪 90 年代上海浦东的开发开放吸引了数量众多的国际跨国公司在沪建立地区性总部，大批外籍职工入沪成为往返性移民和巡回性移民，但真正定居下来的国际移民人口数量依然很少，离国际大都市所要求的外籍人口最低比例特征还有一定距离（国际大都市外籍人口比例存在着 5%、8%、15%和 20%四种不同的说法）。2010 年第六次人口普查数据显示，上海居住登记的外籍人口有 16. 24 万人，主要来自日、美、法、韩等国家，其中日本移民有 3. 51 万人、美国移民有 2. 44 万人、韩国移民有 2. 11 万人。从具体的构成上看，

9.56万人属于外企雇用的职员及其家属，1.61万人是学生及其家属。总体来看，居沪国际移民大多来自发达国家和地区，且主要是驻沪跨国公司的高层职工及其家属或者是派遣人员，职业主要分布在教育、制造业、批发零售、文化教育娱乐、电脑服务和软件行业等不同的领域。对比国内迁沪移民，其所从事的岗位大多分布在制造业和服务业。具体来讲，国内迁沪移民中从事制造业的最多，占比达到41.3%；其次是销售业，占18.4%；接下来是住宿餐饮业，占6.8%（张海东等，2017）。在信息产业及金融业中，国内移民所占比例非常低，但国际移民却占有相当大的比例。可见，国际移民在上海更多的是从事高端新兴行业，技术知识类人才居多，符合上海产业结构优化升级、对接国际大都市的需要。

一座城市外籍移民的比例代表了该城市的国际化程度和对国际人才的吸引力，是一座城市国际竞争力的主要指标之一，这个指标反映了城市在经济全球化过程中能在多大程度上吸引跨国公司、外国留学生和外国人才移民。目前上海外籍人口比例比较低，2010年上海市第六次人口普查数据显示外籍人口数量为20.86万人，占上海总人口的比例仅仅为0.91%，相比较而言，2010年美国人口普查数据显示纽约州国外出生人口数量为429.76万人，占总人口比例为22.16%，纽约市国外出生人口数量为304.23万人，占总人口比例高达37.17%，吸引了大量的国际移民。上海外籍移民比例过低表明了将上海建设成为具有国际竞争力的城市还需要一定的过程。虽然上海人口国际化程度较低，但是外籍人口形成了空间集聚，产生了集聚效应，并形成了一定的社会文化环境，增强了外籍人口的社会融合，为吸引更多的国际人才提供了良好的环境。

6.3 上海城市移民的空间演变

6.3.1 上海人口的空间演变

上海人口分布仍以“摊大饼”模式为主导，多中心城市空间结构初现端倪。90 年代，受经济水平特别是交通条件的制约，上海人口向郊区分散分布的距离有限，中心城区呈“摊大饼”式向四周蔓延。2000—2010 年，即便交通基础设施比较发达，“摊大饼”式蔓延扩散仍是全市人口分布变动的主导模式。通过对上海“五普”数据分析可知，除郊区少数几个老城区以外，2000 年上海人口密度在 3 000 人/km ^{2}以上的区域主要局限在外环线以内及附近地区，每平方千米超过万人的区域主要局限在中环线以内及附近地区（图 6-2）。而“六普”数据则表明，2010 年上海人口密度在 3 000 人/km ^{2}以上的区域在空间上圈层状连续地向外环线以外推进，每平方千米超过万人的人口密集区也在向外扩张，突破外环线分布到了宝山和闵行两区的部分街道镇（图 6-3）。

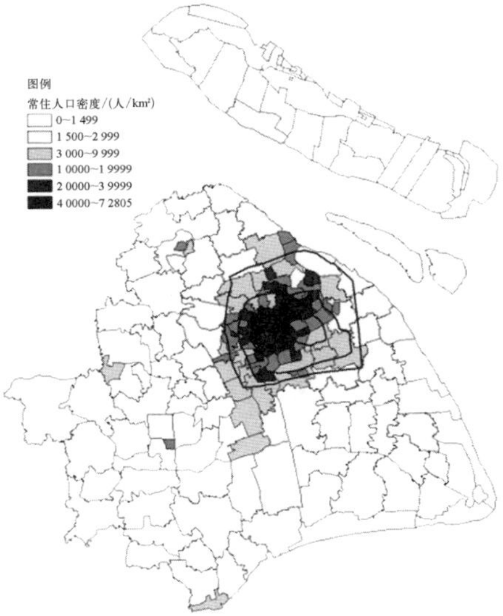

图 6-2　2000 年上海人口密度空间分布态势

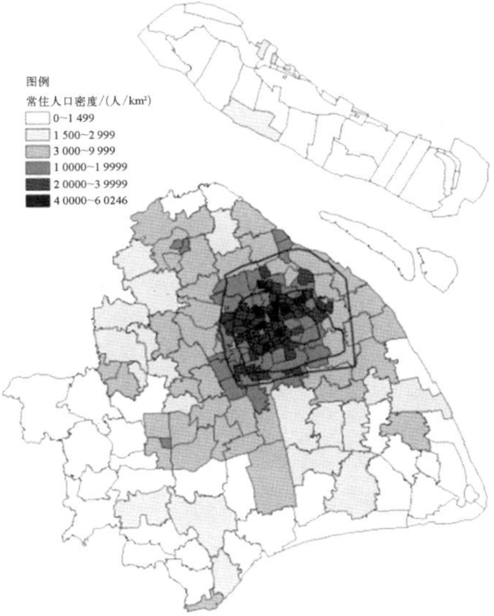

图 6-3　2010 年上海人口密度空间分布态势

上海郊区不再是单一成片的人口稀疏区，而是出现了几个人口集聚副中心，多中心的大都市区空间结构初现端倪。如图 6-4 所示，从 2000 年与 2010 年东、南、西、北四个方向的人口密度曲线来看，共同的趋势是人口分布曲线变得更加缓和，人口密度从断崖瀑布式下降逐步向滑梯式下降转变，说明城郊人口密度差异减小；人口密度曲线均在 20 km 以外出现不同程度抬升，而且这种抬升并非均衡抬升，西向密度曲线分别在约 27 km 和 35 km 处出现小高峰，南向密度曲线在 33～36 km 处出现小高峰，北向密度曲线在约 27 km 处出现小高峰。2000 年郊区地带仅有零星分布的人口密集小块区域，经过 10 年的发展，原有人口密集点的人口密度变得更高。如郊区嘉定、青浦和松江三个区的老城区，有些街道镇的人口密度已经超过每平方千米一万人，同时以这些既有点为中心向外扩展。数据分析显示，当前上海人口空间分布呈现出单中心蔓延与多中心集聚模式并存的演变态势。

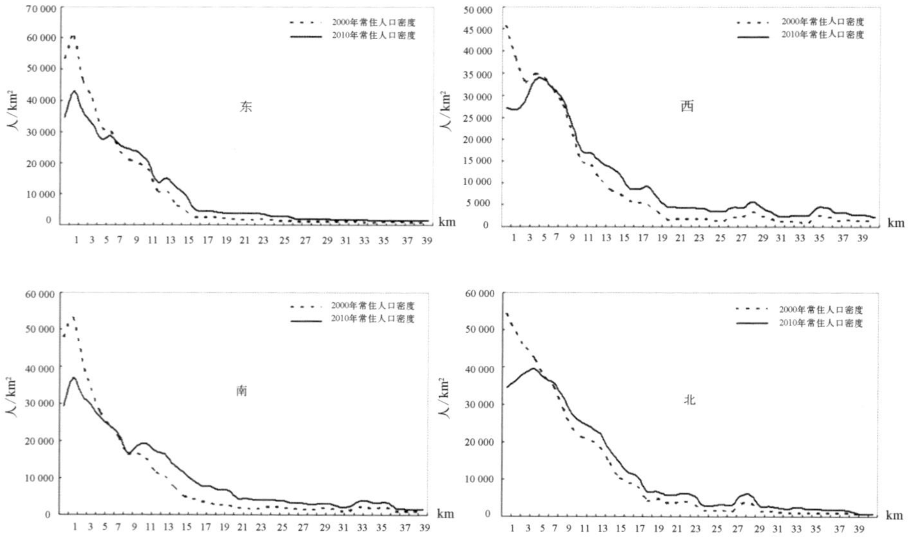

图 6－4　2000 年与 2010 年上海不同方向人口密度的空间分布与变动

就上海各地区城市移民绝对量而言（表 6－5），外环沿线各地区相对高于其他各地区，绝对量与常住人口数及地区面积等呈正相关。浦东新区作为上海面积最大、改革力度最强的一个区，其接纳的迁沪移民总量最多，占比达到 22.55%；其次是松江、闵行、嘉定、宝山等区。对比入沪移民绝对数量，上海各区移民人口占比整体上呈现由外环内到外环外渐次升高的趋势，其中以松江区为最高，移民人口占比达 59.24%，其次是嘉定、青浦两区，移民人口占比也均超过 50%。

表 6－5　上海各区城市移民指标基本情况

地　　区		常住人口数/万人	城市移民总量/万人	城市移民占移民总量比/%	地区城市移民占地区常住人口总量比/%
外环以内	黄浦区	42.99	13.25	1.48	30.82
	杨浦区	131.32	27.53	3.07	20.96
	虹口区	85.25	19.61	2.18	23
	静安区	24.68	5.72	0.64	23.20
外环沿线	普陀区	128.89	36.30	4.04	28.16
	长宁区	69.06	17.54	1.95	25.40
	徐汇区	108.51	27.95	3.11	25.76
	闵行区	242.94	120.37	13.41	49.55
	宝山区	190.49	76.61	8.53	40.22
	浦东新区	504.44	202.43	22.55	40.13
外环以外	嘉定区	147.12	82.82	9.23	56.30
	崇明区	70.37	15.10	1.68	21.46
	奉贤区	108.35	52.72	5.87	48.66
	青浦区	108.10	60.50	6.74	55.96
	金山区	73.45	20.16	2.25	27.45
	松江区	158.24	93.74	10.44	59.24

资料来源：国家统计局第六次人口普查和《上海市土地利用总体规划（2006—2020 年）》。

中心城区的移民数量分布特征表现为按圈层由内到外递增，其中宝山区的大场镇和庙行镇，普陀区的长征镇、桃浦镇以及浦东新区的三林镇、金桥镇和张江等区域均是移民数量超过 1 万人的单元区域。高校校区、工人新村和产业园区等地街道的城市移民相较于其他地方的街道更为集中。虽然上海市近 80% 的轨道交通线网分布在外环线以内地区，并且在 4 号环线内形成网络状结构，但迁沪移民分布特征与轨道交通线网的分布关联程度并不高，仅在东南扇面以及西北扇面部分地带形成移民聚集片区。根据《上海市土地利用总体规划（2006—2020 年）》，外环以外地区被进一步划分成中心外围地区和其他地区。中心外围地区的迁沪移民集中分布特征为在浦西地区以中心外围城区分界线为轴向延伸，并形成带状布局。外围其他地区的城市移民分布受到基本农田集中分布区的限制，仅在西北扇面和西南扇面轴向延伸，其他地区部分块状集聚。以镇为单位，并作为一个空间单元，上海外围地区的城市移民主要集中的空间单元包括：松江区的九亭镇、新桥镇和洞泾镇；嘉定区的南翔镇、徐行镇和马陆镇；闵行区的梅陇镇、华漕镇和吴泾镇；奉贤区的南桥镇。整体而言，上海城市移民主要聚集于"城市西翼"，而在"城市东翼"及"沿海切线"区域聚集不明显。中心城区内除城市副中心周边有移民聚集外，中央商务核心和其他三个城市副中心周边各空间单元移民数量均处于较低水平，在外环线沿线集中分布，部分地区块状集聚，远郊区呈分散分布（肖扬等，2016）。2013年年底，上海的移民总数高达953.5万人，约占全市总人口的40%①，移民空间分布呈现出迅猛的郊区化趋势。20世纪90年代，近郊是移民的聚居区位（付磊等，2008）。2010年的人口普查数据显示，移民大量聚居在远郊区。从区位商分析看，全市的外来人口主要集聚于闵行区、奉贤区、嘉定区、青浦区和松江区，其中，嘉定区、青浦区和松江区的移民人口数量甚至大于本地居民。相比之下，中心城区的主要人口仍为本地人，占总人口的75%。

上海城市移民分布特征与城市规划空间结构密切相关，嘉定区、青浦区、松江区、虹口区这4区的移民数量最多，且大多集中在新城区域，从而移民聚集特征表现为长三角城市切线带状分布，对苏浙地区产生较强的扇面辐射效应，促进长三角一体化程度的加深。而分布在沿海切线地带的城市移民仅少量聚集在规划核心节点周边，主要为产业园区附近。受制度和市场等因素约束，中心城区的移民绝对数量较少，尤其是城市中心及副中心地区，这些区域往往是金融、贸易和高端服务等行业聚集地，虽然分布的移民数量较少，但移民融入性较好。

---

① 上海统计局：《2014年上海统计年鉴》，中国统计出版社2014年版。

6.3.2　上海外来人口的空间演变

根据上海统计局发布的第五次、第六次人口普查公报，2000 年全市人口为 1 673.77 万人，外来人口为 387.11 万人，由此推算，外来人口所占比例为 23.1%；2010 年全市人口为 2 301.9 万人，外来人口为 897.7 万人，外来人口所占比例为 39.0%。按照外来人口比例将 2000 年、2010 年全市各街道分成几种类型，如图 6－5、图 6－6 所示。图中的区间划分参照当年的全市外来人口比例，并针对各街道镇外来人口普遍增加的情况相应上调。

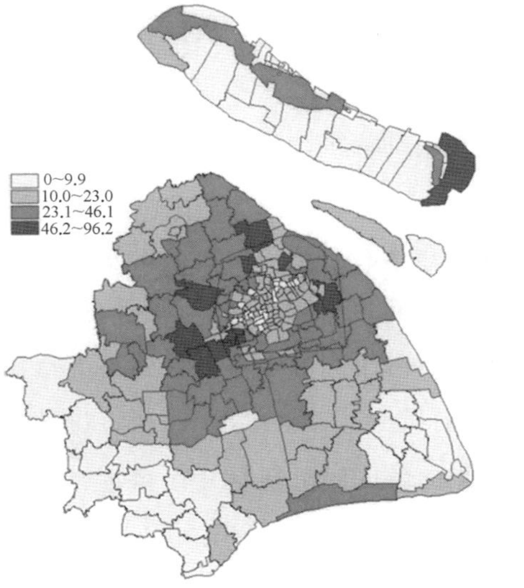

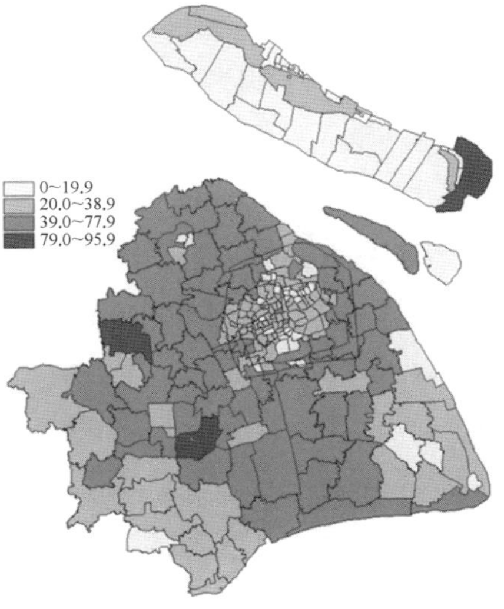

图 6－5　2000 年上海外来人口居住区分布　图 6－6　2010 年上海外来人口居住区分布

2000 年外来人口比例较高的社区主要分布在外环线附近的城郊接合部一带，在这个环带内，外来人口所占比例基本上都超过当年全市平均水平，部分街道镇外来人口比例达到平均水平的 2 倍及以上；其次是前者的向内、向外扩展带，向内主要扩展至内环线，向外扩展至远郊部分地区。至 2010 年，在全市外来人口总量剧烈增长的背景下，其居住的空间形态也发生了明显变化，由相对集中居住走向分散居住，外来人口比例超过当年全市平均水平的街道镇明显增多，分布在外环线以外的郊区大部分区域，外来人口比例超过当年全市平均水平 2 倍及以上的社区分散在远郊；

外来人口比例相对小的区域发生了变化，中环线以内的街道镇外来人口比例相对较小，此外远郊少数街道镇的外来人口比例也相对较小。

由此可见，上海外来人口居住区的分布不单单呈现出城郊差异的特点，而是自近郊地带向内、向外同时形成扩展带，远郊地带各街道镇的外来人口比例也呈现出较大差异。相比国外大都市区的碎片化马赛克结构，上海的外来人口居住社区首先呈现出较为规律的圈层结构和连片分布特征，即类似环带镶嵌的特点，其次在中心城、远郊局部地区等亚地带呈马赛克结构。

这里需要指出，上海的街道镇统计单元内部也并非是均质化的，尤其是郊区一些街道镇辖区土地面积较大，其内部也可能存在明显的户籍人口和外来人口居住区分化现象。这里选取嘉定区、松江区、青浦区和奉贤区4个重点发展的郊区新城，提取2010年第六次人口普查中新城规划范围内的社区一级人口数据，以此为代表，从更精细的统计数据来看郊区外来人口居住社区的空间分布特点。

从447个社区人口数据的总体统计分析来看（表6－6），以外来人口比例每隔10%为区间来划分的话，外来人口比例在40%以下各区间所包括的社区数量与比例较高，共计有216个，所占比例为48.4%；外来人口比例为40%~50%以及50%~60%的社区相对较少，共计58个，所占比例为13.0%；外来人口所占比例在60%及以上的各区间所包括社区数量又有所上升，共计173个，所占比例为38.6%。总体上社区外来人口比例越高，则其外来人口的绝对量也越多。如表6－6中外来人口仅占不到10%的社区当中，每个社区平均外来人口数仅为445人，这一数字随着社区外来人口比例的升高而呈明显上升态势。共计70.5%的外来人口居住在那些外来人口比例达到60%及以上的社区当中。

依据表6－6的统计数据特点，将外来人口比例达到60%及以上的社区界定为“外来人口集中居住社区”发现，新城外来人口集中居住社区大多数都是在农村社区，是大城市的“新农村人”。如表6－7所示，除松江新城外，其余3个新城的外来人口集中居住社区都以农村社区为主，而且集中居住在这些农村社区中的外来人口占全部新城外来人口总量都在60%以上，嘉定新城甚至达到75.9%。

表 6-6　嘉定区、松江区、青浦区和奉贤区 4 个新城社区外来人口统计

社区外来人口比例	社区个数		外来人口		
	个数/个	比例/%	总量/人	比例/%	社区平均人数/人
0~9.9%	16	3.6	7 127	0.7	445
10%~19.9%	88	19.7	62 563	5.8	711
20%~29.9%	55	12.3	54 471	5	990
30%~39.9%	57	12.8	83 326	7.7	1 462
40%~49.9%	30	6.7	51 560	4.7	1 719
50%~59.9%	28	6.3	61 278	5.6	2 189
60%~69.9%	46	10.1	133 114	12.2	2 958
70%~79.9%	38	8.5	164 923	15.2	4 340
80%~89.9%	58	13.0	324 427	29.8	5 594
90%~100%	31	7.0	144 309	13.3	4 655
合　计	446	100	1 087 098	100	25 063

表 6-7　嘉定区、松江区、青浦区和奉贤区 4 个新城的外来人口集中居住社区统计

新　城	城市社区		农村社区	
	个数/个	外来人口比例/%	个数/个	外来人口比例/%
嘉定新城	0	0.9	62	75.9
松江新城	16	28.5	13	34.8
青浦新城	6	15.9	41	60.0
南桥新城	1	1.5	33	62.1

注：外来人口集中居住社区指的是外来人口比例达到 60%及以上的社区，表中“外来人口比例”指的是被列为集中居住社区的社区外来人口数占所在新城外来人口总量的比例。

以上数据分析表明，实际上 4 个郊区新城每个街道镇内部的外来人口居住区也大体上呈现这样的特点，即较高比例的外来人口都集中居住在那些外来人口比例较高的社区，而本街道镇的其他社区不仅外来人口比例低，其外来人口数量也比较少。这说明，在更微观的社区层面的确存在外来人口与户籍人口居住隔离的情形，外来人口集中居住区以点状和块状的形态存在，主要分布在郊区城市化发展水平不高的一些农村社区，与户籍人口集中居住区共同构成马赛克结构。

对比前面以街道镇为统计单元得到的结论，即外来人口在上海的分布形态主要呈圈层状结构，可以发现，在更精细数据的支持下得到的结论有所不同，虽然郊区地带是外来人口的集中分布圈层，但这个圈层内部也并非呈均质化特点，外来人口集中居住社区与户籍人口集中居住社区以镶嵌方式构成马赛克结构，城市化水平较高的地区为户籍人口集中居住社区的主要分布地，城市化水平较低的地区为外来人口集中居住社区主要分布地。

6.3.3 上海境外人口的空间演变

中华人民共和国成立前，上海的公共租界是在南京路一带，法租界是在淮海路一带，而东北的杨浦区、闸北区和宝山区都是工厂区。在老上海语言里，“上只角”“下只角”代表了历史上形成的分化格局。“上只角”即以现在的淮海路为市中心形成豪华的西区；“下只角”以闸北区和南市区为中心形成贫困的东区。浦东开发开放以来，上海旧城改造速度明显加快，近郊区和中心城边缘区域住宅小区建设发展飞快，大批居民由中心区内核心区域的原居住地迁往近郊区和中心区边缘区域的大规模新建居住小区。随着内环线、南北高架等道路设施的建设以及中心城区功能的大置换和城市边缘新城区住宅的大规模建设，中心城区过密的人口迅速向边缘城区扩散。与此同时，随着商业楼盘的开发和城市旧城改造，高收入阶层开始考虑重新布局自己的住房环境，老上海“上只角”的遗传因素又重新显现。许多中高收入阶层又重新迁回中心城区居住，在市中心城区越大面积开发高档楼盘的区，入住的高收入人群就越多，其中包括境外人口。境外人士——国际社区主要都位于商业氛围浓厚、生活设施齐全的中心城区（黄浦区、静安区和卢湾区）以及传统高档住宅居住区（长宁区和徐汇区），另外生态环境良好、交通便利的上海别墅密集的近郊区（浦东新区和闵行区）也是境外人士的居住选择区。

2010 年第六次人口普查境外人口数据显示，全市境外人口的分布特点具有较强的延续性，主要仍集中分布在中心城的几个区、近郊的闵行区以及浦东新区。如表 6－8 所示，中心城核心区的境外人口每平方千米有 800 多人，由此向外中心城边缘区、近郊区和远郊区的境外人口数急剧下降。从每个社区平均境外人口数来看，中心城核心区为 98.7 人，也明显高于其他几个地带。从平均境外人数来看，中心城的静安区、长宁区、徐汇区以及近郊的闵行区、浦东新区较多一些，这 4 个区境外人口数占全部境外人口比例达到 75.6%。

表 6－8　全市境外人口空间分布总体状况

区划地址	总人数/人	土地面积/km²	人口密度/(人/km²)	社区个数/个	每个社区平均境外人数/人
总计	208 284	6 340.5	32.8	3 579	58.2
中心城核心区	**22 906**	**28.1**	**815.7**	**232**	**98.7**
黄浦区	4 291	12.4	345.8	97	44.2
卢湾区	6 779	8.1	842.1	64	105.9
静安区	11 836	7.6	1 553.3	71	166.7
中心城边缘区	**82 395**	**261.4**	**315.3**	**1 283**	**64.2**
徐汇区	21 097	54.8	385.3	287	73.5
长宁区	42 152	38.3	1 100.6	176	239.5
普陀区	6 221	54.8	113.5	197	31.6
闸北区	2 166	29.3	74.0	165	13.1
虹口区	4 986	23.5	212.4	201	24.8
杨浦区	5 773	60.7	95.1	257	22.5
近郊区	**41 799**	**1 105.9**	**37.8**	**795**	**52.6**
闵行区	37 043	370.8	99.9	381	97.2
宝山区	1 826	271	6.7	216	8.5
嘉定区	2 930	464.2	6.3	198	14.8

续 表

区划地址	总人数/人	土地面积/km²	人口密度/(人/km²)	社区个数/个	每个社区平均境外人数/人
远郊区	**15 745**	**3 734.7**	**4.2**	**545**	**28.9**
金山区	287	586.1	0.5	69	4.2
松江区	8 105	605.6	13.4	184	44.0
青浦区	6 239	670.1	9.3	139	44.9
奉贤区	861	687.4	1.3	106	8.1
崇明县	253	1 185.5	0.2	47	5.4
浦东新区	**45 439**	**1 210.4**	**37.5**	**724**	**62.8**

为了更全面地了解境外人口的空间分布特征，这里以各街道镇境外人口占全市境外人口比例为指标来进行统计。“六普”数据显示，占全市境外人口比例在1.0%及以上的街道镇共计有31个，这31个街道镇以人民广场为中心呈东、西向分布，主要都位于外环线以内以及附近区域，其境外人口占全市境外人口的比例共计达到70.1%，如图6－7所示。这说明在沪境外人口的居住地区仍延续了相对集中的特点，空间形态呈连片分布的特点。

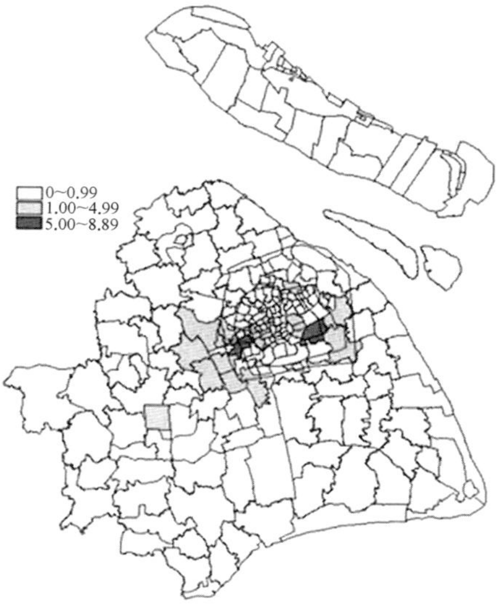

图6－7　全市境外人口空间分布特征

如果从更精细的社区一级数据来看，境外人口倾向于在若干社区集中居住。这里将境外人口数达到1 000人及以上的社区作为集中居住社区的典型代表来进行分析。据统计，境外人口达到1 000人及以上的社区共计37个，境外人口总数为64 740人，占全市境外人口比例为31.1%；境外人口达到 500 人及以上的社区共计 83 个，境外人口总数为 95 662 人，占全市境外人口比例为 45.9%，这意味着将近一半的境外人口集中居住在 2.3%的社区当中。如图 6－8 所示，这些境外人口集中居住社区绝大多数位于外环线以内，并且若干社区相邻接在外环线以内形成东、中、西 3 个典型集聚区。街道镇与社区两种统计单元下分析得到的结果比较相似，境外人口居住区倾向于连片分布，并且主要集中在外环线以内及附近区域。

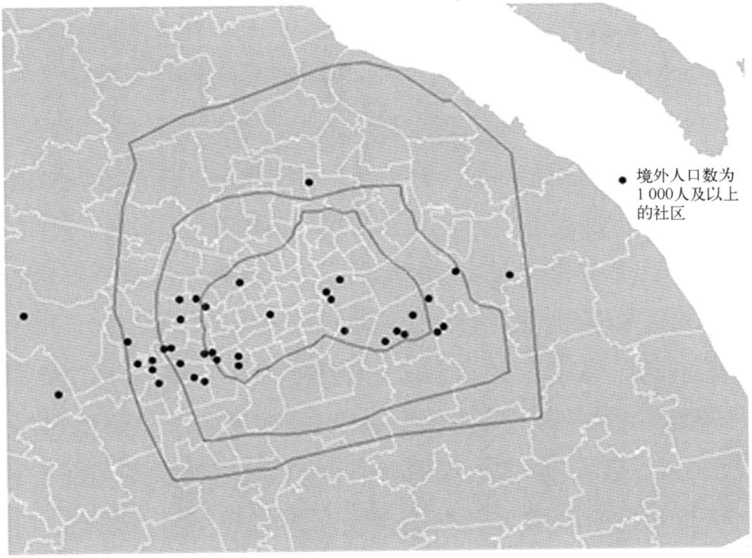

图 6－8　境外人口集中居住社区空间分布

6.4　本章小结

上海自开埠至今，其政治、经济和文化等各方面的形成与发展都离不开城市移民的贡献。城市移民为上海带来巨大人口红利的同时，也为上海提供人才保障和智力支撑，不断推动城市迈向新的阶段，极大地提升了上海的国际影响力。通过吸纳国内城市移民和国际移民，上海正逐渐实现全球范围内的高素质人力资源集聚。以街道镇为统计单元，发现上海的外来人口居住社区首先呈现出较为规律的圈层结构和连片分布特征，即类似环带镶嵌的特点，外来人口居住社区主要分布在近郊地带，其次在中心城、远郊局部地区等亚地带呈马赛克结构；以更为精细的社区为统计单元，发现郊区外来人口集中居住区主要都是在城市化水平较低的地区，外省市人口迁入上海，成为上海的“新农村人”。境外人口的居住区往往是高端社区，无论以所在街道镇为统计单元，还是以所在社区为统计单元，发现即便境外人口数迅猛增加，但其居住区绝大多数仍集中在外环线以内及邻近区域，这主要是受到上海中心城高端化的产业发展、浓厚的海派文化氛围、便利的生活设施以及适宜的自然环境等多种因素的影响。随着上海国际化程度加深，上海人口来源结构的多元化将会给上海城市精细化和科学化管理带来挑战，所以应综合调控城市移民人口，维持人口、社会经济和资源环境协调发展，促进整个社会人群融合，建成多元和谐的国际化城市。

第7章　上海城市移民融入状况与测定

有序推进移民融入，积极应对人口迁移及其多样性带来的城市管理挑战，大胆推进“包容、协调、多元”的治理手段，努力解决移民融入带来的一系列重大经济社会问题，是促使上海成为全球城市的重要举措。本章在回顾移民融入的概念及研究进展的基础上，以上海为实证案例，利用2017年上海流动人口抽样调查数据，构建城市移民融入指标体系，对上海城市移民融入城市状况进行测度，并分析影响上海城市移民融入的影响因素和机制。

7.1　移民融入相关研究及概念界定

7.1.1　西方学者的相关研究

美国的两次融合浪潮推动了移民融合研究的兴起。第一次是通过选举权的扩大逐渐推动，第二次是源于内战导致的失业浪潮的推动。西方学者认为社会排斥是导致社会融入难题的关键，被排斥者在消费、生产、政治和社会互动中参与度不足。提升被排斥者在制度、经济、政治、文化和社会关系等多个层面的社会参与度，确保社会支持能够传递到最需要的群体，是促进社会融入的重要途径。通过社会帮助使那些资源缺乏、不能顺利融入社会的群体恢复公平、自由、正义的权益，积极降低社会的机会不均等状况，消除社会对他们的歧视。

社会融合包含两层基本条件：一是在社区中能平等地受到关怀和重

视；二是与家庭、朋友之间互相尊重、信任和欣赏的人际关系。因此，学者逐渐聚焦于共融社会或融合社会（Inclusive Society）理论研究，真正的共融社会应该在物质所有权、环境状况和发展机遇上有平等地位，社会有确保让所有公民意识到他们自己的潜能条件的责任和义务。辩驳者认为，融合理论忽视移民群体的种族、民族差异和当前的社会经济状况，随着在迁入地的长久生活，移民在语言、经济和文化上逐渐适应，其将一概融入美国主流社会的假设有违事实。对于美国来说，融合是指欧裔白人与少数族裔之间的鸿沟的消失和界限的重构，而不是少数族裔注定会无一避免地向迁入地中等资产阶级看齐的线性轨迹。

区隔融合理论认为移民子女所处的角色、入城的目的及生活经历等与长辈存在不同，迁入地的行为选择和融入路径都与亲代有差别，许多城市的流动人口子女可能呈现出“区隔融合”模式，即第二代移民在某些方面的选择与主流社会的行为模式不同。当代移民群体的融合选择也有差异，拥有较高人力资本的移民个体，往往受到当地的青睐和接纳，其也积极主动地融入主流社会，在经济和文化方面有能力且倾向于为子女提供更好的教育机会，加速子女的社会融合过程。另一些移民自身拥有的资源禀赋较少，无法获得稳定的工作和像样的收入，其子女所在的城市环境和校园质量低劣，并逐渐失去学习的乐趣和追求向主流社会融合的动力。除上述两种情况外，还有一些移民群体有意识地坚持对子女加强教育，鼓励子女坚守自己祖先的传统文化观念与价值判断，有选择地融入美国青少年社会。

综上所述，西方学者对于融合理论的研究不同，因此，对于移民融入的概念界定也不同。不同的历史和宏观背景造就不同的融合理论，合意地阐释了时代变迁下的移民融合的经过、现状及结果。

7.1.2 中国学者的相关研究

全球城市的发展导致移民流向正发生改变，移民的本质是城市问题。预计到2050年，亚太地区城市中的人口数量将增长到63%左右。中国市场经济体制改革后，大量农业人口转移到城市务工、经商，学者纷纷关注城市移民的生存发展和社会融合状况。中国学者主要针对农民工群体在城镇工作及生活中受到经济、社会、文化以及政治制度等诸多方面的新境况展开研究，城市中农民工群体因难以融入引发的热点事件也吸引学者对其进行学理性解释。从严格意义上讲，影响城市外来人口社会融合的决定性因素不是他们的绝对经济收入水平，而是其福利性收入远落后于城市工人。基于户籍身份的城市社会保障制度无法惠及在职农民工，才是长久以来他们在经济地位上难以融入城市生活的根本原因（李友梅，2010）。秦立建等（2014）认为随着城市在居住、就业方面的壁垒逐渐消除，具有福利效应的医疗保险制度对移民融入城市生活的影响加强。

有学者提出要按照科学合理的要求，建立一套包含城市外来人口的人口迁移统计指标体系，制订相关的解决方案，促进社会整合。杨菊华（2009）将移民的融合轨迹描述为：经济整合先发生，综合反映移民的经济地位并映射迁入地的宏观制度；文化接纳随之发生，流动者随即对迁入地的语言、文化、风俗和理念形成认可；然后是行为适应，即在日常行为上能适应迁入地的生活；最后是身份认同，即移民产生与本地人相同的归属感，且被本地人认同。四类融入有时也会重叠发生，形成互动。

综上所述，中国学界使用的主要概念和理论体系大多源自西方，其中常涉及传统的融合理论和区隔融合理论。但西方的“融合”研究看似是双向的，实质是从政治角度和文化角度探究迁移行为发生后，二者不同政治选择和文化态度的融汇交往和互相渗透。鉴于中国流动人口的迁移历程，学者对于农民工的研究颇丰。但目前中国城市中的流动人口早已不再局限为庞大的农民工群体，使用“农村至城市移民”（Rural to Urban Migrants）一词更为合适，因为由中国农村至城市的移民不再只是工作移民，他们迁移的动机也不限于“打工”或“外出务工”，迁移的目的也不都是为了获得更高的经济收入等（蔡玉萍等，2015）。越来越多其他职业的群体，如学生、高技术劳动力和外国移民成为迁移主体。本文意在描述流动人口在迁入地的融入状况，因此使用单向的“融入”概念。

我们在界定城市移民融入的概念和构建融入指标体系时应做出合理改变。徐水源研究中国流动人口发展状况时总结：社会融合是指流动人口在迁入地公平地享有各项公共服务和基本的社会福利，享有均等的生存条件和发展机会；能够在日常生活中与迁入地居民通过交流达到相互渗透、交融的过程；全面参与当地的政治、经济、文化和社会生活，在经济立足、权益平等的基础上被城市社会接纳，政治参与并有效行使民主权利，最终获得身份认同。

7.1.3 移民融入的概念界定

本章在结合中西方学者的研究理论基础上，认为移民融入研究首先要从移民个体或群体的视角出发，分析主体在这一社会现象中的行为特征和主观感受，才能有针对性地提出制度建设，达到社会治理的目的，而非直接从顶层设计安排融合制度。此外，移民融入也离不开其他社会群体的包容态度，移民群体与本地人群体并不是对立存在的，而是相互影响，相互包容与接纳。良好的制度孕育出规范的融合文化，进而才能使市场经济中发挥促进融合行为的机制得以运转。

本文认为城市移民融入的概念为：城市移民个体或群体逐渐地从经济上得到立足基础，主动与城市社会连接，参与城市文化，获取与本地人相同的福利权益，最终从心理上认同自己本地人身份的过程。应该构建移民融入指标体系，全方位地测评城市移民的融入程度，在此基础上提出有针对性的移民融合政策。英国文化委员会布鲁塞尔外交政策中心和移民政策组也于 2004 年提出了欧洲公民资格和融合指数（2007 年改为欧盟移民整合指数）。其中，欧盟社会融合指标主要是针对欧盟公民的社会融合，而欧洲公民资格和融合指数是针对合法居住在欧盟成员国的第三国公民。

黄匡时（2011）认为，流动人口社会融合的测量应该从城市和个体两个层面去理解。其中，城市层面的社会融合包括政策融合和总体融合两个方面：政策融合是从城市与流动人口相关的政策角度去测量流动人口的社会融合状况，可以称为“流动人口社会融合政策指数”；而总体融合是从整个城市流动人口总体来评价流动人口的社会融合状况，可以称为“流动人口社会融合总体指数”。至于个体层面，主要考察流动人口主观融合感受和评价以及流动人口客观融合状态。从个体层面测量流动人口社会融合的指标可以称为“流动人口社会融合个体指数”。

7.2　移民融入状况分析

目前中国经济社会的发展趋势使人口向中心城市和沿海地区流动和集聚成为必然。但流动人口具有不同的融入需求，部分流动人口为了获取更高的工资，仅追求在城市中的工作机遇，可以忍受生活条件相对较差的状态。事实上，由于户籍限制导致城市移民对居住环境和生活条件的需求与城市本地人受到的保障水平存在巨大差距。户籍制度与其他制度分割的结合使城乡户籍劳动力面临不同的工资决定机制，导致农村户籍者更容易遭遇同工不同酬和就业机会不平等问题（余向华等，2012）。与获取户籍迁移者相比，未获取户籍迁移者的收入更低，面临着低收入和低福利（与户籍相关）的“双重困境”。“双重困境”的存在意味着移民个体要与明显存在的不公平现象抗争，这对其融入意愿和融入感觉的提升都是巨大的挑战。无法获得当地城市户籍则会在根本上抑制家庭的住房需求，这可能是源于非户籍移民面临更大的未来不确定性和职业不稳定性（张路等，2016）。

7.2.1　移民的经济状况

能够在经济上立足是移民生存发展和融入城市的前提与基础。较高的职业层次有利于收入的提高和经济地位的改善，而且有利于社会连接的加强，扩大其社会网络。

根据2017年全国流动人口动态监测的调查，上海地区流动人口的总体职业层次状况为：干部及专业技术人员占比21.6%，商业服务业人员占比45%，生产及其他工人占比28.4%，无固定职业及其他人员占比5%。如表7－1所示，进一步分性别、代际、教育和婚姻状况来划分上海地区流动人口。（1）流动人口的职业层次存在明显差异，男性流动人口中干部及专业技术人员占22.2%，女性商业服务业者占比高于男性6.5个百分点。虽然无固定职业者总体比例不高，但女性的占比高于男性1.8个百分点。(2) 1980年前出生的流动人口职业层次与1980年后出生的流动人口职业层次产生明显差距。新移民中干部及专业技术人员占比较第一代移民中干部及专业技术人员占比高，高出15.53个百分点。(3) 随着受教育程度的提升，流动人口从事脑力工作的机会相对增加，职业层次逐渐提升。就干部及专业技术人员占比而言，高中及以上教育水平的移民占比高出义务教育及以下水平的移民约32个百分点。(4) 从婚姻状况来看，离婚/丧偶人群的职业层次相较于未婚和在婚者明显要低。

表7-1 分性别、代际、教育和婚姻状况划分上海流动人口的职业类型/%

	干部及专业技术人员	商业服务业人员	生产及其他工人	无固定职业及其他
女	20.90	48.60	24.40	6.00
男	22.20	42.10	31.60	4.20
1980年前出生	11.84	52.51	30.62	5.03
1980年后出生	27.37	40.64	26.96	5.02
义务教育及以下	4.78	50.55	40.34	4.34
高中及以上	36.17	40.33	17.88	5.63
未婚	53.68	25.26	21.54	5.76
在婚	20.24	45.25	29.59	4.91
离婚/丧偶	16.84	53.68	25.26	4.21

注：根据2017年流动人口动态监测上海数据整理绘制。

流动人口的周工作时长平均值为49.03小时，月工资收入的平均值为6 778.11元。这表明，他们通过辛勤劳动，具备一定的经济基础。将收入细分为1 000元及以下、1 000~3 000元、3 000~5 000元、5 000~7 000元、7 000~10 000元、10 000~15 000元、15 000~20 000元、20 000~25 000元和25 000元及以上9个阶段，人口占比分别为0.8%、9.7%、35%、23.7%、11.9%、10%、3.8%、2.8%和2.3%。如表7-2所示，进一步从性别、代际、教育、婚姻和合同签订状况方面来看，男性的收入水平明显高于女性，新移民的收入水平较高、受教育程度越高的移民收入水平越高、有婚姻经历的移民收入水平较高、签订合同的移民月收入水平较高。

表 7－2　分性别、代际、教育等的流动人口月平均收入

变　　量		平均收入/元
性　别	女性	5 624.93
	男性	7 747.32
代　际	1980 年以前出生	6 414.75
	1980 年以后出生	6 997.03
教　育	义务教育及以下	4 821.99
	高中及以上	8 480.89
婚　姻	未婚	5 891.64
	在婚	6 951.49
	离婚/丧偶	5 960.90
合　同	签订	6 600.20
	未签订	4 177.21

注：根据 2017 年流动人口动态监测上海数据整理绘制。

7.2.2　移民的社会连接状况

移民通过工会组织、同学联谊、志愿者活动、选举活动、评优活动以及居委会活动等与社会其他群体产生连接。具体形式包括：给所在单位/社区/村提建议或监督单位/社区/村事务管理；向政府有关部门反映情况/建言献策；主动参与捐款、无偿献血及志愿者活动等；参与党/团组织活动和支部会议。社会连接的发生可以提高移民对政府的信任度和满意度，也是移民群体直接或间接地影响城市政府的决定与政府活动的行为方式。通过多种形式的社会连接，移民可以使自身的利益在公共政策中得到最大满足。

如图 7－1 所示，从各类组织的参与状况来看，移民参与同学会和老乡会的比例相对较高，但比例均在 25%以下；参与工会活动的比例为 11.5%；参与志愿者活动的比例为 6.3%；参与家乡商会的比例较小，约为 3.3%。

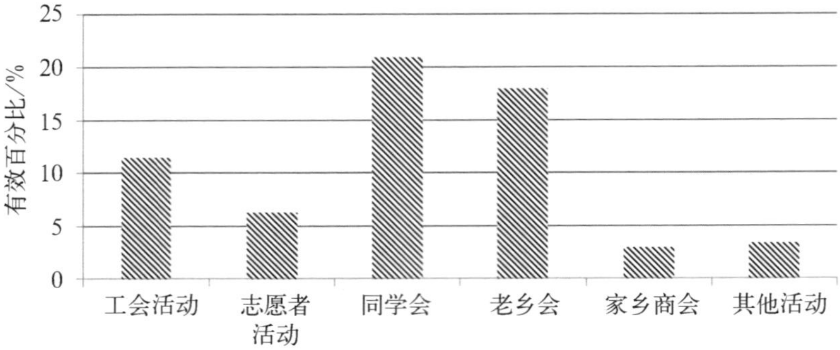

图 7－1　移民组织参与情况

（资料来源：根据 2017 年流动人口动态监测上海数据整理绘制）

如图 7－2 所示，进一步从移民社会连接的各种形式来看，一年内主动参与志愿者活动的比例较高。大部分居民虽然会参与多种形式的组织活动，但对于具体的活动细节和社会连接表述不够清晰，也没有形成固定的参与社会管理、表达决策和行使监督权益的意识。

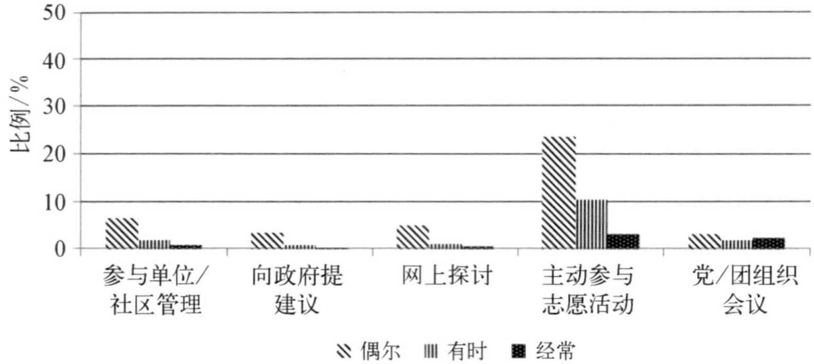

图 7－2　2016 年以来移民社会连接的具体形式

（资料来源：根据 2017 年流动人口动态监测上海数据整理绘制）

如表 7－3 所示，男性移民的活动参与度稍高于女性。从代际划分来看，1980 年以前出生、1980—1989 年出生或者 1990 年后出生的移民参与活动的差异不大。随受教育水平的提升，移民政治参与意识逐步增强。从婚姻状况来看，活动参与度差别不明显。从户籍性质来看，拥有非农业户籍的移民的活动参与度较高。

表 7 - 3　分性别、学历、代际、婚姻状况、户籍性质的社会活动参与状况

单位：%

	参与单位/社区管理		向政府提建议		志愿者活动		党/团组织会议	
	无	有	无	有	无	有	无	有
男	90	10	95	5	61	39	93	7
女	93	7	97	3	65	35	93	7
1980 年前出生	92	8	96	4	66	34	95	5
1980—1989 年出生	90	10	95	5	58	42	92	8
1990 年后出生	94	6	97	3	68	32	93	7
义务教育及以下	95	5	98	2	74	26	98	2
高中及以上	88	12	94	6	54	46	88	12
未婚	93	7	96	4	65	35	90	10
在婚	91	9	96	4	63	37	93	7
离婚/丧偶	91	9	96	4	66	34	97	3
农业	94	6	97	3	68	32	96	4
非农业	86	14	93	7	53	47	86	14
农转居	92	8	97	3	63	37	95	5
非农转居	94	6	98	2	46	54	88	12
居民	86	14	92	8	52	48	84	16

注：根据 2017 年流动人口动态监测上海数据整理绘制。

7.2.3　移民的文化参与状况

文化交融是代表移民融入城市程度中处于较高等级。比如网络参与针对社会事件的讨论，在风俗习惯和生活方式等方面与本地人的差异等。移民的网络参与度明显不高，这表示移民一年以内在网上就国家事务和社会事件等发表评论、参与讨论的积极性不高。如表 7 - 4 所示，以风俗习惯为例，男女两性在风俗习惯认同方面的差异并不大，不同年代、不同婚姻状况的移民群体间差异也不大，比较有趣的是，学历较低的移民相比学历较

高的移民对移民城市的风俗习惯较为认同，拥有非农业户籍、非农转居民户籍和居民户籍的移民对城市风俗的认同感较低。而从生活方式来看，不同性别、代际、学历、婚姻状况和户籍性质的移民的认同感差异并不大。

表 7-4　分性别、学历、代际、婚姻状况和户籍性质的文化参与状况

单位：%

	风俗习惯		生活方式		网络讨论	
	不认同	认同	不认同	认同	不参与	参与
男	47	53	79	21	93	7
女	53	47	82	18	95	5
1980 年前出生	44	56	77	23	97	3
1980—1989 年出生	56	44	84	16	92	8
1990 年后出生	50	50	83	17	92	8
义务教育及以下	36	64	74	26	98	2
高中及以上	63	37	87	13	91	9
未婚	53	47	82	18	91	9
在婚	50	50	80	20	94	6
离婚/丧偶	50	50	84	16	97	3
农业	42	58	76	24	95	5
非农业	68	32	89	11	90	10
农转居	46	54	84	16	95	5
非农转居	66	34	84	16	96	4
居民	69	31	90	10	92	8

注：根据 2017 年流动人口动态监测上海数据整理绘制。

7.2.4　移民的权益平等状况

如果移民群体能够和城市居民无差异地享受医疗保险、保障性住房和子女教育等社会福利权益，这将极大提高移民群体的融入度，但是这些权益的获取，大多和户籍制度有关，户籍作为一种载体，承担了社会保障等其他各种维度的融入基础。

以医疗保障为例，如国家基本公共卫生服务项目，是深化医药卫生体制改革、促进基本公共卫生服务逐步均等化的重要内容，主要针对儿童、孕（产）妇、老年人、慢性疾病患者等人群提供免费的基础性公共卫生服务，由政府承担开展服务项目所需资金。但在被调查迁入人口中，有54.4%的被调查者没听说过国家基本公共卫生服务项目。2017 年上海迁入人口居民中仅有 10.7%的人口确定社区为其建立健康档案。

被调查人口中，接受过不同种类健康防治教育的人次及占比如表 7－5 所示。在过去的一年中，上海市流动人口患病或身体不适时，30.4%的人没有治疗，25.9%的人进入本地综合医院或专科医院治疗，22%的人选择去本地药店拿药治疗，19.9%的人在本地社区卫生站（中心/街道卫生院）就诊，0.9%的人选择本地个体诊所治疗，0.7%的人回老家治疗，0.2%的人选择去本地和老家以外的地方治疗。可见虽然可供就医选择较多，但外来人口在日常求医时，绝大部分外来人口都是自己找药、自己处理或者等病慢慢好。

表 7－5　2017 年流动人口接受不同种类健康防治教育占比

	人次/人	百分比/%
总　　计	6 616	94.5
职业病防治	944	13.5
性病/艾滋病防治	1 040	14.9
生殖健康与避孕	1 746	24.9
结核病防治	710	10.7
控制吸烟	2 679	38.3
心理健康教育	1 060	15.1
慢性病防治	1 069	15.3
妇幼保健/优生优育	1 975	28.2
突发公共事件自救	1 380	19.7

注：根据 2017 年流动人口动态监测上海数据整理绘制。

7.2.5 移民的身份认同状况

身份认同主要从是否认同自己是本地人、落户意愿和长期居留打算三个方面来看。如果移民对城市缺乏身份认同，存在过客心理，则难以从内心上主动融入城市。从本文的统计分析来看，约60%的移民认同自己已是本地人。如表7-6所示，从流动人口的异质性来看，男性和女性对于“本地人”认同仅有微小差别。年龄越大，越有本地身份的认同感。受教育程度较低的人心理承受能力较弱，更易产生过客心理。受教育程度越高的人经济融合和社会连接方面的主动性较高，有利于经济状况的改善，并利于自身融入本地生活。合同签订状况会影响移民的工资收入并使其产生工作的使命感，帮助其自身通过职业正规化融入本地就业市场，获得身份认同。职业层次的不同对本地人认同的影响并不明显。在无固定职业者中，认同自己是本地人观点的比例较高。

表7-6 分性别、代际、教育、婚姻、合同和职业的“本地人”认同情况

单位：%

变量		是
性别	女性	65.12
	男性	63.50
代际	1980年以前出生	70.80
	1980年以后出生	60.08
教育	义务教育及以下	61.91
	高中及以上	66.49
婚姻	未婚	52.79
	在婚	66.04
	离婚/丧偶	68.39
合同	签订	61.93
	未签订	58.36
职业	干部及专业技术人员	65.82
	商业服务人员	66.33
	工人及其他生产人员	57.09
	无固定职业者	64.63

注：根据2017年流动人口动态监测上海数据整理绘制。

从移民的落户意愿来看，上海移民中的落户意愿普遍较高，但是存在明显的人群差异。如表 7－7 所示，从性别、代际、教育、婚姻、合同和职业等角度分析其差异性。男性的落户意愿明显低于女性，相比女性，男性在上海落户意味着要承担绝大部分的购房和生活压力。年龄对于落户意愿没有产生明显的影响。教育程度提升会使移民的落户意愿增强。因为新移民在老家大多没有土地，而获得上海户籍能够给新移民带来更多就业、生存、养老和其他方面的便利。工作有签订合同的移民更愿意留在上海。从就业层次来看，层次越高，越倾向于获得上海户籍。值得注意的是，与“本地人”认同状况相似，无固定职业者的落户意愿明显高于商业服务人员和生产者们。参与流动人口问卷调查的无固定职业者中很多是随迁家属，或者是自由职业者，他们虽然职业不固定，但是对于上海户籍带来的便利化并不排斥，为了能够更好地融入城市生活和社会圈层，其落户意愿也相对较高。

表 7－7　分性别、代际、教育、婚姻、合同和职业的落户意愿

单位：%

变　量		是
性　别	女性	76.10
	男性	72.40
代　际	1980 年前出生	74.22
	1980 年后出生	74.28
教　育	义务教育及以下	64.64
	高中及以上	82.84
婚　姻	未婚	66.09
	在婚	75.48
	离婚/丧偶	76.77
合　同	签订	74.03
	未签订	58.83

续 表

变　　量		是
职　业	干部及专业技术人员	84.85
	商业服务人员	76.87
	工人及其他生产人员	58.54
	无固定职业者	79.25

注：根据 2017 年流动人口动态监测上海数据整理绘制。

7.3　城市移民融入指标的设计与选取

本文认为城市移民融入是一个复杂的、多层面的过程。尽管受迁移空间和时间的影响，不同情况下城市移民的融入行为具有不同的特征。为了给城市移民的融入进展提供一个有用的尺度，基于指标选取的科学性、可操作性、可比性和针对性原则，并根据以往文献，本文认为移民融入分为 5 个层次，分别为经济融入、社会连接、文化参与、福利获取和心理认同。其中，经济融入用以判断移民对当地社会和物质环境的具体情况（包括物质条件和可用资源密切相关）的感觉。社会连接用以判断新移民和定居人口的社会联系。社会连接体现在各个方面，包括促进形成和维护群体共同特性的规范和价值观、包容多样性和差异的不同群体之间的联系和互动。文化参与是指移民主动参与社区文体、公益性活动。福利获取是指城市给予移民社会保障、社会救济以及社会福利安排。心理认同是指移民主观上对于自身融入状况的判断。融入指标的设计结合并反映移民与城市二者的信息。本文将问题研究的重点放在城市移民过程和治理结果上，衡量受访者的个体主观选择倾向并体现城市现有的治理手段。捕捉在文献中被确定为融入关键的问题。

本文将城市移民融入界定为 5 个层次，并以此为基础，借鉴模糊集理论，构建一个综合性城市移民融入度的指标。模糊集理论于 1965 年由 Zadeh 提出，并被广泛运用到社会福利水平的研究中。该理论通过隶属度函数为不同的备选项目赋值而获得隶属度指标，该指标能够较好地衡量受访者的个体主观选择倾向。在本次城市移民融入的专项调查中，我们采取受访者个人主观判断的方式填写调研项目。因此，本文使用模糊集理论构建城市融入度指标，能够在最大限度上反映被调查者的主观判断。

$$\mu(x_i^k)\begin{cases} 0, & x_i^k \leqslant \min(x_i^k) \\ \dfrac{x_i^k - \min(x_i^k)}{\max(x_i^k) - \min(x_i^k)}, & \min(x_i^k) < x_i^k < \max(x_i^k) \\ 1, & x_i^k \geqslant \max(x_i^k) \end{cases} \quad (1)$$

式中，$\mu(\cdot)$ 是隶属度函数；$x_i^k(k=1, \cdots, m; \ i=1, \cdots, n)$ 是第 i 个样本的第 k 个子指标的原始值。x_i^k 的最小值是 0，最大值是 1，其他中间的数值则进行标准化处理。当获得各样本子指标的隶属度之后，则需要通过加总的方式取得综合性指标的隶属度。加总的过程实质就是寻找合适的函数 $f(\cdot)$，以获取综合性隶属指标 $\mu_q(i)$。

$$\mu_q(i)=f[\mu_1(i), \cdots, \mu_k(i)] \quad (2)$$

式中，$\mu_q(i)$ 为综合性隶属指标；$\mu_k(i)$ 是第 i 个样本的第 k 个子指标。加总函数 $f(\cdot)$ 有多种形式。本文采用加权算术平均法，综合指标构建如表 7－8 所示。

表 7－8　移民融入综合指标构建

项目		选项	赋值
经济状况	与去年同期相比，您的月收入有变化吗？（Q216）	减少	11
		基本不变	12
		增加	13
		不适用（去年同期无收入）	10
	如果您打算留在本地，您预计自己将在本地留多久？（Q315）	1～2 年	11
		3～5 年	12

续 表

项 目		选 项	赋值
经济状况	如果您打算留在本地，您预计自己将在本地留多久？（Q315）	6~10 年	13
		10 年以上	14
		定居	15
		没想好	10
社会连接	您业余时间在本地和谁来往最多（不包括顾客及其他亲属）？（Q309）	其他本地人和同乡（户口迁至本地）	1
		其他回答	0
	给所在单位/社区/村提建议或监督单位/社区/村务管理（Q502A）	没有	1
		偶尔	2
		有时	3
		经常	4
	通过各种方式向政府有关部门反映情况/提出政策建议（Q502B）	没有	1
		偶尔	2
		有时	3
		经常	4
文化参与	在网上就国家事务和社会事件等发表评论、参与讨论（Q502C）	没有	1
		偶尔	2
		有时	3
		经常	4
	按照老家的风俗习惯办事对我比较重要（Q503F）	完全不同意	1
		不同意	2
		基本同意	3
		完全同意	4
福利获取	本地是否给您建立了居民健康档案？（Q403）	是，已经建立	12
		没建，但听说过	11
		没建，没听说过	10

续　表

项目		选项	赋值
福利获取	您是否办理过个人社会保障卡？（Q505）	不清楚	10
		已经办理	12
		没办，但听说过	11
		没办，没听说过	10
		不清楚	10
心理认同	我很愿意融入本地人当中，成为其中一员（Q503C）	完全不同意	1
		不同意	2
		基本同意	3
		完全同意	4
	我觉得本地人愿意接受我成为其中一员（Q503D）	完全不同意	1
		不同意	2
		基本同意	3
		完全同意	4
	我觉得我已经是本地人了（Q503H）	完全不同意	1
		不同意	2
		基本同意	3
		完全同意	4

注：根据2017年流动人口动态监测上海数据整理绘制。

经过赋值并计算后的移民融入度指标如表7－9所示，作为本文的因变量，从可观测样本总体状况来看，融入度值为0.11~0.89，说明城市移民中并没有达到完全融合的状态人群或个体，也并没有完全脱离城市的人群或个体。

表7－9　移民融入度描述统计

指　标	观测值	均值	标准差	最小值	最大值
移民融入度	5 033	0.47	0.12	0.11	0.89

对于自变量的选取，移民融入会受个人特征的影响。个人特征包括性别、年龄分类和教育水平。不同年代出生的农民工，经历的社会经济和教育文化背景有较大的差异，新一代农民工的城市融入状况好于老一代农民工（何军，2012）。本文中，80后移民占比60.4%，在2017年被调查时期其平均年龄约为37岁，正值身体机能健壮时期，由于大多数移民在城市出生或生存，在农村没有土地，因此他们对生活的满意程度主要是参照迁入地的标准，如表7－10所示。

表7－10　主要自变量的定义和描述性统计

变量名	定　　义	均　值	标准差
性别	受访者男性赋值为1，女性赋值为0	0.49	0.50
年龄分类			
“50”后/“60”后对照组	50~60年代出生者赋值为1，其他为0	0.13	0.34
“70”后	70年代出生者赋值为1，其他为0	0.23	0.42
“80”后	80年代出生者赋值为1，其他为0	0.41	0.49
“90”后	90年代出生者赋值为1，其他为0	0.19	0.40
“00”后	2000年及以后出生者赋值为1，其他为0	0.00	0.05
受教育程度			
小学及以下	小学及以下文化程度者赋值为1，其他为0	0.12	0.32
初中	初中文化程度者赋值为1，其他为0	0.38	0.48
高中/中专	高中/中专文化程度者赋值为1，其他为0	0.23	0.42
大学专科/本科	大学专科/本科文化程度者赋值为1，其他为0	0.32	0.47
研究生	研究生文化程度者赋值为1，其他为0	0.05	0.21
婚姻状况	受访者结婚赋值为1，其他为0	0.84	0.36
暂住证/居住证	有暂住证/居住证赋值为1，否则为0	0.78	0.42
月工资	本人上个月（或上次就业）工资收入/元	6 782.04	6 272.85
周工作时间时长	这周工作时间/时	49.03	15.09
住房	拥有住房赋值为1，否则为0	0.39	0.49

续　表

变量名	定　　义	均　值	标准差
外出工作年限	受访者外出工作年限/年	4.71	4.82
医疗保险			
新型农村合作医疗保险	在工作地拥有该医疗保险赋值为 1，其余为 0	0.46	0.50
城乡居民合作医疗保险	在工作地拥有该医疗保险赋值为 1，其余为 0	0.04	0.19
城镇居民医疗保险	在工作地拥有该医疗保险赋值为 1，其余为 0	0.06	0.24
城镇职工医疗保险	在工作地拥有该医疗保险赋值为 1，其余为 0	0.46	0.50
公费医疗	在工作地拥有该医疗保险赋值为 1，其余为 0	0.02	0.15
职业			
专业技术人员	受访者属于专业技术人员为 1，其他为 0	0.15	0.36
负责人	受访者属于负责人为 1，其他为 0	0.01	0.09
办事人员	受访者属于办事人员为 1，其他为 0	0.02	0.15
服务人员	受访者属于服务人员为 1，其他为 0	0.38	0.48
生产和运输人员	受访者属于生产和运输人员为 1，其他为 0	0.24	0.43
其他人员	受访者不属于上述职业为 1，否则为 0	0.04	0.20

除了个体特征之外，本文增加对移民所处环境的宏观控制变量的研究。许多关于中国劳动力流动的经验研究认为劳动力为了获得更多的就业机会和更高的工资而流动，加上户籍政策的限制，流动人口无法享受和城市居民相同的公共服务。然而，夏怡然等认为流动人口也选择“人往高处走”，除了良好的就业机会和高工资以外，流动人口追求更好的公共服务（夏怡然等，2015），且公共服务对于流动人口迁移的重要性也在许多国家被证实（Nechyba et al.，1998；Dahlberg et al.，2012）。本文选择的城市宏观特征变量包含 4 类：（1）城市区位房屋年均价；（2）医疗服务供给水平；（3）基础教育供给水平；（4）环境要素。这 4 类因素与移民个人融入

最直接相关，房价能反映出移民融入城市的居住成本，医疗资源的投入可以衡量移民可及的医疗供给状况，人均教师数可以衡量教育资源质量，移民生活住所的绿地面积和游览资源也能衡量其生活舒适度和人际交往资源的机遇状况。具体宏观变量定义和描述统计如表 7－11 所示。

表 7－11　移民城市区位特征的描述性统计

变量名称	观测数	均　值	标准差	最小值	最大值
房价/（元/米^2）	7 000	45 430. 57	14 780. 02	14 123. 00	79 414. 67
医疗服务供给					
卫生机构数量/个	7 000	439. 23	278. 71	171. 00	949
床位数/张	7 000	9 377. 35	5 652. 01	3 156. 00	18 749
卫生技术人员数/人	7 000	12 670. 54	7 960. 37	4 205. 00	25 937
基础教育供给					
人均小学教师数/%	7 000	0. 07	0. 01	0. 06	0. 11
人均中学教师数/%	7 000	0. 09	0. 01	0. 09	0. 12
环境要素					
绿地面积/公顷	7 000	12 684. 77	9 250. 03	274. 27	30 778. 38

基本回归模型的设定，参考夏怡然等（2015）的研究范式，城市移民融入度的指标设计整合了移民对于自身获得效用的主观判断，融入度水平依赖于移民的个体特征和城市特征。

$$y_i = \beta_0 + \beta_1 x_i + \beta_2 w_j + \beta_3 z_i + \varepsilon_i (i = 1, 2, \cdots, n) \qquad (3)$$

式中，β_1 为移民自身个体性特征类解释变量的系数；β_2 为城市特征类控制变量的系数；β_3 为虚拟变量类指标的系数。系数绝对值越大，表明影响程度越大。其中 x_i 包含受教育水平、月工资和周工作时长，w_j 包括房价均值、医疗服务供给、基础教育供给和环境要素等，z_i 代表性别、年龄、暂住证及有无住房等虚拟变量。

为了消除数据的非正态性，本文将月工资变量、周工作时长变量以及宏观变量中的房价均值变量、医疗供给变量和环境要素变量取对数处理。考虑到测量的准确性和数据的可获得性，本文使用 2017 年上海 16 个区的房屋均价的对数值作为衡量指标表示城市中各区的住房供给状况。使用人均小学教师数和人均中学教师数衡量各区的基础教育水平，用卫生机构数、床位数和卫生技术人员数衡量各区的医疗服务水平。由于基础教育和医疗服务相应的各个变量之间存在很强的相关性，直接进行模型估计会产生严重的多重共线性问题。我们参考夏怡然等（2015）的计量方法，将教育和医疗两组变量分别采用主成分分析，取第一主成分的分值作为基础教育和医疗的度量放入实证模型。此外，我们还用城市各区绿地面积的对数值表示各区的环境控制变量。

7.4　上海城市移民融入的实证分析

7.4.1　基础回归结果

如表 7－12 所示，模型一是仅包含个体特征变量和虚拟变量的模型，而模型二是基于方程（3）增加了宏观控制变量的模型，模型二相比模型一来说，系数基本未发生改变，调整后复决定系数增加，说明模型二的解释程度有所上升。本文将主要报告每个回归方法中模型二的结果。对模型进行了多重共线性问题的检验，方差膨胀因子（VIF）的值均小于 10，表明不存在多重共线性问题。从模型二的结果看，移民个体特征诸如就业收入、工作情况、职业类型、年龄、受教育程度、暂住证、婚姻、住房特征、医保状况均与移民融入度显著相关。其中性别、周工作时长为负相关，意味着相比男性移民，女性主观上更有融入倾向；周工作时长越长越不利于移民融入。月工资和工作年限可以提升移民的经济立足基础，因此起明显的正向促进作用。婚姻有利于促进移民的社会融入，良好的婚姻状态不仅有利于稳固移民在城市安居的心理，还能够给移民带来经济立足资本和社会连接机遇。暂住证是城市给予移民的一种暂时性容留证明，拥有暂住证的移民在相关权益的获取上相比其他流动人口更为方便，办理暂住证享受一些本地居民福利，同时也是获取城市户籍、办理子女上学和大病报销等其他城市权益申请的必要前提条件。有住房对于融入度的影响显著为正，特别是在大城市，拥有住房也是方便子女教育、减少就业通勤时间和积累家庭财富的一种必要手段。这也验证了任远（2016）的观点：不是城市移民增长增加了城市住房市场的压力，而是城市住房市场价格扭曲增加了城市移民的生活压力，进一步阻碍了移民在城市稳定居留和长期居留，限制了移民的融入度。住房和居住环境较差、住房质量较低，加剧了生活的贫困化和空间隔离，弱化了移民的社会归属感和认同感，也削弱了移民在城市扩展社会网络和获得发展的能力。

表 7－12　基础回归结果

变量名称	模型一		模型二	
	系　数	标准误差	系　数	标准误差
个体特征变量				
月工资	0.032 1***	[0.003 7]	0.031 2***	[0.003 7]
周工作时长	−0.024 0***	[0.007 5]	−0.026 4***	[0.007 4]
工作年限	0.007 3***	[0.002 0]	0.007 3***	[0.002 0]
年龄：对照组“50”后/“60”后				
“70”后	−0.018 0***	[0.006 5]	−0.016 0**	[0.006 4]
“80”后	−0.007 7	[0.006 3]	−0.004 2	[0.006 3]
“90”后	−0.006 7	[0.007 4]	−0.002 8	[0.007 4]
“00”后	0.004 4	[0.010 7]	0.019 9	[0.011 2]
职业性质：对照组单位负责人				
专业技术人员	−0.012 2	[0.014 2]	−0.014	[0.014 3]
办事员	0.022 2	[0.015 9]	0.019 5	[0.016 0]
服务人员	−0.007 9	[0.014 3]	−0.017	[0.014 4]
生产者	−0.040 8***	[0.014 4]	−0.041 6***	[0.014 5]
其他	−0.026 2*	[0.015 3]	−0.025 5*	[0.015 4]

续 表

变量名称	模型一		模型二	
	系 数	标准误差	系 数	标准误差
学历：对照组小学及以下				
中学	-0.013 6**	[0.005 5]	-0.012 4**	[0.005 4]
高中	0.002 5	[0.005 7]	0.003 4	[0.005 6]
大学	0.022 9***	[0.005 7]	0.022 3***	[0.005 6]
研究生	0.017 5**	[0.008 7]	0.016 7*	[0.008 5]
保险种类：对照在本地办理新农合				
城乡合	0.021 0**	[0.009 9]	0.016 6	[0.010 1]
城居保	0.050 9***	[0.007 6]	0.050 1***	[0.007 5]
城职保	0.056 1***	[0.004 0]	0.057 0***	[0.003 9]
公费医疗	-0.001 2	[0.009 0]	0.002 6	[0.009 0]
个体虚拟变量				
性别	-0.019 9***	[0.003 6]	-0.018 7***	[0.003 6]
是否结婚	0.018 0***	[0.005 3]	0.019 6***	[0.005 3]
是否有暂住证	0.038 1***	[0.004 2]	0.035 5***	[0.004 2]
有无住房	0.046 5***	[0.003 8]	0.047 7***	[0.003 8]
宏观控制变量				
房屋均价	—	—	-0.038 1***	[0.011 1]
医疗保障	—	—	0.027 2***	[0.006 9]
基础教育	—	—	0.004 7	[0.005 8]
绿地面积	—	—	-0.016 9***	[0.003 6]
N	3 541		3 541	
R^2	0.376 6		0.386 1	

注：括号中为 p 值，*** $p<0.01$，** $p<0.05$，* $p<0.1$。

相比“50”后和“60”后，“70”后的融入度有所降低，而“80”后、“90”后和“00”后的融入度却不显著。这反映出在城市中工作的“70”后面临的融入环境不佳。目前“50”后、“60”后基本已处于退休阶段，其经济状况明显好于还处在奋斗和打拼阶段的移民群体，而“00”后多为城市移民二代或三代，他们没有经历父辈们经历过的从农村到城市的过程，对生活的满意程度主要是参照迁入地的标准。但这一青年群体城市生活还存在障碍，远未达到主观上自认为是本地社会成员的“融入”程度。在全社会倡导和谐包容的社会氛围，将有助于提升移民二代的身份认同（路锦非，2018）。

从移民的职业性质来看，对照单位负责人，专业技术人员、办事员和服务人员的融入度并不显著，生产者及其他职业的人的融入度显著为负，这一情况说明移民职业对移民融入度产生的影响总体上来讲不太显著，从事体力劳动或不规律性职业的移民的融入度明显不如企业的负责人。移民的就业选择对其融入主观感受的影响似乎不大，各行各业的人对于融入感都有不同的判定，单纯从职业种类上无法断定一个人融入感的高低。但有研究者认为，农民工会促进城市职业升级，使高技能工人流动到高收入职业，将低技能工人挤入低收入职业（赵西亮，2018）。实证结果也显示从事生产活动的移民获得的工资收入要明显低于其他职业，可能无形中会加大对未来在城市定居具有压力的预测判断。

从移民的受教育程度来看，对比小学及以下受教育程度者来讲，中学受教育程度者的融入度显著为负，高中文化程度者融入度并不明显，大学及以上文化程度者的融入度显著为正。虽然我们不能判断是何种原因导致高中受教育程度者与小学及以下文化程度者的融入差别不明显，但我们能得出相比文化程度最低的群体，文化程度越高，越有利于其移民融入度的提升的结论。可见教育作为一种重要的人力资本投资的形式，对促进移民的社会融入起积极的正向作用（张红霞，2018）。各大城市开始“抢人大战”，从北京、上海、广州和深圳等一线城市到武汉、西安和南京等内陆省会城市，它们纷纷出台就业福利措施，争抢高校学生落户。大城市给予人才低门槛落户、买房打折、租房补贴、医疗保障以及子女就学等优惠福利政策，吸引其在城市中落户、就业和安居，极大地提高了这部分人才对于移民城市的融入感，同时人才的增加也能够增加城市活力和消费水平。

从移民的保险状况来看：对照在本地办理新农合者，除公费医疗拥有者的融入度基本无显著差异，其余险种参与者的融入度显著为正，当然受调查问卷的限制，本调查仅能区分移民入了哪种保险，但其能够选择保险种类往往受自身条件和制度限制，每一种保险制度均是对移民的福利保障，因此，本文还不能明确断定不同险种对融入度的提升差异。

进一步观察加入的控制变量：(1) 加入控制变量后，模型的拟合优度从 0.3766 上升到 0.3876，方程的整体解释度有所提升；(2) 加入控制变量后，核心解释变量依然显著，控制变量中，房价、医疗和表示环境的变量均显著，基础教育不显著。因此，从总体回归结果来看，个人的工资水平、工作年限、婚姻、暂住证、住房等特性和医疗保障、居住地绿地面积等外部条件的改善会提升城市移民的融入度。个人的周工作时长和居住地平均房价的提升会降低城市移民的融入度。个人年龄、职业类型和受教育水平等对移民融入度的影响在移民群体内部存在差异性。

7.4.2　稳健性检验

Order Probit 模型的 ML 和简单线性回归模型的 OLS 在参数估计的方向和显著性上存在一致性。因此，本文试图尝试使用 Order Probit 模型验证模型的稳定性。根据研究需要，本文将应答者在 5 项融入指标上的得分加总，然后再重新赋值，划分出 5 类来度量被公众所感知和认可的移民融入度，如表 7－13 所示。

表 7－13　移民融入度指标等级重构

移民融入度指标	划分等级	赋　值
$0 < y < 0.2$	非常不高	1
$0.2 \leqslant y < 0.4$	不太高	2
$0.4 \leqslant y < 0.6$	一般	3
$0.6 \leqslant y < 0.8$	比较高	4
$0.8 \leqslant y < 1$	非常高	5

通过对移民融入度与移民个体和宏观因素间的关系的探讨，得出了一些基本的理论。但利用主观评价度量移民融入度，会存在一个问题，即被访者可能存在谎报选择，比如出于免费搭便车动机而策略性地低报，也可能出于对访谈者的礼貌而高报。在不能观测到具体哪些受访者会“高报”或“低报”时，借鉴高琳的做法对移民融入度的评价等级重新赋值。赋值规则是，受访者“低报”时，将非常高、比较高和一般的得分者合并为“高移民融入度者”且赋值为1，将非常不高、不太高的得分者合并为“低移民融入度者”且赋值为0。受访者“高报”时，将非常高、比较高的得分者合并为“高移民融入度者”且赋值为1，将一般、不太高、非常不高的得分者合并为“低移民融入度者”且赋值为0。进行重新赋值后应用二值 Order Probit 模型进行估计。回归结果见表7－14，无论受访者存在“低报”或“高报”，个体因素和宏观变量对移民融入度的影响系数仅是发生了大小上的微弱改变，符号方向和显著程度都没发生改变。这说明了受访者谎报满意度水平不是值得担忧的问题，本文的估计结果是稳健可靠的。

除了改变验证模型的方法，本文还从数据出发，根据不同的标准调整分类，检验结果是否依然显著。在移民年龄划分标准中，基本回归时考察了相比五六十年代移民，其余年代的移民融入呈显著性。为深入考察移民代际问题对于融入度的影响，将1980年前出生者赋值为0，将1980年后出生者细分，分为1980—1990年出生和1990年后出生两个阶段，分别赋值为1，纳入回归方程。稳健性检验结果如表7－15所示，关键解释变量的回归系数和 p 值变动细微，说明模型稳健性良好，在针对1980—1990年出生者的回归中，系数显著为正，拟合优度出现上升，其他控制变量的显著度并未发生改变。这说明1980—1990年出生者融入度略高于1980年前出生的人。对1990年后出生者的回归中拟合优度出现下降，但浮动比率变化不大，这与符合划分标准的样本数量骤减存在一定关系，且控制变量中的显著度基本无变化，说明模型较为稳健。

表 7 – 14 基于 Order Probit 回归模型的稳健性检验

变量名称	模型一		低报时		高报时	
	系数	标准误差	系数	标准误差	系数	标准误差
个体特征变量						
月工资	0. 329 5***	[0. 043 9]	0. 415 4***	[0. 064 4]	0. 223 1***	[0. 057 7]
周工作时长	−0. 307 9***	[0. 088 7]	−0. 288 2***	[0. 097 8]	−0. 310 6**	[0. 130 3]
工作年限	0. 073 2***	[0. 024 9]	0. 054 3*	[0. 032 0]	0. 091 0***	[0. 035 3]
年龄：对照组“50”后/“60”后						
“70”后	−0. 187 5**	[0. 080 5]	−0. 204 4**	[0. 094 2]	−0. 195 8	[0. 123 8]
“80”后	−0. 040 5	[0. 078 4]	−0. 115 2	[0. 092 7]	−0. 016 9	[0. 117 5]
“90”后	0. 017 3	[0. 092 3]	0. 026 5	[0. 109 5]	−0. 077 1	[0. 140 2]
“00”后	−0. 444 6***	[0. 151 9]	−3. 442 5	[112. 038 6]	−1. 870 5	[124. 293 9]
职业性质：对照组单位负责人						
专业技术人员	−0. 041 8	[0. 167 9]	−0. 338 0	[0. 397 7]	0. 021 9	[0. 211 0]
办事员	0. 302 2	[0. 191 2]	0. 003 7	[0. 434 1]	0. 360 3	[0. 236 1]
服务人员	−0. 027 8	[0. 169 8]	−0. 321 6	[0. 398 3]	0. 006 4	[0. 215 3]
生产者	−0. 329 0*	[0. 171 6]	−0. 697 0*	[0. 398 5]	−0. 158 8	[0. 219 0]

续 表

变量名称	模型一		低报时		高报时	
	系数	标准误差	系数	标准误差	系数	标准误差
其他	-0.120 1	[0.182 6]	-0.413 2	[0.412 6]	-0.055 4	[0.241 2]
学历：对照组小学及以下						
中学	-0.132 0**	[0.066 0]	-0.071	[0.073 4]	-0.211 9**	[0.102 4]
高中	0.079 8	[0.066 8]	0.128 8*	[0.077 7]	0.072 8	[0.096 7]
大学	0.275 8***	[0.067 1]	0.247 3***	[0.079 8]	0.352 8***	[0.088 8]
研究生	0.099 5	[0.099 0]	-0.026	[0.140 7]	0.312 2**	[0.121 5]
保险种类：对照在本地办理新农合						
城乡合	0.320 6***	[0.119 6]	0.205 6	[0.133 3]	0.349 3**	[0.149 4]
城居保	0.509 7***	[0.097 7]	0.730 3***	[0.151 9]	0.281 7*	[0.145 5]
城职保	0.626 5***	[0.050 8]	0.687 8***	[0.057 8]	0.518 5***	[0.082 4]
公费医疗	-0.008 4	[0.109 0]	0.107 0	[0.169 9]	-0.122 3	[0.143 6]
个体虚拟变量						
性别	-0.233 6***	[0.044 1]	-0.222 0***	[0.056 6]	-0.280 8***	[0.061 5]
是否结婚	0.271 4***	[0.065 6]	0.387 4***	[0.077 7]	0.135 9	[0.089 8]

续 表

变量名称	模型一		低报时		高报时	
	系数	标准误差	系数	标准误差	系数	标准误差
是否有暂住证	0.422 4***	[0.054 9]	0.425 4***	[0.061 4]	0.429 9***	[0.096 9]
有无住房	0.483 7***	[0.046 0]	0.544 2***	[0.060 0]	0.439 9***	[0.062 0]
宏观控制变量						
房屋均价	−0.405 6***	[0.137 1]	−0.505 8***	[0.178 4]	−0.247 2	[0.209 9]
医疗保障	0.282 7***	[0.086 6]	0.325 9***	[0.110 4]	0.268 6**	[0.128 6]
基础教育	0.040 8	[0.070 9]	0.152 3*	[0.089 2]	−0.165 8	[0.113 4]
绿地面积	−0.172 6***	[0.041 1]	−0.190 3***	[0.053 5]	−0.176 4***	[0.062 7]
N	3 541		3 541		3 541	
R^2_p	0.189 6		0.246 2		0.208 2	
chi2			1 026.782		701.629 4	

表 7－15　基于改变代际划分的稳健性检验

变量名称	1980—1990		1990+	
	系　数	标准误差	系　数	标准误差
年龄	0.007 5*	[0.004 0]	0.008 9*	[0.006 3]
个体特征变量				
月工资	0.029 5***	[0.003 8]	0.033 2***	[0.005 0]
周工作时长	−0.022 1***	[0.007 3]	−0.041 4***	[0.008 6]
工作年限	0.007 3***	[0.002 1]	0.011 4***	[0.002 8]
职业性质：对照组单位负责人				
专业技术人员	−0.019 7	[0.015 6]	−0.030 3	[0.025 9]
办事员	0.021 6	[0.017 7]	−0.008 7	[0.028 8]
服务人员	−0.015 8	[0.015 8]	−0.033 7	[0.026 0]
生产者	−0.045 2***	[0.015 9]	−0.066 4**	[0.026 1]
其他	−0.024 3	[0.017 3]	−0.056 7**	[0.027 5]
学历：对照组小学及以下				
中学	−0.012 4**	[0.005 2]	−0.005 3	[0.006 1]
高中	0.005 6	[0.005 4]	0.007 2	[0.006 4]
大学	0.023 3***	[0.005 2]	0.019 5***	[0.006 7]
研究生	0.011 1	[0.008 0]	0.003 6	[0.011 7]
保险种类：对照在本地办理新农合				
城乡合	0.012	[0.009 7]	0.015	[0.011 6]
城居保	0.046 9***	[0.009 3]	0.053 5***	[0.012 2]
城职保	0.052 8***	[0.004 4]	0.059 6***	[0.005 1]
公费医疗	0.001 3	[0.009 7]	−0.000 6	[0.015 1]
个体虚拟变量				
性别	−0.020 2***	[0.003 9]	−0.009 5*	[0.004 9]
是否结婚	0.022 2***	[0.006 7]	0.011 9*	[0.006 5]
是否有暂住证	0.038 1***	[0.005 0]	0.031 3***	[0.005 4]
有无住房	0.053 2***	[0.004 1]	0.038 2***	[0.005 0]
宏观控制变量				
房屋均价	−0.034 3***	[0.012 5]	−0.041 6***	[0.015 2]

续　表

变量名称	1980—1990		1990+	
	系　数	标准误差	系　数	标准误差
医疗保障	0.027 2***	[0.007 8]	0.022 0**	[0.009 4]
基础教育	0.005 8	[0.006 5]	0.005 4	[0.007 9]
绿地面积	−0.017 2***	[0.003 8]	−0.017 6***	[0.004 5]
N	2 852		1 834	
R^2	0.398 2		0.346 2	

注：括号中为 p 值，*** $p<0.01$，** $p<0.05$，* $p<0.1$。

7.4.3　异质性检验

本文前半部分的检验是将移民看成工作环境、生活环境和其他福利待遇具有相同偏好的群体，得到的是个体特征和外部特征对于移民融入影响的平均效应。然而移民的某些天然的禀赋可能会影响移民融入度的水平，例如，祖籍是江苏、浙江地区的移民居住地本身就靠近上海，其语言环境与上海相似，有助于和本地人交流和沟通，且苏浙地区人群公认特性相近，如稳健亲善、精打细算、开放包容等（熊月之，1997）。因此，从理论上看，这些群体性特征使来自苏浙的移民更易融入上海的城市生活。本文在模型中加入地区控制变量，将来自苏浙的移民赋值为 1，其他地区移民赋值为 0，回归结果如表 7－16 所示：（1）户籍在苏浙地区的移民融入度显著为正；（2）方程的解释变量系数和拟合优度与基础回归方程几乎一致，因此验证了原籍居住地靠近上海的移民在上海融入度更高的假设。

表 7－16　基于描述空间特性的异质性检验

变量名称	模型一	
	系　数	标准误差
苏浙区域	0.007 1*	[0.003 9]
个体特征变量		
月工资	0.030 8***	[0.003 7]

续 表

变 量 名 称	模 型 一	
	系 数	标准误差
周工作时长	-0.025 8***	[0.007 4]
工作年限	0.007 3***	[0.002 0]
年龄：对照组“50”后/“60”后		
“70”后	-0.015 7**	[0.006 4]
“80”后	-0.003 8	[0.006 3]
“90”后	-0.002 5	[0.007 4]
“00”后	0.020 6*	[0.011 2]
职业性质：对照组单位负责人		
专业技术人员	-0.014 6	[0.014 3]
办事员	0.018 3	[0.016 0]
服务人员	-0.014 5	[0.014 4]
生产者	-0.042 1***	[0.014 5]
其他	-0.025 8*	[0.015 4]
学历：对照组小学及以下		
中学	-0.012 4**	[0.005 4]
高中	0.003 2	[0.005 6]
大学	0.021 9***	[0.005 6]
研究生	0.017 1**	[0.008 5]
保险种类：对照在本地办理新农合		
城乡合	0.016 2	[0.010 2]
城居保	0.050 2***	[0.007 5]
城职保	0.056 8***	[0.003 9]
公费医疗	0.002 5	[0.009 0]
个体虚拟变量		
性别	-0.018 7***	[0.003 6]

续　表

变量名称	模型一	
	系　数	标准误差
是否结婚	0.019 7***	[0.005 3]
是否有暂住证	0.035 5***	[0.004 2]
有无住房	0.047 0***	[0.003 8]
宏观控制变量		
房屋均价	−0.038 3***	[0.011 1]
医疗保障	0.027 0***	[0.006 9]
基础教育	0.004 5	[0.005 8]
绿地面积	−0.016 7***	[0.003 3]
N	3 541	
R^2	0.386 7	

注：括号中为 p 值，*** $p<0.01$，** $p<0.05$，* $p<0.1$。

7.5 计量结果

流动人口个体因素显著影响移民的社会融入度。在控制其他变量的基础上，女性比男性融入度高，受教育水平对流动人口的融入度作用显著。教育作为人力资本的重要形式，不仅有利于增强流动人口在劳动力市场的竞争力，而且有利于提高他们的社会适应能力和政治参与意识及水平，增强他们的社会资本，进而有助于促进移民融入和社会融合。受地区语言和文化差异等原因的影响，相较于远距离迁移的移民，原户籍地靠近上海的流动人口更容易融入本地生活。

户籍等隐形的制度分割会影响移民融入度。拥有暂住证的移民融入度显著高于无暂住证者。制度分割会导致流动人口无论是在经济立足、社会连接，还是在文化参与、福利获取和心理认同等方面均不及本地人。制度分割会加剧社会上对于流动人口的误解和偏见，使得他们难以与本地人群体交流，这种人为的分割界限不利于流动人口社会地位的提升。城市落户难度越高，移民越可能将收入所得汇款汇到家，减少自身消费需求，而户籍改革能够实现双赢。

城市是人们沟通、交流和互动的平台，城市公共服务和治理政策是流动人口融合与治理的媒介和手段。良好的居住条件、公共服务与环境设施对于流动人口的融合具有重要的促进作用。目前，上海的基础教育对外来人口的吸引度还无法衡量。各区房价对外来人口的融入度起明显的负向作用，在长期高溢价的基础上，极有可能对城市移民群体产生分化作用，不利于城市劳动力市场的均衡发展。

7.6 本章小结

本章节首先对移民融入的概念进行了界定，在主流融入理论的指导下，借鉴并参考国外移民融合指标体系、国内城市移民的阶段发展特性以及使用 2017 年全国流动人口监测数据，采用模糊集理论构建隶属度指标衡量移民融入度，对 2017 年上海流动人口的基本状况、特点和发展趋势进行了比较全面的统计和实证分析。城市移民的社会融入政策要因人而异、因地制宜。中国的社会结构不同于西方，是层次化的和相互嵌套的“差序格局”。因此对移民的社会融入这一体现社会结构变动的重要研究需要深植于中国的社会实际。

移民因个体人口学特征、经济社会特征和流入城市环境的不同会呈现不同的融入度。移民群体虽具有群体性特征，但移民个体早已不具有同质化需求，不能采取“一如既往”的治理模式。

第 8 章　上海城市移民政策的发展演变

上海城市移民的来源结构呈现多元化态势，特别是受人口容量的限制和城市产业结构高级化的影响，移民群体已由以农民工移民为主体转变为以经商务工移民、高级技术移民和外国移民为主，城市移民数量和结构的变化为上海经济社会带来巨大推动力的同时，也为上海城市管理带来巨大的挑战。本章首先以农民工政策的背景、特点和内容等方面探讨中国移民政策从管制到服务转变的历程；其次，梳理了上海城市移民政策文件的历史演变，并对人才、就业和医疗等具体政策演变进行了梳理；最后，在对上海流动人口管理模式的 3 次转变基础上，探讨了上海城市人口管理的现状特征、主要内容与转型思路。

8.1　中国移民政策从管制到服务的转变

中国城市曾把农民工的市民化作为城市移民公共政策的核心，通过国家对农民工政策的变迁可以看出国家经济社会的变化，洞悉中国式公共治理手段的调整思路。

8.1.1　农民工政策背景

改革开放使限制农村劳动力向城市转移就业的政策逐渐松动。1982 年以后，“允许农民工进城开店、设坊、兴办服务业”等多项有益于人口流动的经济政策逐渐落实。随之而来的“民工潮”虽然提供了充足、低廉的劳动力，但是同时又使城市产生就业和社会服务体系的压力。在 20 世纪90年代，政府采取有限制地接受农民工进城的做法，引导农民工“有序流动”，从维护城镇居民的利益出发居多，政策围绕治理、限制和预防，消极的政策取向无法使中国城市化、工业化发展道路与民工有序地、有机地结合，结果只是农民工被边缘化的同时，农民工的个人风险不断累积，社会风险产生的可能性增大，进而可能对中国经济社会的健康和持续发展造成巨大的负面影响（郑功成等，2007）。

户籍制度从本质上看，是一种“社会屏蔽”制度，建立人与资源关系的秩序。20世纪50年代以来，户籍制度成为分配财产与资源的基础，调整社会关系并确立城乡分治的二元社会秩序。户口是新居民享有社区资源的合法权利的依据（Knight et al.，1999）。农村户口享有土地承包及住房的权利，而城市户口则是城市居民享有社会福利与社会保障的依据。改革开放以后，户籍制度维持秩序的功能逐渐被产权、文凭和技术证书所取代，逐步向着更公平的个人努力的新制度体系转变。不过由于制度惯性，户籍制度的改革仍然面临诸多阻力与挑战。

社会融入最关键的制度障碍是以户籍制度为基础的农村移民城市人口管理制度与社会福利制度及其对流动人口的限制与排斥。户口和其对应的用工制度、子女教育和政治选举等方面的制度使得农民工丧失权利、受到不平等待遇。据统计，农村户口与城市户口的待遇差别竟达47项之多，这些差别待遇，在某种程度上破坏了农民工对于融入城市的信心和努力，也使得他们融入城市的成本增大（任远等，2006）。因此，迫切地需要探讨户口体系的改革与政策，消除移民融入的制度障碍，为移民的服务与社会保障提供制度与法律的支持。

8.1.2 农民工政策特点

葛延风（2008）谈到了农民工政策4个方面的基本点。（1）农民工从农村向城市的流动是一个不可逆的过程，是农民工政策的出发点。第一代农民工流动的主要动因是增加收入，对家乡有更多的认同，而新生代农民工并不限于在城市挣钱，更倾向于融入城市生活。政策调整指公共政策、服务政策和管理政策需要对此做出相应的调整。（2）农民工的流动经过 20 多年的发展，内部的分化与差异已经越来越大，包括在收入水平、就业方式、生活方式和融入程度等方面的差异，政策需要充分考虑到这种差异和变化。(3) 影响农民工社会融入的核心问题还是和户籍有关的保障机制安排，尤其是基础教育、最低生活保障制度和住房制度，以及正在发展的旅租房制度。核心是通过政策调整，给所有的人包括农民工提供平等的福利保障制度。(4) 农民工面临的突出问题是劳资关系和被边缘化的问题，加大政策的力度，结合其他的低端劳动力问题通盘考虑。以上 4 个方面的基本点立足于农民工的现实状况，从政策制定与研究的层面概述了农民工政策的基本思路与调整方向。

8.1.3　农民工政策内容

首先，在政治因素方面，政府越来越重视社会弱势群体和社会正义，中国的公共政策逐渐向有利于农民工的方向发展（岳经纶，2006），例如温家宝总理 2003 年 10 月为农民工追讨欠薪事件，带动农民工追讨欠薪政策纷纷出台，各地政府、社会展开各种规模的讨薪行动。同时城市失业率有所缓解，政府有更多的精力和资源集中于农民工的问题。其次，在经济因素方面，农民工越来越成为产业工人的主体，在中国制造业中的基础地位也有了很大的提高，特别是在农民工短缺的地区，企业和政府开始反思现有的政策。最后，在迁移工人边缘化的过程中，学术界、媒体和社会各阶层都对迁移工人的问题给予了积极的关注和呼吁。同时，移民本身的成长，特别是新一代的权利保护和平等意识，敦促中央和地方政府及时调整相关政策，以满足实际需要。

2003 年，国家提出了“公平对待、合理引导、完善管理、优质服务”的政策方针（国办发〔2003〕1 号），开展农民工职业培训。2004 年，中央一号文件（中发〔2004〕1 号）首次提出“城市农村劳动力已成为产业工人的重要组成部分”，农民工正式纳入产业工人行列。2006 年，中央一号文件《中共中央国务院关于推进社会主义新农村建设的若干建议》（中发〔2006〕1 号）指出加快转移农村劳动力，不断增加农民的务工收入，保障务工农民的合法权益。

2006年国务院建立农民工工作联席会议制度（国函〔2006〕19号），统筹协调和指导全国农民工工作。联席会议由国务院有关部门和工会、共青团及全国妇联等31个部门、单位和群众团体组成，联席会议的日常工作由劳动保障部负责。在国务院领导下，研究农民工发展的主要政策措施，国务院决策提供意见和建议；监督检查有关政策执行和完成工作任务，各地区、各部门协调解决政策执行困难的问题。

2006年1月18日，国务院以行政法规的方式发布全面系统性的农民工政策文件:《国务院关于解决农民工问题的若干意见》（国办发〔2006〕5号），该文件提出解决农民工问题要坚持“公平待遇、平等待遇、强化服务、完善管理、统筹规划、合理引导、因地制宜、分类指导、立足当前、着眼长远”的政策原则。国家解决农民工问题的政策思路与目标逐渐明确，越来越多地保护到农民工城乡流动中的就业、工资、劳动、子女教育和保险等问题。

2008年，国务院办公厅发布关于做好当前农民工工作的通知（国办发〔2008〕130号）再次强调:采取多种措施促进农民工就业；加强农民工技能培训和职业教育；大力支持农民工返乡创业和投身新农村建设；确保农民工工资按时足额发放；做好农民工社会保障和公共服务；切实保障返乡农民工土地承包权益。

2011年国务院发布《国务院办公厅关于积极稳妥推进户籍管理制度改革的通知》（国办发〔2011〕9号）。强调要保证进城落户的农村人口与当地城镇居民享有同等权益；对暂时不具备落户条件的农民工，要完善相关制度。着力解决当前劳动报酬方面的突出问题，包括儿童教育、技能培训、公共卫生、住房租购、社会保障和职业安全卫生等问题。促进城乡公共资源均衡配置，逐步实现城乡基本公共服务均等化，使城镇化与新农村建设相互促进、协调发展。采取有效措施，为其他临时居民在当地学习、工作和生活提供便利。要集中清理造成临时居民学习、工作和生活不便的有关政策和措施。关于未来引进的就业、义务教育和技能培训等政策措施，不要与户口挂钩。继续探索建立城乡统一的户籍制度。临时居留证制度逐步实施，具体措施在公安部同有关部门按照程序研究制定批准后实施。

2012 年教育部、发展改革委、公安部、人力资源和社会保障部发布《关于做好农民工随迁子女在当地参加入学考试的意见》深入保障农民工随迁子女公平受教育的权利和机会，促进人口合理有序流动，结合进城务工人员随迁子女入学考试的实际需要和进城人口教育资源的承载能力，积极稳妥地推进随迁子女考试工作。

2014 年 7 月，国务院印发《关于进一步推进户籍制度改革的意见》（国办发〔2014〕25 号）。这些意见从 3 个方面提出了进一步推进户籍制度改革的 11 项具体政策措施。（1）进一步调整户口迁移政策。小城镇建设全面放开落户限制，有序自由化大中城市落户，在严格控制的条件下，有效解决户口迁移的关键问题。（2）创新人口管理。建立城乡统一的户籍制度、居住证制度和完善的人口信息管理系统。（3）切实保障农业转移人口和其他常住人口的合法权益。完善农村产权制度、义务教育、就业服务、基本养老、基本医疗等基本公共服务，促进城市住房保障覆盖面的扩大，加强基本公共服务财力保障。

2014 年，国务院发布了《国务院关于进一步做好农民工服务工作的意见》（国办发〔2014〕40 号）。提出了政策措施的 4 个方面。（1）着力稳定和扩大农民工创业就业。实施农民工职业技能提高计划，努力实现农村初中、高中未升入普通高中、大专的毕业生接受职业教育；大力发展服务业，特别是家庭服务业和中小微型企业，发展适合农民工的就业岗位；将农民工纳入创业政策扶持范围。（2）着力维护农民工的劳动保障权益。落实农民工和同工同酬城镇职工的原则；扩大农民工参加城镇社会保障覆盖面；加强农民工职业病患者的职业病防治和援助的行动，以确保符合条件的无法追查雇主和用人单位的患病者享受同样的生活和医疗保障。（3）着力推动农民工逐步实现平等享受城镇基本公共服务和在城镇落户。公立义务教育学校要普遍向农民工子女开放，完善社区卫生和计划生育服务网络，把农民工纳入服务范围；规划城镇居民人口规模和建设用地面积；将农民工住房问题纳入住房发展规划；有序推进城镇农民工安置。（4）着力促进农民工社会融合。将农民工纳入城市公共文化服务体系；加强对农民工的人文关怀；各类学校给农民工提供夜校等，推出新的公开培训。

2016年7月，国务院发布《关于实施支持农业转移人口市民化若干财政政策的通知》（国办发〔2016〕第44号）规定了10项具体政策措施：(1）保障农业转移人口子女平等享有受教育的权利；（2）支持创新城乡基本医疗保险管理制度；（3）支持完善统筹城乡的社会保障体系；（4）加大对农业转移人口就业的支持力度；（5）建立农业转移人口市民化奖励机制；（6）均衡性转移支付适当考虑为持有居住证人口提供基本公共服务增支因素；（7）县级基本财力保障机制考虑持有居住证人口因素；（8）支持提升城市功能，增强城市承载能力；（9）维护进城落户农民土地承包权、宅基地使用权、集体收益分配权；（10）加大对农业转移人口市民化的财政支持力度，并建立动态调整机制。

2016年10月11日，国务院办公厅印发了《推动1亿非户籍人口在城市落户方案》（国办发〔2016〕72号），从3个方面提出了推进1亿非户籍人口在城市落户的具体举措。（1）进一步拓宽落户通道。除了大城市，完全放宽参军进城、农村学生升学等重点人群定居城市工作的条件，省会及以下城市全面开放高校毕业生技能型人口落户的限制；特大城市和超大城市要分类制定解决的政策，减少在城市定居的限制。（2）制定实施配套政策。加大对农业转移人口市民化的财政支持力度并建立动态调整机制，建立财政建设资金补贴机制，加大对吸纳更多的农业转移人口城市基础设施投资，建立农业转移人口增收联动机制。完善城市基础设施项目融资制度，建立农民进城落户。确保土地承包权、宅基地使用权、集体收入分配权的维护和自愿有偿退出机制，确保落户后在同城享受住房保障、基本医疗保险、养老保险和义务教育等方面的同等待遇，促进居住对未落户的城镇常住居民实行全覆盖许可制度。（3）强化监测检查。完善结算统计制度，加强专项检查与政策效果，包括在城市中解决非户籍人口，并将相关配套政策实施情况纳入国家重大政策措施落实情况跟踪审计范围。

2019年5月中共中央、国务院发布《中共中央国务院关于建立健全城乡融合发展体制机制和政策体系的意见》（2019年第14号）要按照实现“两个一百年”奋斗目标的战略部署和农村振兴的战略规划紧密联系在一起，分“三步走”来实现。到 2022 年，初步建立城乡一体化发展体制机制。城乡要素自由流动制度基本开放，城市落户限制逐步消除，城乡统一建设用土地市场基本完成，金融服务乡村振兴的能力明显提高，农村产权保护交易制度框架基本形成，基本公共服务均等化水平稳步提高，农村治理体制不断健全，经济发达地区、都市区和城市郊区率先进行体制改革。到 2035 年，城乡一体化发展体制机制更加完善。城镇化进入成熟期，城乡发展与居民生活水平的差距明显缩小。基本建立了城市和农村有序流动的人口迁移角度，全面形成了城乡建设用地市场，全面建设城乡包容性金融服务体系，基本实现了基本公共服务均等化，农村治理体系更加完善，农业农村现代化基本实现。到 21 世纪中叶，城乡一体化发展体制机制发展成熟定型。城乡全面融合，农村全面振兴，基本实现全民共同富裕。

8.1.4　农民工服务实践

在政策倡导下，政府相关部门和社会组织开展了一系列农民工社会服务实践行动，涉及就业培训服务、维权服务以及其他社会服务项目。政府相关部门大力开展农民工就业培训服务，制订农村劳动力技能就业计划，为农民提供有效的培训和服务，促进其向非农产业转移和在城镇稳定就业。“计划”的目标是在 2006—2010 年对 4 000 万农民工进行非农技能培训，平均每年培训 800 万人，培训就业率达到 80%以上。培训项目涉及农村初、高中毕业生的劳动预备制培训、富余劳动力的劳务输出培训和在岗农民工的技能提升培训，同时，“计划”也提供就业安置服务、政策与信息咨询服务，实现培训、就业和维权三位一体的服务模式。通过普惠制的公共政策，加强人力资本的投资，逐步形成就业导向、政策支持和社会参与的运行机制。提高农村劳动者的就业技能与就业能力，为经济的可持续发展提供有效的劳动力供给，促进经济的有效性。2004 年农业部、劳动和社会保障部以及教育部等 6 个部门共同组织实施农村劳动力转移培训阳光工程，开展农村劳动力转移就业前的职业技能培训示范项目，遵照并实施了“政府推动、学校主办、部门监管、农民受益”的组织原则。阳光工程成效显著，2007年投入已达到9亿，培训350万人，带动地方政府，对农民工的培训经费超过20亿。由国务院扶贫办组织实施“雨露计划”，针对贫困地区青年农民的就业和创业需要提供培训，改善贫困地区的经济发展。

劳动保障部门及地方政府积极开展培训服务。在地方劳动保障部门的支持下，组织编写职业培训教材《进城务工教育读本》，讲解农民工需要具备的基本知识，包括进城准备、找工作、签订合同、工资待遇、社会保险以及安全生产等方面，为农民工提供指导和帮助。2005年天津市建委制订了系统培训25万农民工的三年规划，就建设职业技能、安全操作规程、维权法律知识等进行系统的培训。2006年天津市就业服务中心积极实施“五免两承诺”服务，使农村富余劳动力求职培训有门路，合法权益有保障。天津外来劳动力就业服务中心，开展“2006春风行动”，向外来求职人员发放“2006春风卡”，组织农民工专场招聘会，改善就业服务工作。2005年上海慈善教育培训中心为农民工提供免费职业技能培训，“好事服务技能培训中心”为进城家政服务人员提供母婴护理免费培训，提高其就业能力。2005年12月20日，河南郑州的农村人力资源中心市场投入使用，并举办了首届农民工招聘会，为农民工提供4 000多个就业岗位。

已有的实践行动以维护农民工的基本权益为出发点，重点发展职业培训，同时兼顾相关的社会服务。在政府、企业、非政府组织、社会团体和移民的多元化主体的合作中，形成政府主导与社会参与相结合的模式。但是在政策实施过程中，由于一些地方政府职能与城市管理部门体系的滞后，加之社会服务部门发展不足，中央政府的政策与投资难以得到充分有效的落实，服务项目因资金及其他资源的缺乏难以稳定发展。

8.2 上海城市移民政策的发展演变

8.2.1 上海移民政策文件的梳理

城市人口数量、结构和分布深刻地影响着城市发展进程和公共政策的制定，同时，城市人口调控目标、政策和手段等也深刻地影响着城市人口发展。1990 年以来，京、沪等中国大城市人口数量进入爆发式增长时期，2010 年人口普查数据显示大城市人口数量呈高位增长态势，城市管理和公共服务遭遇严峻挑战。2013 年党的十八届三中全会审议通过的《中共中央关于全面深化改革若干重大问题的决定》指出，要创新人口管理，严格控制特大城市人口规模。2014 年国务院发布的《关于进一步推进户籍制度改革的意见》明确要按照因地制宜的原则，根据城市综合承载能力、经济社会发展需要和提供基本公共服务的能力，来调整户口迁移政策，严格控制特大城市人口规模。近年来，上海通过产业政策、落户政策和综合治理等方面的调整，积极推动以“总量控制、结构优化”为目标的人口调控工作，为城市转型发展营造良好的人口环境。与此同时，在外部世界政治经济的发展、改革开放的不断深入、社会转型的进一步加速以及剧烈变化的人口形势等多重因素的影响下，上海人口综合调控工作的复杂性、艰巨性和不确定性特点比较突出。

政府政策是影响城市移民融合的一个核心因素，也是讨论城市移民融合的基础，上海城市移民的发展与移民政策的颁布和调整密不可分。改革开放以来，上海对严格的户籍管理制度进行适度调整，对城市移民开始采取比较灵活的政策。表 8－1 列出了 1991—2019 年上海出台的针对城市移民的相关政策法规。

表 8－1　上海移动人口管理的政策法规（1991—2019 年）

时　间	文　件　名　称	颁 发 单 位
1991 年	《上海市收容遣散管理条例》	市人大常委会
1993 年	《上海市单位使用外地劳动力管理规定》	市政府
1993 年	《上海市蓝印户口管理暂行规定》	市政府
1994 年	《上海市流动人口卫生防疫管理暂行规定》	市政府
1996 年	《上海市外来流动人员管理条例》	市人大常委会
1996 年	《上海市外来人员就业证管理试行办法》	市劳动局
1998 年	《上海市外来流动人员租赁房屋治安管理办法》	市政府
1998 年	《上海市外来流动人员计划生育管理办法》	市政府

续　表

时　间	文　件　名　称	颁 发 单 位
1998 年	《上海市外来人才工作寄住证实施办法》	市人事局
1999 年	《上海市吸引国内优秀人才来沪工作实施办法》	市人事局
2002 年	《引进人才实行〈上海居住证〉制度暂行规定》	市政府
2002 年	《上海市外来从业人员综合保险暂行办法》	市政府
2003 年	《上海市人民代表大会常务委员会关于废止〈上海市收容遣散管理条例〉的决定》	市人大常委会
2004 年	《上海市居住证暂行规定》	市政府
2004 年	《上海市居住房屋租赁管理实施办法》	市政府
2004 年	《〈上海居住证暂行规定〉实施细则》	市发改委、市公安局、市人事局、市劳动保障局
2004 年	关于修改《上海市外来从业人员综合保险暂行办法》的决定	上海市政府
2006 年	《关于维护上海市建筑业农民工合法权益的若干意见》	市建设交通委
2009 年	《上海市人力资源和社会保障局关于外来从业人员参加本市城镇职工基本养老保险若干问题的通知》	上海市人力资源和社会保障局
2012 年	《上海市流动人口计划生育工作规定》	上海市政府
2013 年	《上海市居住证管理办法》《上海市居住证积分管理试行办法》及实施细则	上海市政府
2016 年	《留学回国人员申办上海常住户口实施细则》	上海市人力资源和社会保障局
2019 年	《建立健全移民与出入境管理服务机制　推进实现上海高水平开放合作备忘录》	公安部和上海市人民政府

资料来源：根据上海市政府等相关网站整理所得。

8.2.2　上海移民具体政策的发展演变

1. 人才引进政策演变

上海人才引进政策的演变，主要分为四个阶段。

第一阶段：相对封闭阶段（1990 年前）。在 1990 年前，各地人才交流相对较少，人才流动受到限制。1984 年，上海市政府出台《上海市人民政府批转市人事局关于本市从外地调入专业技术干部的暂行办法的通知》，第一次突破了人才引进的政策局限，规定可以从外地选调相应稀缺的技术干部。

第二阶段：大力发展阶段（1990—2005 年）。随着上海浦东的开发开放，上海掀起了新一轮改革和发展的浪潮。1994 年，上海市人事局颁布了《关于进一步做好本市从外省市调入专业技术人员和管理人员工作的意见》，该政策将上海人才引进的重点放在"两高一低"的人才，即学历高、职称高、年龄低，致力于引进发展前景较好的专业技术人才。1996 年 12 月，《上海市人才流动条例》出台，该条例明确了上海市人才流动服务机构部门职责以及人才流动时产生争议如何处理等问题。1999 年，《上海市吸引国内优秀人才来沪工作实施办法》出台，放开了外省市优秀人才来沪工作的条件，使得上海人才引进的质量和数量都上升了一个新的高度。2005 年 11 月，上海市政府发布《鼓励留学人员来上海工作和创业的若干规定》，完善了海外留学人才引进的政策。

随着上海经济建设的不断发展，留住优秀人才显得尤为重要。2000 年上海人事局根据人才"柔性流动"的发展思路，推出《上海市引进工作证实施办法》；2002 年 6 月，上海市政府实行《上海市居住证》制度，很大程度上解决了引进人才的社会福利和社会保障等方面问题，激励人才来沪工作，这是移民城市发展到一定阶段之后的内在需求。

第三阶段：理性调控阶段（2006—2018 年）。随着上海居住证政策的推出和实施，居住证受理量猛增，由最初每年 4 000~5 000 人的数量，发展到每年 7 万~8 万人的程度，且用人单位对于人才和相应专业人员的需求不断增加，户籍引进已难以满足需求，因此上海人事局先后发布《持有〈上海市居住证〉人员申办本市常住户口试行办法》以及《持有〈上海市居住证〉人员申办本市常住户口办法实施细则》，进一步推进持有上海市居住证的户籍引进政策，合理调控人才引进规模。

第四阶段：高水平开放阶段（2019 年至今）。为推进上海自贸区临港新片区更深层次、更宽领域、更大力度的全方位高水平开放，近年来，公安部和国家移民管理局主动适应上海改革开放发展的新形势新变化，研究出台了一批在上海先行先试的更加开放的引进外籍高端人才、专业人士来沪工作、科研与交流的停居留政策，更具吸引力的外国人来沪旅游、休闲和学习的出入境便利措施，更具竞争力的鼓励外国人来沪创新、创业及投资的移民管理制度，更具获得感的外国人在沪融入发展的移民服务措施。2019 年 11 月，公安部和上海市人民政府签署《建立健全移民与出入境管理服务机制推进实现上海高水平开放合作备忘录》，内容包含对上海自贸区临港新片区引进的外籍人才提供办理长期居留和永久居留便利，在上海试点办理口岸电子签证。上海引进的具有国际公认杰出成就的外国人，可直接申请永久居留。上海高新技术企业、创新型企业、重点高校、科研机构和金融领域引进、推荐的外籍高层次人才可申请永久居留，获得永久居留资格的高端人才可推荐外籍专业人才申请永久居留。新试行的移民管理服务政策措施将有力促进上海及自贸区临港新片区引才引智工作，增强企业竞争力，进一步优化营商环境，促进服务上海的开放发展、改革发展、创新发展和高质量发展。

2. 入学政策演变

对于移民城市而言，移民人口子女的教育问题不可忽视。随着大量城市移民涌入上海，适龄入学的儿童以及处于九年义务制基础教育的学生规模不断扩大，从而引发教育设施拥挤和教育资源不足等问题。

在上海城市移民人口流动量较少的时候，上海市人事局出台了《上海市引进人才实行工作寄住证的暂行办法》，规定引进的专业技术人才和管理人才的子女不能留沪就读。但随着城市移民规模的持续扩大，移民子女教育问题日益突出，这也促使城市移民随迁子女入学等相关政策的出台。2017 年 9 月，新的《上海市居住证管理办法》出台，新出台的管理办法中设置上海居住证积分的标准值为 120 分，不同的积分可以获得不同层次的政策优惠和福利待遇，这种渐进式的福利待遇制度所覆盖的人员更广，能够满足不同阶段不同程度城市移民的社会福利及保障的需求。

除了关注度较高的“异地高考”的相应政策，对于来沪人员随迁子女的义务教育也有相应的政策出台。从 2018 年 1 月 1 日起，取消上海市临时居住证，全部变为一年期的长期居住证，同时办理上海市居住证也不再要求社保证明等，这进一步简化和放宽了办理居住证的流程与条件，保障了上海城市移民随迁子女的教育权益。

3. 就医政策演变

上海城市移民就医政策的发展，主要包括两个阶段。

第一阶段：以移民人口综合保险为主的就医政策（2009 年之前）。2002 年 7 月，上海市政府发布了《上海市外来从业人员综合保险暂行办法》，根据上海经济发展情况以及地区内移民人口特点，首次建立“外来从业人员综合保险”，内容主要包括工伤、住院医疗和老年补贴等，为来沪工作的移民人口提供就医保障。从该项政策正式实施起，“综合保险”面向的参保人群不断扩大，涵盖了更多原先未被保障的来沪务工人员。2004 年发布的《关于进一步加强在沪建筑施工企业外来从业人员综合保险工作的若干规定》中，将在沪建筑施工企业的外来务工人员也包含在“综合保险”的范围之内。2006 年发布的《上海市人民政府关于本市做好农民工工作的实施意见》进一步扩大综合保险的覆盖范围，推进综合保险制度的发展。2007 年发布的《关于调整本市外来从业人员综合保险医疗待遇的通知》进一步提升了综合保险的待遇水平。

第二阶段：将移民人口纳入城镇职工医疗保险的就医政策（2009 年至今）。从 2010 年起，外来从业人员的综合保险制度被取消，取而代之的是将移民人口纳入城镇职工基本医疗保险中。2011 年，上海市政府发布《关于外来从业人员参加本市城镇职工基本医疗保险若干意见》的通知，规定与上海用人单位建立劳动关系的外来从业人员，应当参加上海的城镇职工基本医疗保险。在这一阶段，上海市政府开始更多关注移民人口医疗保险关系转移的问题，加强与周边区域的协调与合作，旨在满足区域内城市移民的就医关系转移难的问题。2009 年，上海市政府印发《关于长三角地区职工基本医疗保险关系转移接续的意见》，规定流动从业人员在按规定参加城镇职工基本医疗保险之后将拥有个人医疗账户，可办理保险关系转移接续手续。2011 年，上海市政府对流动人口社会医疗保险政策进行调整，原本参加“综合保险”的来沪从业人员以及参加“小城镇社会保险”的人员同时被纳入城镇职工基本医疗保险的范围内。

4. 住房政策演变

改革开放以来，上海住房政策不断演化。1979 年，上海市政府发布《关于在三年调整时期加快住宅建设解决居住困难的报告》，住宅建设与城市改造相结合，旨在改善居民的住房条件。1991 年《上海市住房制度改革实施方案》的出台以及 1999 年上海市政府发布的《上海安居工程实施细则》，标志着公有住房出售和住房解困的开始，迎合了日益壮大的城市移民群体住房的需求。1999 年，上海市政府发布《关于本市经济适用住房纳入商品房计划管理渠道的通知》，社会住宅建设基本停滞。2005 年，《上海市配套商品房和中低价普通商品房管理试行办法》出台，配套商品房成为社会住宅的主要类型。2008 年，《上海市解决城市低收入家庭住房困难发展规划（2008—2012 年）》和《上海市经济适用住房管理试行办法》的颁布，标志着上海“四位一体”的社会住宅体系初步形成（陈治军等，2015），其对城市移民的住房管理更加规范。

2016 年，上海实行差别化住房信贷政策，加强个人住房贷款管理。同时，提高非上海市户籍居民家庭购房缴纳个人所得税或社保的年限，自购房之日起计算的前 3 年内在本市累计缴纳满 2 年以上，调整为自购房之日前连续缴纳满 5 年及以上。企业购买的商品住房再次上市交易，需满 3 年及以上，若交易对象为个人，按照上海市限购政策执行。

对于具有高级技术职称的人才，上海推行廉租房和公租房并轨运行机制，健全分配供应、租后管理和到期退出等各项机制。多渠道筹措人才公寓住房，严格执行商品住房项目配建不少于 5%的保障性住房政策。这些政策的出台，在很大程度上解决了城市移民的住房问题。

8.3　上海城市人口管理模式演变与现状特征[①]

8.3.1　上海流动人口管理模式演变

上海流动人口管理模式随着不同的经济社会发展阶段，提出了不同的管理模式。第一阶段：“综合管理、柔性流动”模式；第二阶段：“积极管理、主动服务”模式；第三阶段：“属地化管理、市民化服务”模式。

1. “综合管理、柔性流动”模式

（1）外来人口管理仍以限制性政策措施为主。市公安、统计部门提供的数字显示，1988 年上海流动人口为 106 万人，1993 年迅速增长到 251 万人，1997 年略微减少到 237 万人，2000 年达到 387 万人。20 世纪 90 年代上海以限制性的管理政策和措施为主，主要目的是控制流动人口数量的过快增长，打击流动人口中的违法犯罪分子，维持社会治安。1991 年发布《上海市收容遣送管理条例》，把盲流人员集中送到收容中心，然后遣返回乡。在 90 年代末“人才柔性流动”相关政策出台以前，引进人才只能办理工作寄住证，持证人员不能享受子女就读、社会保障等一系列市民待遇。

（2）从单项的治安管理走向综合管理。20 世纪 90 年代，来沪人员呈现常住化和家庭化发展态势。劳动就业、计划生育等基层力量薄弱的问题日益突出，对单项的外来人口治安管理模式提出挑战。90 年代初，上海市确立了“政府牵头、公安和劳动部门为主、各方参与、综合运作”的管理原则，实行“以户口管理为基础、治安管理为重点、劳务管理为抓手、其他管理相配套”的工作机制，并设立了全市统一的外来人口专门管理机构，1993 年成立上海市外来流动人口管理协调小组，1998 年将其更名为“上海市外来流动人口管理领导小组（外口办）”。

（3）积极实施人才强市战略，开始提出“人才柔性流动的概念”。此

---

① 本部分借鉴和参考了王春兰、丁金宏、吴瑞君、李强、王大犇、杨上广、顾高翔、查波、曹东完成的《上海人口调控综合评估研究》课题中相关的研究内容。

前，上海对人才引进基本都是沿用传统的刚性引进办法，即直接办理调入手续，行政、户粮等所有关系一并转入。刚性引进办法受人才调出、调入地区的制约，不少人才在办理调动手续时行政、档案和户粮等关系难以顺利转移，致使一些人才办理调动手续的时间跨度大，甚至不了了之。1999年上海首先提出了柔性人才流动的概念。在不改变各类人才的国籍、户籍和身份以及不改变人事关系的前提下，以智力服务为核心，突破工作地、工作单位和工作方式的限制，充分体现个人工作和单位用人自主的一种来去自由的人才流动方式。2000 年 1 月，上海颁发了《上海市引进人才工作证实施办法》，引进人才享受社会保障、子女就读和职称评定等待遇，并可以在达到一定期限之后申请办理入户手续。

2. “积极管理、主动服务”模式

限制性政策助长了大城市的“新二元结构”，受到各界批评，并且也越来越不适应社会经济发展的需要。进入 21 世纪以来上海流动人口管理政策从以严格控制为主向管理和服务并重转变。

（1）建立起多方参与、齐抓共管的管理机制。2003 年 5 月，市委、市政府成立市人口综合调控领导小组，把来沪人员管理纳入全市人口综合管理范畴，实行统筹考虑、综合调控。领导小组组长由市长担任，人口计生、公安、劳动、房地产和卫生等涉及人口工作的主要职能部门为成员单位，区县、乡镇层面也成立人口综合管理和服务机构，初步形成“市级综合协调、区级综合管理、社区具体实施”的属地化流动人口服务管理网络。实现了来沪人员管理体制由“条块结合、以条为主”向“条块结合、以块为主”的转变。

（2）逐步转向以居住证为核心的人口管理服务模式。人才柔性流动使得上海人才引进的空间进一步拓展，形式更加多样，效果非常显著。按照“控制人口、广纳人才”的总体思路，居住证制度最终出台。2002 年 4 月颁布《引进人才实行（上海市居住证）制度暂行规定》，引进人才除直接落户外，其余可办理引进人才居住证，享受市民待遇。2004 年 10 月，上海决定在引进人才实行居住证制度的基础上，扩大推行这一制度。适用对象由“具有本科以上学历或者特殊才能的国内外人员”，扩大为在上海有稳定职业和稳定住所的非本市户籍的境内人员。居住证制度以“人”作为管理服务对象，符合国际社会普遍实行的以现居住地为主的管理服务模式。将强制性暂住证申办转变为自愿性质“居住证管理”，按照权利与义务对等的原则，不断提高外来人口管理服务水平。

（3）城市公共服务开始向外来人口全面延伸。以居住证制度为核心的人口管理从根本上来说是一种服务式管理，遵循现代管理理念，即“管理就是服务”。在引进人才享受市民待遇的基础上，上海继续在外来人口市民化服务方面主动迈出尝试和探索的步伐，城市公共服务对象不断拓展。流动人口子女被纳入上海教育发展总体规划，以公办学校为接纳外来人口就学的主要渠道。外来从业人员综合保险从 2002 年 9 月开始正式施行，包括“老年补贴”、工伤（或者意外伤害）和住院医疗保险等。上海市计划生育部门与一些流动人口比较多的流出地政府部门签订计划生育双方服务管理协议。

3. “属地化管理、市民化服务”模式

（1）建立健全外来人口属地管理网络。2006 年 12 月，居住证信息系统正式投入使用，包括市级核心处理系统，区（县）信息交换平台，连接市、区（县）和街镇的三级网络体系，覆盖全市各街道、乡镇的 235 个居住证受理网点。2007 年 1 月居住证办理工作在全市范围内全面推开。街道镇综合协管员、居住证受理点工作人员以及居委会相关人员共同承担采集来沪人员信息、宣传发动、引导带领、检查督促来沪人员办理居住证或临时居住证的工作。

（2）实现外来人口信息实时动态更新。针对来沪人员流动频繁、居住地经常变更的特点，上海市社会保障卡服务中心研发了移动式 POS 机，为社区人口信息动态更新提供便利。移动式 POS 机可以实现对来沪人员 6 个月有效期满的临时居住证进行续签操作，以及对来沪人员居住、就业等信息进行变更操作。

（3）建立分级分类的城市公共服务体系框架。上海居住证分为人才类居住证、临时居住证、普通从业类居住证和投靠类居住证等，各类持证人享有不同的城市公共服务。在此基础上，不断完善居住证制度配套政策，推进城市基本公共服务均等化发展，为外来人口提供安居乐业、子女教育和医疗卫生等方面的基本公共服务。积极探索融“免、奖、补、扶、保”为一体的流动人口利益导向机制，全市流动人口计生公共服务均等化取得成效。2009 年抽样调查结果显示，上海流动人口中有 55.6%的人使用免费避孕药具，高于户籍人口 9.8 个百分点。2006 年上海开始实施“两免”（免学费、免杂费）政策，受惠对象也包括了持有居住证的农民工的子女。探索使来沪人员享受政治平等权利，企业吸纳来沪人员加入工会组织，来沪人员子女参加市、区、县统一的团队组织活动，评选优秀来沪人员，为来沪人员提供法律援助。

8.3.2 上海人口调控政策的现状特征

1. 人口调控“整合性治理”的组织架构初步形成

随着经济社会发展的变化，公共管理模式也在不断发生变革。面对当代大城市发展中出现的“棘手问题”，以垂直责任体系、独立部门目标与绩效激励制度等组织设计为特点的公共管理模式显然已经不合时宜。为了提高政府应对复杂社会问题的能力，协作性公共管理（Collaborative Public Management，CPM）模式应运而生，政府部门之间建立伙伴关系，保持自身部门的独立性和组织目标，同时在面对共同议程时，及时建立合作关系，整合资源协同处理问题。与传统的垂直控制服从的管理模式相比，协作性公共管理模式显然在管理理念和管理技巧方面具有明显差异。整合部门的公共管理模式突破了部门单打独斗的局面，形成了整体性治理的组织结构，不再以特定功能为基础，而以结果和目标为导向进行组织设计和创新，在不取消部门专业化分工的前提下实现跨部门合作，在原有组织和架构下进行功能性整合。

跨部门的整合性治理符合城市发展的现实需求，也与我国的大部分制度改革基本方向保持一致，然而，如果没有良好的协作机制支撑，这种新型治理模式的优点就无法得到充分发挥。多个政府部门之间不可避免地存在资源冲突、时间冲突和目标冲突等问题，在垂直控制体制下，来自法定权利所界定的上级权威可以很好地协调各方冲突，但整合性治理模式下的冲突管理明显会更加复杂。

良好的社会治理不仅依赖于良好的公共政策，也有赖于政策的有效执行。在各类主客观因素的影响下，政策执行中可能会出现梗阻或偏差，政策意图得不到较好的贯彻落实。主观因素如执行主体有意或无意的偏差、失误，对政策的误解、曲解等会导致政策执行不力。客观环境因素如政治制度和行政制度等方面的不足和缺陷也会导致政策执行不力。公共政策付诸有效执行需要支持系统，这个系统是由承担公共政策执行任务的机构、人员与规范公共政策执行活动的各种制度等因素共同构成，其中制度设计尤为关键。通过本利结构和奖惩机制，控制公共政策执行者的执行偏差行为，对公共政策执行者权力进行监督和约束，从而最大限度地保障公共政策的有效执行。

经过十多年的摸索，上海人口调控工作已经初步形成了整合性治理的组织架构，并于近两年做了较大的调整完善。依据 2010 年第六次人口普查数据以及最新中国城市人口规模划分标准，我国常住人口在 300 万人及以上的特大城市共 38 座，其中，1 000 万人以上规模的超特大城市有 6 座。十八届三中全会提出“严格控制特大城市的人口规模”，严格调控人口旨在促进人口的有序流动，减轻特大城市资源环境的承载压力，避免交通拥堵、环境恶化和城市贫困等“城市病”的蔓延。在这一背景下，上海提出了新一轮人口调控的目标与任务，坚持以合法稳定就业、合法稳定居住为基准，加强人口服务管理，严格落实以积分制为主体的居住证制度，采取调整产业结构、完善公共政策、拆除违法建筑和整治群租等综合措施，严格控制人口规模。新一轮人口综合调控从居住、就业、就学和社会保障等多个方面出发，治理特大城市面临的人口膨胀危机，是比较典型的需要跨部门协作才能实现的政策目标。为适应特大城市人口问题整合治理的需求，上海在市级、区县层面相继成立了人口调控和管理服务领导小组及办公室，成员单位涵盖了市发改委、经信委、公安、综治、人保、卫计委、教育和农委等。街镇层面，在成立领导小组的基础上，本着责任落实到底的原则，管理重心下移直至居（村）委会，明确居（村）党支部书记为第一责任人。此外，在人口调控中注重社区居民的参与性，以优化基层民主自治机制为出发点，全面调动群众议事、管事和处事的积极性，以主人翁精神融入社区治理。

2. 人口调控的协作管理工作机制在创新中不断完善

上海新一轮人口调控工作当中，在市级、区县和街道镇层面都形成了各具特点的协作管理机制，力求目标一致，形成政策合力与管理合力。在高级层面，市级各部门之间分别围绕政策与管理形成“各负其责、齐头并进”的协作机制，其中政策方面以市发改委为主要牵头单位，管理方面以市综治办、市公安局等为主要牵头单位，在区县和街镇层面，人口调控和管理服务牵头协作单位以及街镇、园区以签订《全面加强人口调控和管理服务承诺书》、召开人口调控工作例会等各类形式，统一思想，从地方长远发展规划和定位综合考虑，强调落实人口调控各项政策和管理措施的重要性。新一轮人口调控中的协作机制不断完善，明确目标，落实责任，为各项政策措施的执行提供了保障。

各区县在人口调控工作当中，都注重区域统筹与分块推进，创新社会治理，建立常态长效机制，发动社会力量共同参与，加强社区共治和居民自治，形成了一些自身的特色工作机制。如宝山区总体谋划“1+9”的工作推进模式，“1”是成立推进办公室，总体协调推进工作；“9”是成立 9 个专项推进组，由分管区领导任组长，职能部门牵头，形成条包块管，统分结合的工作机制。又如青浦区实行多个源头管理，围绕人口调控的这个共同目标开展相关工作。聚焦就学、生育和就业“三个源头”，调整完善教育政策及管理模式，严格落实梯度化卫生计生服务，严把孕产妇建卡审核关，完善规范劳动就业培训工作，加强本地就业引导，调整完善年度劳动就业方面考核指标，将考核重点进一步倾向吸纳本地劳动力就业。

3. 人口调控的执行监督和责任追究制度更加严格

人口综合调控工作涉及经济社会发展的方方面面，公共政策执行过程建立在复杂的府际关系网络上，尤其需要制度配套支持，来正确引导和约束部门冲突及地方利益等问题。近年来上海在人口综合调控中建立了过程考核与结果考核相结合、定性考核与量化考核相结合的机制，明确实施目标考核管理制度，其主要特点表现在 3 个方面。(1) 确定人口调控的总量目标，并逐级分解落实。2014 年 1 月，市委、市政府提出严控上海常住人口规模之后，明确将 2 480 万作为本届政府调控的人口目标，调控指标经分解后下达给各区县，各区县结合市里下达的调控目标，再分解到各街道镇，层层加以推进。(2) 制定人口调控目标责任制。根据确定的人口调控目标，与各级政府签订目标调控责任协议，由总负责人签约，全面负责，确保调控任务责任到位。(3) 建立人口信息动态采集和人口数据评估制度，确保人口数据的可靠性。由统计局牵头，对各区县的人口数据进行定期评估以确保数据的真实性。公安人口办定期对各区域人口数据进行抽查，对数据造假行为进行打击。此外，对各相关委办局的政策执行情况也要进行年度考核。将各区县人口规模调控数作为市级财政转移支付的重要依据，为地方政府执行政策提供直接动力。

人口调控的目标通过层层分解，最终落实到基层执行，为了严守人口调控目标，区县层面加强了对社会管理考核评级和人口调控考核，尤其是郊区一些人口总量增长较快的区县。在人口规模综合调控和管理服务工作考核中，在执行政策之外，各街镇因地制宜地辅以配套措施，对街镇的考核，一般采取“指标＋措施”相结合的方式，指标主要包括人口总量、实有人口准确率和人口管理服务 3 个方面。区县层面对委办局的考核，主要采取街镇评分与条线互评的方式，公安分局、社建办、农委、经委和规土局等专项工作组牵头单位积极发挥统筹协调职责，通过加强指导、给予政策支撑来支持街镇开展相应的人口调控工作，教育局发挥主管职能，联动相关部门、街镇，把牢随迁子女入学关。为确保人口调控目标的落实，区县采取了项目化管理方式，确保人口调控的经费专款专用，年底项目通过评审后所有经费全部到位，这些经费的用途包括城中村改造以及奖励等。

8.4　上海人口调控政策执行中的问题挑战与转型思路[①]

8.4.1　上海人口调控政策执行中的问题挑战

从以上梳理不难看出，上海在调控特大城市人口过程中已经形成了一

① 本部分借鉴和参考了王春兰、丁金宏、吴瑞君、李强、王大犇、杨上广、顾高翔、查波、曹东完成的《上海人口调控综合评估研究》课题的相关研究内容。

套较为完善的政策体系和严格的工作机制。然而，在复杂多变的外部环境中，人口调控政策执行过程中仍面临诸多问题挑战。

1. 落户积分管理政策执行问题

严格执行落户积分管理制度是特大城市人口调控的重要举措之一。根据上海人口管理的总体目标和要求，严格执行落户积分管理制度是特大城市人口调控的重要举措之一。继续引导应届毕业生进沪就业以申领上海市居住证为主渠道，同时确保直接落户更方便用于引进上海实施国家战略、建设“四个中心”和重点领域重大项目建设的紧缺急需人才。

落户积分管理中，标准分不固定、不公布的运作模式使得户口审批的不确定性大大增加。按照管理规定，落户的标准分是由上海市高校毕业生就业工作联席会议办公室根据上海市政府户籍人口机械增长调控要求确定，这意味着不同年份的标准分会浮动变化。在用人单位要素分中设有重点领域要素分，即录用上海经济社会发展重点领域导向专业毕业生可加 3 分，在符合导向专业基础上，录用列入教育部、上海重点学科所在高等院校的毕业研究生可再加 3 分，但每年的导向专业也有一些变化。在上海人口调控趋严的背景下，浮动的落户积分管理制意味着每年发放的户籍数量极有可能逐步减少。对于入沪申请人来说，通过落户申请并不等同于通过最终审核，得到的结果仅为是否通过审核而不是具体的标准分。政策执行标准的短期频繁浮动，没有稳定的预期和前景，不利于吸引人才，实行落户积分管理以满足人才需要的目标恐怕也会受阻。

落户积分的浮动管理模式和不尽合理的人才评判标准有可能对高层次人才产生排斥作用，不利于上海的人才集聚。由于落户政策的逐年收紧，一些在本科毕业时便具备当年落户条件的人才在研究生毕业后却面临无法落户的尴尬境地。落户积分导向要素涉及荣誉称号、学术和文体竞赛获奖等，按规定仅限为在高校最高学历就读期间所获奖励表彰，这使得一些研究生虽在本科期间获得过一系列国家、省、市级别的奖项，却因为不是在最高学历期间获得的原因而不能加分。落户积分制管理中，奖项加分是按照获得时间来限制，而不是按照奖项的贡献度大小以及与经济社会发展需求的结合度来评判，这种人才评判标准明显与经济社会发展的需求相脱节。

上海人口调控的基调是控制人口而不限制人才，但从落户指标比例分配的实际操作来看似乎并不符合这个基调，现行的户籍指标比例分配不利于未来上海的人才资源储备。自 2013 年以来，办理居住证已成为毕业生进沪就业的主要渠道，办理居住证的毕业生占比超过一半。2013 年 12 月底，从上海高校和外省市高校共引进非上海生源应届高校毕业生 3.85 万人，其中直接落户的占 48%，总数为 1.85 万人。落户积分管理在一定程度上会对青年人才形成外向推力，从长远来看显然不利于上海的人才资源储备。

2. 人口调控的保障措施不利问题

当前的人口综合调控政策体系本身的设计已经比较完善，然而其在调控人口方面的后续作用力却备受各界质疑，主要原因并非政策本身不尽完善，而是在于缺乏配套措施的保障。人口调控政策在不断完善的同时，相应的保障措施在过去十多年的时间里并未发生实质性改变。

这类问题比较典型地反映在城市规划对建设开发的约束力，而且仅这一个方面的制度缺失就已经足够大大降低城市人口调控的效果。早在 2003 年，上海市政府提请上海市人大常委会第七次会议审议的《上海市城市规划条例修正案（草案）》中，就已经明确提出了上海中心城建设“应当与人口疏解、功能提升、环境改善和景观优化相结合。增加公共绿地、公共活动空间，降低建筑容量，控制高层建筑，改善城市交通，完善基础设施，增强城市综合功能。”上海控制中心城区高强度开发的“双增双减”政策措施，以法律的形式固定下来。

即便中心城区的“双增双减”政策措施已经上升到法律层面，也并未被有效执行。2000—2010 年的人口分布数据显示，中心城区人口密度由 20 世纪 90 年代的降低转为上升，中心城区边缘区人口呈反弹增长态势。影响中心城区人口增长的因素多种多样，其中最为关键的无疑是住房建设。这段时期内中心城区边缘城区大量新建竣工的住房为摊大饼式人口分布提供了必要的前提条件。不仅如此，从 2013 年各市区位的房屋建设施工面积数据来看，边缘城区仍然比较大（数据中无法区分出住房与非住房）。从“五普”到“六普”，中心城建设失控所导致的人口集聚效应，直接催生了城市空间摊大饼现象，这一方面扩大了人口膨胀带来的城市病问题，另一方面，由于人口集聚与其他各类相关要素集中两者相互关联，使得未来多中心城市空间结构的优化调整变得更加复杂和困难。

事实上，城市建设开发失控已经成为当前上海人口调控的重要影响因素之一。伴随城市住房建设可能带来的人口增长，是目前郊区（尤其是近郊）各区在人口调控中所面临的最难以解决的问题。在 2013 年和 2014 年的人口调控当中，各区县通过拆违、城中村改造等手段较好地达到了区内人口调控目标。但拆除房屋的剩余空间越小，就意味着这类手段对人口调控的作用越小。已经建成的各类住房以及改造后的新建住房，都会带来人口的反弹增长。

3. 人口信息采集更新的长效工作机制问题

目前上海确保人口统计准确性的、成熟的、长效的工作机制尚未形成。对于人口调控来说，10 年一次的人口普查以及 5 年一次的人口小普查数据时效性较差，目前主要是通过实有人口数据库中的数据来进行人口统计更新以及人口调控目标考核。从 2009 年 11 月 1 日起，《上海市实有人口服务和管理的若干规定》开始实施。但其对外来人员与人户分离人员的信息采集也无强制性规定，如居住人员拒不配合，则面临着无法采集到其信息的尴尬，往往依靠片区警察出面“威慑”，或行使其“盘问”的职权，检查居住人员的身份证，但即使这样，对其婚姻、生育和家庭等敏感信息仍难获得。管理对象不予配合的情况比较常见。

2013 年以来，人口调控工作的重要性明显提升，公安部门进行实有人口数据库信息采集更新以及人口统计时面临的压力也更大。但是在调研中发现，公安部门相关工作人员认为近两年在各级领导重视下工作开展得更为顺利，居（村）委会干部的配合度更高，人口数据准确率也有了更好保障。同时他们也提到，一旦人口调控工作有所松懈，人口信息采集得不到基层配合，工作又会变得困难。当前在各级的高度配合下，公安部门定期进行数据核查，可以得到一个相对较为稳定的准确率数字，基于这个数据可以进一步推算实有人口数。

基层配合度差的问题仍然是持续困扰上海人口统计的大难题，特别是人口快速增长的郊区，除了队伍配备不足等表象因素之外，更深层次的原因在于住房租赁行为不受约束，租房管理没有统一模式，加上房东出于自身和家庭利益考虑，往往不会如实填报租客情况。2011 年 7 月颁布的《上海市居住房屋租赁管理实施办法》，对房屋出租提出了细则，但仍有不少政策盲点，对城乡接合部的农民房屋出租缺乏具体的政策。调研中公安部门反映，在实有人口和实有房屋统计当中，最难以核查的当数农民工住宅空置情况，这类问题的存在严重影响上海郊区人口管理工作的顺利开展。

8.4.2　上海人口调控政策的路径策略

1. 上海人口综合调控的总体思路

上海已然是世界上人口规模最大、人口密度最高的大都市，在国家城市化强劲推力和地区发展强大引力的共同作用下，其人口增长的外部环境仍未发生彻底转变，城市及其资源、环境和交通等支持系统面临空前巨大的人口压力，城市公共安全领域存在巨大风险。同时，控制人口总量与优化年龄结构、空间分布以及人力资源储备之间存在深刻矛盾，吸纳年轻劳动力是优化年龄结构和稳定人力资源的重要保障。

全市加强人口综合调控的总体思路符合形势发展的需要，“行政＋市场”“短期＋长期”的人口调控方法和手段契合了人口调控的迫切性与必要性，多部门整合的管理模式与协作式的工作机制适合人口调控的复杂性特征。但在一年多以来的政策执行中，仍然出现了一些新的问题与挑战。针对这些问题与挑战，要及时调整特大城市人口综合调控的思路，同时，要将对经过实践检验证明可行的政策措施纳入常态化管理。

作为我国人口最多的特大型城市，未来上海应按照十八届三中全会关于“推进以人为核心的城镇化”和“严格控制特大城市人口规模”的要求，在较长时期内将人口调控作为一项常态工作来抓，坚持以市场为主、行政为辅的调控手段，通过调整经济政策，实现市场主导下的人口有序流动与合理分布，通过调整社会政策和加强基层社会管理，减轻外来人口在沪工作、生活的无序状态；优化政策设计，增强对人才和青年劳动力的吸引力，强化多中心空间结构的引导措施，减轻人口总量调控对人口结构和空间分布等方面产生的不利影响；继续完善人口调控工作的考核机制，使部门的各项工作在推进过程中自觉将严格控制特大城市人口和城市的健康可持续发展作为前提，尤其是在部门的中长期规划中要体现人口调控和城市转型的总体思想；改进人口调控的配套保障措施，政府应充分发挥在可作为边界之内的刚性约束作用并对市场行为进行严格监管和有序引导。

2. 人口综合调控的主要措施

人口是城市发展的基本要素，同时也是从属性要素。在人口调控中要准确认识这个基本理论，在厘清各要素关系的基础上制订科学合理的政策措施。

（1）充分重视城市化中“人”的主体地位，建立空间响应性的区域财政拨款调整机制。人口是城市发展的基本要素，是城市形成和发展的基本条件。城市化的关键和核心是“人”的城市化，城市发展以城市全员的幸福为终极目标，在人口流动高度活跃的开放区域，以人为设定的区域人口数来进行财政经费划拨，是本末倒置的做法，不可取。长期以来，中国城市化发展偏重物质形态的建构，而相对忽视或选择性地忽略了人的发展与诉求，城市公共需求“被代表”和“被表达”，城市公共服务供给与公共需求相脱节成为常态，城市化以人为本的价值没有得到充分实现。对这些“不可见”问题的长期漠视导致社会问题与社会矛盾在城市空间积聚和发酵，伴随全球政治觉醒浪潮和信息化社会集体行动的易发性，给城市管理埋下了巨大隐患，也给城市化的持续推进带来负面影响。

中国深化改革开放的实质性内容是不断推进还权于民和还利于民。十八届三中全会通过的《中共中央关于全面深化改革若干重大问题的决定》明确了要坚持走中国特色的新型城镇化道路。中国将持续推进以“集约、和谐、公平、可持续”为特征和以人为核心的城镇化，标志着中国政府将从更高的哲学层面反思未来的政策走向。区域财政拨款份额直接关系到公共服务水平、基础设施水平和配套设施水平等，与居民生活密切相关，也关系到居民能否享受到城市化和现代化带来的福利。

当下，城市化的人本价值被提高到了一个前所未有的高度，人为地设定城市内部不同区县之间的人口配额，并以此来确定财政拨款，不仅忽略了人的主体地位，其科学性也值得存疑。应该要在推进人口调控的同时，根据区域实际人口数量、结构和需求等，划拨财政经费和配置公共资源，建立空间响应性的财政拨款调整机制。此外，各区县在人口调控中通常采用项目化运作方式，拨付经费补偿人口调控的各类成本。调研中区县反映，之前一年多的时间里，可操作性较强的项目已经基本接近尾声，剩下来的是一些耗费成本巨大和操作难度较大的项目。针对这种情况，市级层面给予经费支持和协调统筹将有助于人口调控项目的顺利推进。

（2）深入推进人口统计职责纵贯到底的常态工作机制，全面推广对农村社区住房出租户的契约制管理。到目前为止，上海以公安部门牵头开展实有人口数据库信息采集，负责人口信息采集更新的协管员由街镇招聘，分布在辖区内各居（村）委会，形式上已经实现了纵贯到底的人口统计工作模式。然而，目前信息采集的手段方法仍是依靠人盯人的人海战术，此外出于农村干部自身利益以及村里熟人网络等原因，村委会（甚至是镇政府）容易倾向于对人口管理、信息采集、违章建筑或危险房屋等采取回避甚至放任的态度，这成为人口数据虚报造假的源头因素。

村委会固然是村民自我管理、自我教育和自我服务的基层群众性自治组织，然而自治并不意味着可以进行封闭式黑箱管理。居（村）党支部书记作为人口调控第一责任人并不能确保人口调控目标的实际达成，处于人口调控前沿的居（村）委会工作中尚存在巨大的漏洞与隐患。为此需要完善在部分区县行之有效的对出租户的契约制管理模式并加以全面推广。当前各区县的契约制管理一般由村委会与本地出租户之间签订，在此基础上，为了加强对村委会的监督，还应该将契约管理的情况汇总到街镇（派出所）存档，让农村社区房屋出租的情况变得清晰透明，一旦遇到未签订契约的出租户纠纷等曝光现象，要追溯村党支部书记的责任，采用这种倒逼机制迫使不透明的管理走向透明。将契约制管理全面地推广到郊区农村社区，清除人口管理的大范围盲区。

（3）完善多部门协作下的人口调控考核机制，以政策的无缝衔接确保部门间的良好协作，从根源上推动长期人口发展趋近调控目标。人口在城市各要素中处于从属地位，这里的从属性指的是人口与其他要素之间的相对关系。但在城市管理决策中，人口不必被放置于从属端，尤其是在城市面临的人口资源环境问题已经威胁到其可持续发展的前提下。应将人口调控目标作为前提，通过干预区域人口增长的影响因素以及人口调控的障碍因素，从根源上推动上海人口总量变动在中长期趋近调控目标。当前人口调控实践中有一种倾向，人口被放置于城市发展决策的从属地位，经济发展和城市建设等成为人口调控目标可以形同虚设的正当理由。前面已经提到，跨部门的整合性治理在应对复杂城市问题方面比较有效，然而其缺点也很明显，在扁平的治理架构下，各部门之间的资源冲突、时间冲突和目标冲突难以调和。在这种情况下，人口的从属性无形当中成了“保护伞”，使部门之间冲突与不合作行为合理化。产业发展和住房建设等或是区域内人口增长的诱发因素，或因其已然存在而构成了人口调控较难克服的障碍。

应明确城市发展的底线是任何部门不能够以这些诱发因素和障碍因素来集体倒逼人口调控目标调整。应本着实事求是的精神，在各部门的工作中主动对接人口调控的相关要求，对增量部分在中长期可能产生的人口增减效应要进行严格评估，并将其纳入项目考量的基本指标。目前对人口调控相关职能部门的考核指标体系包括部门当年采取的人口调控举措和人口调控目标的达成情况，这种直接指向人口数量调控的考核方法比较容易催生短期行为，并且给人口调控留下反弹的隐患。除此以外，针对人口调控的长期性特点，更应该要考核部门中长期规划以及部门各类项目推进在中长期对人口发展的潜在影响。在部门工作中将人口问题与人口变动效应视为决策的先决条件之一，体现人口调控“指挥棒”的作用。同时，在各部门上报调控人口的数量时，采用的统计口径和统计对象的差异都比较大，比如就业人口与居住人口不分等，这类问题很可能会使得人口调控效果的评估出现巨大偏差。一般而言，调控就业人口，对全市人口总量的影响更为直接；调控居住人口，对所在区域的人口总量影响更为直接。应根据各部门在执行政策时所指对象，科学合理地区分和评估其产生的人口调控效果。

此外，从市级层面来看，要进一步在人口调控的主线下推动经济、科技和社会等各类政策之间的无缝衔接，形成人口调控的政策合力，为协调各级各类部门之间的冲突提供良好的政策环境。进一步完善落户积分制管理，合理分配落户指标，使政策的目标人群更加聚焦，以合理的人才评价标准来筛选出服务当前和未来城市发展需要的人才。

8.5　本章小结

现有移民政策越来越重视消除制度歧视、促进社会公平，政府职能从管制向服务转变，这些政策涉及对政治、经济与社会综合因素的考量。政府越来越重视社会弱势群体和社会公正问题，中国公共政策逐步向有利于移民的方面发展。改革开放以来，上海等城市针对严格的户籍管理制度进行适度调整，对城市移民开始采取比较灵活的政策。为了吸引高素质城市移民，上海等城市移民政策发生了重大的改变，从人才、就学、就医和就业等各个方面，上海移民政策都从相对封闭阶段（1990 年前）、大力发展阶段（1990—2005 年）和理性调控阶段（2006—2018 年）到了高水平开放阶段（2019 年至今）。虽然当前上海城市移民政策的设计和实施没有完全促使城市移民很好地整合到城市社会，在政策设计与实施过程中存在着诸多的不足，也面临着新的挑战，但政府正努力促使城市移民逐步融入城市。打造更和谐、开放、包容的服务型移民政策成为上海公共治理政策体系中重要的内容。

第9章　城市移民的理论检讨与中国情境再思考

随着上海等中国大城市经济社会发展的基础条件发生变化，中国许多特大城市正面临经济结构转型和城市移民数量、结构变化带来城市管理的挑战。对具有“中国情境”的城市治理策略再思考，特别需要根据中国城市移民特点，对移民政策进行适时动态的调整，并根据中国的实践，在借鉴国际经验的基础上，制定具有“中国情境”的城市移民理论和公共治理政策与策略。本章首先从人口迁移、移民政策和移民融入等方面进行理论回顾与理论检讨；其次，探讨中国人口管理的困境与转型思路；最后，探讨中国新型城市治理的转型响应策略。

9.1　城市移民相关的理论回顾与检讨

9.1.1　人口迁移的理论回顾与检讨

经济发展理论认为，乡城人口迁移是人口从农村农业部门向城市现代部门的转移。古典经济学的创始人 Willian Petty 最早从经济发展的角度揭示了人口流动的原因，他指出比较利益差异的存在，会促使社会劳动者从农业部门流向工业部门和商业部门。Lewis 的“劳动无限供给条件下的二元结构转变模型”剖析了“农业剩余劳动力的转移—资本积累—工业部门扩张—二元结构转变”的机制。G. Ranis 和 J. Fei 继承并发展了二元结构的观点，但他们认为刘易斯忽视了工业增长中农业的促进作用，事实上，农业生产率的提高和剩余产品的出现是农村劳动力流向城市的先决条件之一。McGee 进一步阐述了这一观点，并且认为，如果把上述理论延伸，那么人口区际流动便是由劳动力供需的空间差异所引起的。舒尔茨和斯查斯特德从人力资本报酬角度解释了人口流动的行为，这种理论认为迁移是人们追求更大收益的投资决策过程，迁移者预期实施这一行为将会得到比较大的收益，即经济上的净收入和非金钱满足的某种组合。Todaro 指出，农民是否迁往城市取决于他们对城乡收入差别的预期，这种预期的城乡收入差别取决于城乡实际收入差别和进城后找到工作的可能性（即就业概率）之大小。即使城市存在大量失业人口，只要城市的预期收入高于农村，农村人口流向城市就必然发生。同时，这也将进一步加剧发展中国家城市失业问题。Stark 和 Bloom 独树一帜地提出了移民的新经济学理论。该理论不同于上述理论的显著之处在于其认为迁移不是由单个行为者决定的，而是一种家庭的集体行为，目的是使预期收益最大化，同时使家庭风险最小化。因此，区域间收入差异和经济发展差异仅是人口流动的必要条件，即使区域间收入差异缩小，由于内地市场和其他制度安排发育不完全，农村人口仍然会向外流动。Goldscheider 认为在宏观层次上，经济发展和人口流动作为现代化进程中的重要组成部分，是互为因果关系的，人口流动可以被视为经济发展进程中的一个重新整合部分和必要条件之一；在微观层次上，迁移则作为个体整合于社会的必然结果。他认为流动人口的个体迁移过程可分为 3 个层次，首先是心理选择迁移，然后是物理迁移，最后是个体适应城市环境和城市生活的整合过程。

Easterlin 较早地借用相对贫困假说，来解释人的经济行为。在他看来，相对收入决定人们的行为。根据这种假说来解释城乡之间的迁移现象，农村劳动力是否迁移，不仅决定于他们与城市劳动力之间的预期收入之差，还决定于他们在家乡感受到的相对贫困，以及迁移之后按照接收地的期望生活标准感受到的相对贫困。Solinger 则认为劳动力流动并非一帆风顺，其去向、规模和成功程度，都受到整个政策和制度环境的制约，并且随着后者的变化起伏而呈现周期性的高潮和低谷。城市对外地劳动力的需求程度，以及城市职工自身就业的保障程度，决定了户籍制度的改革进展程度。Robort 等给予迁移者的社会资本特别是社会关系网络的作用高度的重视。他们认为关于迁入地生活和工作的信息，对于一个潜在的迁移者来说是至关重要的。

新古典经济学和新迁移经济学派的理论都将人口迁移的起源归纳为个人和家庭对市场作用的理性预期和反应。与二者不同，劳动力市场分层（分割）理论将人口迁移的起源视为存在于发达工业社会经济结构中的需求拉动。劳动力市场分层理论认为，现代资本主义的内在发展趋势构造了一个双重部门的劳动力市场，即具有稳定雇用年限、工资高、福利好和工作环境良好的劳动力市场主要部门（或称一类劳动力市场）；和不稳定、工资低、福利有限和工作环境恶劣的劳动力市场次要部门（或称二类劳动力市场）。在大城市，一方面，由于其经济结构的内在发展趋势导致了产业结构的不断高级化，这种产业结构的变迁必然对高端的人力资本有强烈的需求；而另一方面，经济发展必然导致从事次要部门劳动力的短缺。由于次要部门的工作与工作经历、技能和受教育程度挂钩，加上收入低廉和就业体面性差，大城市本地劳动力一般都不愿意从事该类工作。因此，雇主便通过雇用外来流动人口来填补被本地人所拒绝从事的那些次要部门的工作岗位。而地方政府的就业政策所设置的对外来流动人口的种种限制措施又强化了劳动力市场的分层现象。处于知识和技能高端的区际迁入人口和处于知识和技能低端的省际或境外迁入人口则满足了这种劳动力市场分层的需求。

传统古典主义经济学派认为人口迁移是由区域劳动力供需分布的不平衡所引起的劳动力调整过程。但最近有些学者提出了人口迁移的生态经济梯度理论，即认为人的生态价位与区域的生态场势之间的互动关系决定了人口的移动。这种观点认为个人具有一定的生态价位，该生态价位主要取决于其健康状况、年龄、文化程度和专业水平等；而区域具有一定的生态场势，主要由经济因素和环境因素来决定。只有人口的生态价位与区域的生态场势均衡时，人口才处于稳定状态，不会发生迁移；而当人口的生态价位高于或低于区域生态场势时，由于人的更高需求或环境产生的推动力都会造成人口的流动。城市作为一个复杂的生态系统，其经济发展状况、产业结构状况及环境状况等决定了这一系统的生态场势。在这个系统中其生态场势成层级结构，分为高城市生态场势和低城市生态场势，这就需要处于不同人口生态价位的人群迁入，从而取得系统的均衡。而高生态价位的区际人口和低生态价位的省际或境外迁入人口则分别满足了上海等中国大城市这一系统的不同需求，从而形成了人口迁移等城市社会的分层性，这种分层性是对不同城市生态场势的空间响应。

20 世纪 80 年代以来，人口迁移研究又开始与新劳动地域分工、经济全球化和资本全球流动相联系。克拉克和葛特勒在对美国 1958—1975 年间资本与移民关系的分析显示资本增长导致移民向经济增长快的地区迁移。他们通过两个互不相容的资本学派（The Capital-Logic School）和市场竞争学派（The Competitive—Market School）提供了一个结构分析框架。资本学派认为公司对劳动力的迁移具有非常大的影响力。沃尔科曾经认为地方劳动力市场不可能完全满足人口需求，作为流动的专家层总是随资本流动。波罗斯顿和哈利森也曾经认为在新劳动力地域分工过程中分散的生产可能需要一些外地劳工。资本增长肯定会刺激劳动力迁移，劳动力迁移总是与资本增长相伴随，尤其外国直接投资（FDI）导致劳动密集型制造业转移更是如此。市场竞争学派则认为资本被设想为从高工资区向低工资区流动。克拉克和巴拉德运用新古典主义与凯恩斯方法对劳动力市场进行了深入的研究，其结论是劳动力流动与工资和就业机会的地理差异相一致。

9.1.2　城市移民政策的理论回顾与检讨

人口流动的城市化适应以及社会管理成本的最大障碍可能是以户籍管理制度为标志的城乡分割制度。土地是农民工化解自身损失的“解药”，同时也是其与故里的“脐带”。因此，土地对于农民工的牵制使得他们对于城市无法产生归属感。有学者认为，政府如果施行致力于提升“城中村”等农民工聚居区的住房条件以及居住环境的政策，则能极大地促进农民工的人力资本的提升，从而促进城市的发展。住房政策、公共服务政策和产业政策之间关系颇深，改善“城中村”等农民工聚居区的住房条件和居住环境不仅要实施住房补贴政策，还应该提供一揽子确切的公共服务。

冷向明等（2013）认为农民工的公共政策实践以及学术研究应由“流动人口”视角转向“移民”视角。沈龙云（2012）认为应当改革现有的法律政策，为移民扫除法律障碍，鼓励移民融入社区，增进其与本地居民的相互了解，通过文化相互融合实现和谐相处。可以加强移民的政治素养，开展民主活动，并使用信息化等快捷的方式满足移民的政治参与。

荆玉斗（2016）从移民的安全需求为出发点提出：（1）应当完善现在的有关法律，中国的安全法中还是缺少相关的社会安全方面的法律文本，要从法律层面上做到社会安全事件的发生不会出现无法可依的情况；（2）要制定城市移民相关的社会政策，保障城市中移民的基本权利，能够满足他们社会安全的需要，例如受教育的权利、享受社会公共福利的权利等；（3）要建立公平的社会保障制度，要统一、多层次地统筹城乡之间差异巨大的社保制度，并且要有相关的针对性的社会保险制度；（4）要培育各种各样的非营利组织，为移民提供各种各样的专业化服务，使其更加快速地融入社会，提升他们的安全感；（5）要打破社会阶层流动的障碍，比如说城乡二元体制的制度性障碍，公平正义的社会选择方式等。

一方面，要改变传统的政治教化和道德宣讲的主流文化建设思路，转向更现实、更符合法治要求的公民文化建设，培养社会成员基于权利义务、自由平等、公平正义和规则意识的价值共识，为确立公民身份和角色、促进公共参与和协商对话提供必要的文化支撑。另一方面，需要建立多元兼容的亚文化交流和互动机制，促进不同人群互惠交流，促进相互理解、尊重和包容，推进多元文化家园和谐秩序的建立。

同时，在中国经济迅速发展的背景下，中国国内的城市移民逐渐增多，随着对外开放程度的不断加大，国外移民的公共政策问题也引起了学术界的关注。

张红霞（2018）认为高技能外来移民的增加会扩大地区人力资本存量，是区域间对外贸易收敛与经济差距收敛的路径之一。借鉴人才优势，增加对本地劳动力市场的技能培训投入，可以整体提高国民的技术能力。正如方明和吴稼稷（2017）认为，要以塑造良好的国际形象作为创造社会治理的外部条件，比如开展一些创新的地方外事工作、深化国际友好城市的对接、积极地宣传城市。将民族的宗教治理作为关键点，来促进移民与本地居民之间的文化交流。

田明（2013）指出在公共政策方面，可以允许移民中在当地打工超过一定年限的农业转移人口落户，鼓励其融入当地社会，在涉及公租房和廉价房等公共住房方面对举家迁移的农业人口给予必要的照顾。新生代农民工要融入城市中，政府需要做出许多支持工作，比如要加强农民工在城市中的政治参与程度，保证其拥有基本的法律知识，提升他们在当地城市中的安全感等。

国务院发展研究中心课题组（2010）大规模实证调研的结果显示，完全脱离农业生产、常年在外打工的农民工的比例逐渐提升。首先，农民工在同一城市就业和居住趋于稳定，新生代农民工融入城市的愿望强烈，农民工市民化已经有了相当的现实基础。其次，把公共政策基础建立在促进农民工城市化和城镇融入上，真正将农民工纳入城市化进程，有利于全面推进城市化，切实解决中国城市化滞后于工业化、滞后于农民工对城市化需求的问题。学术研究转向“移民”视角，可以防止过分强调中国现代化和城市化特殊性的一面而忽视其普遍性的一面，更加准确地揭示其特征和规律。

中国许多学者通过研究西方主要移民城市的城市移民政策，并通过比较中国与其他国家的城市移民政策的异同，来寻找解决中国城市移民问题的对策与建议。

张继焦（2008）通过对中国、韩国和马来西亚三国的城市移民的差别分析后，认为韩国的城市化水平最高，经济集聚效应发挥明显，人口迁移对城市的驱动力较强，而马来西亚和中国城市化水平次之。中国应该减少对移民的政策限制，缩短城市移民的适应过程，提高城市经济的集聚效应。陶希东（2015）对西方发达国家大都市对移民的包容性治理方式的经验和教训进行总结借鉴，提出中国城市应当实施政策帮助移民融入城市，如全面构建覆盖外来群体的城市社会服务体系，加快解决外来人口的子女教育和医疗保险问题，建立一套健全的民主、协商、公正的城市治理体系，反思社会对移民群体的排斥，实施增进城市社会包容的措施。

高慧（2015）总结荷兰为促进移民融合使用了劳动力市场流动政策、家庭团聚政策、文化教育提升政策、鼓励政治参与政策、长期居留政策、入籍政策和反歧视政策等。建议中国应当构建统一的流动人口城市融合指标体系、重视流动人口的就业融合、逐步实现流动人口子女的同城教育待遇。具体来看，可以通过各种各样的技能培训，鼓励高技术人才的移民流入。政府通过相关补贴搭建平台，调动相关企业的培训积极性，以城市的结构化需求定向培养相关人才。在人口比较密集的区域，不定期地展开人才招聘会等。由于中国存在户籍制度和中高考制度，使得流动人口的子女在接受义务教育之后，不能继续在非户籍地升学，必须回户籍地继续上高中，因此，政策上应该逐步放开，以一定合理的、科学的标准来设定准入。

陈心颖（2016）比较了德国、英国和中国的有关城市移民的融合政策，进而从 4 个维度提出了中国城市移民融入政策：以建立顺畅的劳动力流转机制为核心，减少失业贫困；以精英群体的探索促进政府理念更新、以“福利国家”理念建构社会安全网；以民生建设改进城市管理、以团结斗争赢得政治权利。并总结出了“一个模式、一个保障和四大体系”。“一个模式”是参照英国和德国的政府主导、多元参与的治理模式。“一个保障”是指在我国的乡城人口流动中，保护目前还远远不够的“平等权”。“四大体系”是指改善流动人口的四大劣势，鼓励城市发展产业，创造更多就业机会；消除就业歧视，营造宽松的、流动人口与本地人口一视同仁的创业制度环境；提供迎合市场需求的有实效的各类职业技能培训（德国的职业教育办法尤其值得借鉴）；实施与缴费水平挂钩的、基本待遇水平相近的社会保障等，比如公共产品和服务做到均等化、搭建完善的政治诉求渠道、以多手段引导促进文化融合等。

欧洲、北美国家和澳大利亚对高技术移民吸引力强，且各国把移民作为提升国家经济竞争力的一项发展战略。然而，这些国家在处理移民问题上所具备的能力是有差别的。在美国，纽约、芝加哥和旧金山吸收移民已有百年的历史，它们拥有强大的体制以服务各种移民群体，包括应对非法移民问题。当地政府与非政府组织（NGO）保持密切合作，一些论坛还提供了城市之间的学习与交流机会，例如“公民的城市”（Cities for Citizenship）

和“新美国经济合作伙伴”（Partnership for a New American Economy）等为市长和企业领袖提供了交流机会。相比之下，华盛顿和亚特兰大虽然自1980年以来经历了移民人口的快速增长阶段，但仍缺乏明确的战略以吸引和留住新移民，非法移民还会加深这些城市的人口结构挑战。

在美国，各级政府提出不同特色的移民政策。联邦层次：制定高层次的移民政策，比如，关于无身份记录移民永久解决办法或者签证配额调整的条款等；还有一些直接或间接影响着新移民融入美国的国家法律，如给予在美出生的新生儿公民身份，包括无记录移民的孩子；又如《1964年民权法案》规定了因种族、肤色、宗教信仰和来源国而产生的歧视是非法的。州层次：在制定各种政策和法律的时候具有很大的自主性。州立法机构主导着移民可以获得的机会结构，比如“梦想法案”，即《少数外来族群的发展、救济和教育法案》，帮助移民加强社会流动。州政府掌控移民服务、健康管理与教育，以及教育机构住校需求等的拨款。通常，主要由州立法机关而非联邦立法机构对是否接受外国文凭、专业执照鉴定、无记录移民是否颁发驾照、州内学费许可以及是否执行联邦法律等做出规定。城市层次：为了促进移民积极融入社会与经济发展，大中小城市的市长们都设立了办公室来提高服务水平，并通过与社区组织、学术机构和私营部门的合作来对移民社区进行管理。当政治、资金和其他资源匮乏，无法设立正式的移民事务管理实体时，城市计划就发挥出重要的作用，并且其回应了大都市的具体需求，例如移民人口带来的经济发展和商业增长。“全球底特律”（Global Detroit）计划在本地区做了大量的协调移民融入和地方经济发展的努力，以振兴密歇根州东南部的经济。

也有针对中国城市间的移民政策比较寻找解决方法的研究。王玉君等（2014）以12个城市的问卷调查为基础分析，得出中国的保障性住房政策对大量进城务工人员的排斥也是户籍制度对务工人员获取住房机会的制约体现。我国在制定外来务工的保障房政策时，应当在宏观层面之外注意到务工人员自身的能力、意愿与亲缘等关系，并进行相应的制度安排。褚荣伟等（2014）通过对上海的实证分析，认为现有的公共政策应当关注移民与城市之间的关系。在公共政策目前还不能消除户籍制度等的差别待遇的情况下，可以首先考虑提高移民的城市认同感，比如针对一些农民工等开展一些培训，如当地方言的培训，有助于他们融入当地的社交圈，扩充自己的生活圈；积极地引导农民工等参与单位组织的活动，让他们的文化生活更加丰富，能够更加适应城市的移民生活。王颖（2017）也通过对上海的城市移民的融合发展分析，认为一个城市的发展与其多元包容的人口结构以及人口政策有极大的关系，一个城市有足够的人口活力，能够促进城市的发展，以居住证积分制为主体建立起“梯度赋权、权责对等”的公共服务供给和社会管理制度，统筹推进户籍制度改革和基本公共服务均等化，避免在外来人口中产生较大的不公平现象。

谢志岿等（2017）通过对深圳的研究发现，实用的公共政策的合力是深圳移民文化精神形成的重要原因。公共部门通过建设公共文化机构和平台，促进了公民形成新的文化资本和社会资本，从而在不同的领域得到了文化的创新。深圳特色文化创新格局的形成源于不同人群和各类资源的迅速集聚。深圳的发展充分证实了核心价值和多样文化引导的必要性。自觉构建和熔铸与社会主义市场经济相适应的文化精神。同样，上海作为一个全球性的国际化大都市，其城市移民来源多元化，如何协调“新上海人”与上海的关系也成为学术界的研究热点。

9.1.3 城市移民融入的理论回顾与检讨

移民融入是西方移民研究的重要组成部分。西方学者针对移民社会融入的概念内涵做了多重界定，包括同化、文化适应以及社会吸纳等。而移民融入主要体现为经济融入、社会融入和政治融入等多个层次。人力资本、社会资本与政策制度的解释范式为移民融入的归因提供了3个不同的理论解释。在移民融入模式方面的理论发展反映出了不同的国家以及不同历史阶段在相关公共政策模式上的差异（梁波等，2010）。

1. 二维度理论模型

20世纪60年代初期，戈登采用了二维度模型来解决移民问题。他的二维度模型包括结构性和文化性两个维度。在结构性融入方面，移民需要增加在流入国的社会参与度，主要包括正式制度以及各种社会组织层面的参与，如教育体系、劳动力制度和各种社会团体等。移民在这些方面的参与度提高后，就有更多的机会与外在的主体社会进行长久的沟通互动，加深对彼此的认识和理解，从而为认同新社会奠定基础。文化性融入则是关于移民在价值、观念认同上的转变。在文化性的融入方面，移民群体需要转变价值导向以及社会认同。只有在这些方面达到了对新的社会的认同，才能表明移民群体真正做到了融入或同化。然而，戈登强调，结构性融入与文化性融入并不一定是重合的过程，也就是在某种程度上，结构性融入与文化性融入并非表现为线性的过程。

戈登的二维度模型在结构性融入以及文化性融入方面并未给出标准测算指标，但是不难推断出，结构性融入更偏向于客观、确定的指标，例如受教育水平、就业情况和工资情况等；而文化性融入则更偏向于在文化习俗、社会规范以及生活交往方式等方面的作用。在戈登二维度模型的基础上，后来的学者对移民社会融入类型开展了更进一步的划分。

2. 三维度理论模型

借助前人的研究成果，三维度模型进行了进一步发展。杨格-塔斯等认为，移民社会融入这一概念具有多重维度，包括结构性融入、社会—文化融入以及基于法律面前人人平等原则的政治—合法性融入等。其中，结构性融入包括移民少数族群在受教育水平、劳动力市场、收入及住房等方面的情况。随着服务业逐渐替代工业制造业，西方国家的劳动力市场需求也发生了巨大的改变，不再局限于更高的职业资格，还增加了更好的就业灵活性、更强的社会适应性、更好的自我调节能力。但是，由于移民群体，尤其是移民青年在这些方面相对薄弱，他们也就受到了限制，减少了许多社会经济的融入机会。而部分少数族群背景的青年更是排斥现存的众多基本性制度，导致这部分群体的结构性融入程度偏低。杨格-塔斯指出，低程度的结构融入显示出处于弱势的移民群体所遭受到的社会抵触，受教育水平低、未正式就业以及有犯罪前科等情况降低了弱势群体融入社会组织的能力，导致了现实的机会不平等状况。

通过三维度模型，我们可以清晰地看到：社会—文化融入主要表现为移民群体在各种社会组织中的参与情况、与其他群体开展人际沟通的能力、按照东道主的通常行为模式开展行动的过程。杨格-塔斯指出，社会—文化融入存在很多测量指标，而其中最为明显的就是人群之间的隔离程度以及语言的使用程度，同时还包括移民与其他社会成员开展创造性社会活动的情况，例如群体之间的友谊和婚姻；而另一个重要指标则是西方社会的基本价值观念，如个人自主性与群体间协调性的关系、尊重个人人权、性别平等以及关于人生目标与价值的基本观念被接受的程度。

相较于二维度模型，三维度模型优点更加突出。这一维度的融合观强调，少数移民族群在很多情况下都被流入地政府及本地市民看成二等公民，是种族主义和歧视的主要目标，想要改变这种情况，正式的法律规定标准必不可少，例如种族法律，就可以保障移民的平等权利。在这种公民权的视角下，学者们认为移民群体政治融入的关键指标就在于是否取得与本地市民同等的政治合法权利，包括选举权和被选举权，以及在身份、政治待遇上给予同等的对待。

移民社会融入的内涵采用杨格-塔斯的三维度模型来解释更加完整清晰，移民的政治权利得到了充分尊重，其存在的价值得到了充分体现。但这种划分方式并没有超越二维度模型中结构变量与文化变量的二元特征，政治—合法性融入所包含的具体内容部分体现了结构性特征，部分体现了文化性特质。

3. 四维度理论模型

同前两种分类模型相比，恩泽格尔等提出了更为具体的四维度模型，它用社会经济融入替代了结构性融入。他以德国为例，认为其经济性移民的暂时性，使得政府不会制定相应措施来帮助移民实现经济融入，导致移民经济融入的可能性下降。在文化性融入方面，主要包括多元文化主义与同化主义，测算指标主要为移民对流入地社会基本规则与规范的态度、配偶的选择、语言能力以及犯罪行为等。

前较于前两种分类模型，四维度模型进行了有效的创新，它使人们认识到，移民的融入不仅是移民个体或群体自身的同化与适应，同时也是流入地社会在面对移民群体时做出的改变。

4. 人力资本归因论

移民融入水平偏低，主要是由于移民群体缺少人力资本，因而没有适应新社会的经济生产体系、劳动力市场和职业流动的基本素质，也就造成基本经济或结构性融入条件缺失。移民融入社会的过程就是获得新的人力资本或新的社会能力的过程，在此机制下，移民群体或个体人力资本的不足就成为欧美移民融入程度较差的首要原因。

同时，根据这一归因论，限制移民社会融入还包含移民原有的观念和意识形态等因素，具体表现为，移民群体难以适应流入国社会的生活和交往方式，难以理解当地文化传统，因此移民群体在个人认知及观念上难认同，从而保留原有的文化观念和行为方式。此类与人力资本相关的因素从根本上使得移民群体出现被隔离、排斥的情况。

杨格-塔斯曾指出，变迁了的国家劳动力市场和产业结构，提高了西方对劳动力人力资本的要求，与之类似，R. Omidvar 等（2005）通过研究加拿大移民的融入发现，20 世纪 80 年代以来，加拿大的移民群体处于严重的融入困境中，包括难以进入劳动力市场、失业率攀升、移民个人及其家庭生活日益贫困等，而这一现状出现的原因主要就是移民的人力资本缺乏。

J. Goldlush 和 A. H. Richmond 也突出了人力资本的关键性，通过实证研究，发现移民在移民之前的特征及状况会对移民在新社会的社会适应产生影响，而其中关键的因素是受教育及技术训练的程度，其次是语言学习状况等。

5. 社会资本归因论

社会资本归因论在移民融入理论中具有举足轻重的作用，它提升了个体具有的社会关系网络或群体网络的研究层次。这种归因论认为，移民在流入地所具有的社会资本，建构的社会关系网络及其可动用的社会资源等在其融入社会的过程中发挥着重要作用，并提供了社会支持，例如信息、社会支持与情感支持。移民在进入一个新的国家或城市之后，通常会失去原有的社会资本或社会关系网络，包括亲属血缘关系、朋友关系、地缘与业缘关系等，但想要在新的居住地构建新的社会支持网络，积累新的社会资本又需要时间，因此他们很难实现与流入国社会直接、良性的交往互动。尤其是在遇到困难的情况下，缺少可以动员的有效社会资本。

这一归因论使移民社会资本在促进移民社会融入方面的作用更加突出，并认为，流入国也应帮助移民构建新的支持网络及社会资本。已有研究表明，移民群体通常聚居生活，如果重建特定族群聚居区，移民的生活交往和经济生产等网络都将局限于旧有关系，不利于移民社会资本的改善，从而对社会融入产生消极影响。

有学者对居住在美国新奥尔良的越南移民城市开展了研究，发现当移民学生保有传统的家庭观念、强烈的工作奉献伦理并高度嵌入族群城市时，其考分更高，大学学习规划更明确。原因在于，积极的移民文化取向使得弱势移民子女在价值认同及行为模式建构等方面拥有适应性优势。

波蒂斯通过对纽约多米尼加的移民研究，验证了社会资本与社会关系网络在移民融入过程中的积极作用。移民的资金网络与其族群网络高度重合，移民通过族群网络构建的良好信誉帮助其更顺利完成筹资与投资活动，而这些资金主要来自移民同胞。波蒂斯等发现，当移民群体受到来自外部社会的偏见，难以从外部获得资源时，族群社会网络的重要作用得以显现。

同时，社会资本与社会关系网络对移民融入产生的消极作用也在部分学者中得到了反馈。社会资本的含义较为宽泛，涵盖社会规范与社会网络、各种协商性关联及社会关系等。社会资本会产生积极作用，也会产生消极作用。

6. *制度归因论*

在这一归因论的解释下，流入国特定的移民及移民融入政策和制度建构决定了移民能否有效实现融入，排斥性的移民融入政策从根本上使得移民群体自身素质低下，难以获得社会资本，阻碍移民融入社会。

从公共政策的角度，M. Fix（2001）研究了美国移民融入政策产生的影响。尽管美国政府适当促进移民家庭融入，但由于高度管控的移民政策，移民社会融入受到阻碍。因此建议在公共政策上促进移民的融入，为移民家庭社会经济地位的向上流动提供条件，推动反歧视性立法，在政府财政和税收等优惠政策上向新移民群体倾斜等。M. Papillon（2002）的研究发现，尽管移民的平均教育水平比本地人高，但制度性因素，如不承认外国学历、种族歧视与偏见、缺少住房与语言培训等的存在，使得新移民被社会排斥。N. Lewin-Epstein 等（2003）比较研究了不同国家的移民政策与移民融入的差别关系，发现加拿大和以色列虽然都是移民国家，但是其对于移民接纳的制度背景有差异。以色列实行对犹太移民无经济选择的政策，并向移民提供充分的支持，而加拿大实行有选择的多元标准移民政策，移民的社会与经济融入在很大程度上受市场力量影响，因此，进入加拿大的俄罗斯移民进入劳动力市场不难，但是要找到并维持就业却很难；进入加拿大的移民相对进入以色列的移民而言能够获得更高的职业地位和更高的收入。

R. Penninx 则具体地论述了与移民融入相关的公共政策以及两者间的关系。研究发现在移民融入的公共政策中，通常面临两个不可回避的问题：(1) 移民文化与宗教信仰多样化问题；(2) 移民获得平等的社会经济权利问题。关于公民权的分析反映了公共政策对移民融入的意义，移民的公民权有 3 个层次，首先是政治或立法意义上的公民权，其次是社会经济维度的公民权，最后是文化与宗教信仰权利。

7. 同化论与多元文化主义

在西方国家，公共政策问题是移民融入问题的根源。移民融入程度取决于利民政策。研究表明，有一个核心的线索贯穿政府的移民融入公共政策以及移民融入最终目标的理论阐述，即同化论与多元文化主义的争论。

在 20 世纪早期，人们普遍认为随着时间的推移，移民最终与新的社会环境融为一体，实现完全社会同化，移民及其后代与当地人没有明显的差别。同化论者认为，社会不同族群会放弃自身拥有的文化观念，融入流入地的主体社会，最终形成新的文化。同化后族群间差异消失，实现同质化与本土化。但是同化论者也发现，不同族群实现融入与同化的过程存在差异，原有的文化传统、语言、关系网络等都会使得不同的族群显示出不同的特征。但同化论者始终乐观地相信移民将最终实现完全的融入，与流入地社会同化为一个整体。

随着时间的推移，同化论观点受到多元文化主义的质疑。20 世纪 60 年代，学者们发现，同化论预设的融入模型在实际中并不一定发生，即使在漫长的时间之后，移民及其后代仍旧与当地文化上存在根本性差别，差异逐步强化。例如美国民权运动，通过这一运动人们发现美国的黑人长时间被社会排斥，远未实现社会同化。美国的经济、社会与政治制度都存在对少数族群的社会排斥，且种族主义的歧视与偏见进一步强化了这一排斥。

卡伦最早提出了“族群多元文化主义”的概念，此后族群多元文化主义或多元文化主义成为移民融入中的核心概念。多元文化主义认为，移民的融入并不是唯一的结果，而是呈现出多样化、差异性特征。在少数族群不断适应新社会与文化环境时，其原有的族群文化特征未必消失，移民更多的是在流入地重建原有的文化传统和关系网络。移民同化论与公共政策只反映西方发达国家主体文化中心主义。要想实现帮助移民提升生活水平，以及对于流入地城市、社会认同感的目的，必须尊重并保护好不同族群文化的差异性与多样性，尊重其特有的文化传统和习俗，在经济和社会发展等方面，赋予他们平等的公民权，改善其居住条件，提供平等的受教育机会以及平等的就业权。

欧美主要移民国家的移民融入政策成为同化论与多元文化主义的争论焦点。霍利菲尔德通过对欧洲各国的移民融入及其公共政策模式进行比较，发现欧洲形成了 3 种较为有代表性的模式：

模式一：“过客或临时打工者”模式，以德国为代表。在这一模式中，移民普遍是临时性经济移民。由于德国制造业及服务业的发展，其需要大量的劳动力，因此，流入德国的移民以获得收入为主要目的。随着经济产业结构的调整与周期性变化，这些移民又流出德国。因此，无须制定针对性的促进移民融入的公共政策，无须强化移民的合法性政治地位，也无须像对待本地居民一样同等对待移民。

模式二：同化模式，以法国为代表。在法国，移民被当作永久性的居住者，受到法国社会的欢迎，被赋予合法的政治地位，能够被吸纳到主体的文化当中。法国政府在 20 世纪 80—90 年代实行社会吸纳政策，通过结构性政策干预移民的生活，扩大被排斥群体与社会的沟通，建立多元行动者协作体系，排除可能的各种形式的歧视，意图帮助各种社会弱势群体重新进入劳动力市场。这一政策以赋予移民与本地公民同样的公民权的方式，意在同化移民群体，实现其社会认同。

模式三：“少数族群”模式或“多元文化主义”模式，以英国为代表。20 世纪 60 年代以来，英国以一系列的复合意识形态为基础，如同化、融入与多元文化主义等。但是在 20 世纪 80 年代之后，多元文化主义在公共政策中居主导地位，主要表现在教育、健康及社会服务等议题的讨论中。在多元文化主义模式中，英国社会将移民当作永久性居留的群体，允许移民保存原有的民族特征，允许其在新社会重新建构自己的文化城市，在这一模式下多族群和谐共处。

进入流入国拥有不同文化背景的移民，面对新的社会与文化环境需要进行全面的调整和适应。部分移民能够较为顺利地融入，实现文化同化，但也有部分移民无法做到文化同化。移民的社会融入过程、模式和程度等都会受到文化传统、政策等结构性因素以及移民个体的人力资本、社会资本等因素影响。对于移民流入地来说，其移民融入的公共政策，与该国特定的历史文化传统、经济与社会发展模式以及社会内部不同群体间的权力格局等密切相关。并且，由于历史时期的不同，特定国家在移民的融入政策上也有可能发生巨大改变。

9.2　中国人口的管理困境与转型思路

9.2.1　中国人口管理的两难选择

1. 控制人口规模与人口自由迁移的矛盾

在当代中国，现代平等价值观得到前所未有的尊重与重视，特大城市人口管理和调控成为敏感、棘手的问题。按照国家人口和城市化发展战略，中国人口总量将继续持续增长，城市化步伐加快，农村人口持续向城镇转移。20 世纪 90 年代至今大城市流动人口实际增长远超预期。在“十二五”规划中，北京、上海等地都没有再设定人口规模的发展目标。在“六普”的数据支持下，国家“十二五”规划提出“特大城市要合理控制人口规模”，但同时也指出大中城市要加强和改进人口管理，继续发挥吸纳外来人口的重要作用。大城市人口公共政策陷入既要保证不同社会阶层人群的自由流动权利，又要保证大城市资源、环境和公共基础设施的可承载能力的两难选择。大城市地方政府在城市人口调控政策上往往“投鼠忌器”，如履薄冰。当前，北京、上海、广州和深圳等大城市的资源环境承载力已达到极限，控制人口规模成为公共治理政策的必然选择之一。但是，控制人口规模政策的实施必然制约人口的自由迁移流动。

2. 管理精细化与信息数据不完整的矛盾

对人口迁移过程的准确追踪是各级政府实现科学决策和精细化管理的基本依据。只有建立和完善全国人口信息系统，才能掌握人口流动实时动态，提高城市公共产品供给效率。许多发达国家看似对人口迁移采取无为而治的手段，但实际上其掌握人口信息的精确度水平却超出了控制人口迁移的发展中国家，其秘诀在于不断完善人口基本数据的采集、整合、更新和使用的相关制度。中国流动人口规模巨大，有些特大城市的流动人口规模甚至在两次普查间翻了几番，仅仅依靠 10 年一次的人口普查来获取全面的人口信息显然太过滞后，科学决策也无从谈起。流动人口信息登记存在漏洞，“来登去消”机制未建立起来，部门间信息共享机制仍不顺畅。当前应对各地、各级政府和各职能部门建立的异常繁多的流动人口信息库进行集中清理。在全国范围内统一建立唯一编码的全员人口信息库，各地、各职能部门只要有需求，就可以凭登录号进行信息查询及汇总，并通过网络和社区等多种平台便捷地实现个人迁移情况申报。为了实现对现居住地进行管理服务的目标，应基于人口信息库，在国家、地方等多个层次同时对财政预算、人员配备等进行长期的统筹规划，形成稳定的投入机制，有秩序、分步骤地推行公共服务均等化进程，高效、充分地利用有限投入来提高移民生活质量。

3. 公共服务均等化与公共资源短缺的矛盾

随着国家政策取向的转变，各地废止了多个地方性政策法规，取消了各项收费制度等，人口管理服务的压力与挑战明显增大。2000 年以来，中央出台的一系列流动人口管理新政策，均具有历史性的重大突破，对进城就业农民工身份有了明确界定，即进城就业的农民工已经成为产业工人的重要组成部分。随着户籍制度改革的深化，在城市中有稳定职业和住所的流动人口，可按当地政策规定在就业地或居住地提出申报登记户籍，人口管理重心由户籍所在地转向现居住地。特大城市在促进城乡协调发展上承担着更多义务，面临的问题更加严峻。目前城市人口计生、卫生等多条线的人员队伍、资金投入等各项配置基本上仍是参照户籍人口数，多年来没有发生明显变动，公共资源与公共服务短缺的问题困扰城市社会的可持续发展。与此同时，地方政府及职能部门推出的一些均等化服务项目比较零散，不成体系，不重视社会效果评估，往往随着政治换届、无固定资金投入等原因而更改或中断，公共产品投入的回报率较低。

4. 社会融合与城市二元结构的矛盾

流动人口的主体是农民工，中国社会长期受到二元结构的影响，城乡差异巨大，城市居民在思想上对农民工群体抱有偏见，加之流动人口违法犯罪率比例居高不下，影响城市治安和社会稳定，更有损于流动人口群体的整体形象。虽然居住在同一城市里，但这两类群体却处于相互隔离的两个世界。政府试图通过自上而下的政策设计，实现对流动人口的管理服务，推动其融入城市社会，在这一过程中政府始终扮演类似“家长”的主导角色，实际上反而导致各类群体“被标签化”，阻隔了群体间的交流与协商，不利于城市多元文化共同发展和社会融合。流动人口生活质量提高、福利待遇改善被认为是来自城市的“恩赐”。未来政策走向如何？究竟是本地人口受惠还是外来人口受益？福利待遇上升的空间有多大？这些问题都存在很大的不确定性，流动人口仍如漂在城市的浮萍，无法自我掌控命运。从本地人口这一方来看，城市政府给予流动人口的任何福利都是以牺牲本地人口的福利为代价。政府如同“为难的家长”，不仅疲于应付“子女”的“争宠”，还必须忍受来自各界的批评与非议。

9.2.2 中国城市移民政策面临的问题

在许多方面，城市移民仍然没有很好地整合到城市社会。城市移民融合政策基于复杂因素的限制，在政策设计与实施过程中存在着诸多的不足，也面临着新的挑战。

1. 政策设计缺乏深度

现在政策目标仅限于解决社会问题，以补偿性社会政策居多。以维护社会稳定为主，没有上升到限制社会排斥、维护社会公平以及深度促进社会融入的层面。其中不乏应急性举措，急于解决眼前的问题，缺乏长远的发展性考虑，没有充分重视构建有利于农民工在城市中社会融入的经济、社会和文化条件。

政策措施涉及面窄，政策设计缺乏综合性与系统性，迄今仍然没有一个独立的部门负责城市移民相关事务。“农民工工作联席会议制度”主要负责统筹协调和政策措施的制定与督促，难以承担综合的具体的移民工作。而且各地移民社会保障政策存在较大的差异，不利于移民的地区间流动。社会保障政策的“碎片化”，往往让移民和政策执行者无所适从。

2. 政策实施中缺乏沟通

移民具有流动性强的特点，他们的工作变动大、社会保障门槛高，其自身主动性和底气不足、合理表达自身诉求的机会少导致其参与政策设计的积极性不高。移民缺乏与政府部门和制度设计者的沟通，当有参与机遇时，又因自身表达能力和内部诉求不同导致无法有效地反馈问题。移民缺乏获得政策知识与信息的途径，影响他们参与政策决策或享有相关权利的能力，不利于政策的传递与沟通。

3. 政策实施过程不协调

国家的新政策和理念与基层部门的政策实施存在时差，在政策实施中仍然存在选择性实施。一些有利于短期经济的发展和部分群体利益的速效方针受到政府的青睐，这将不利于维护社会公平。

4. 政策实施体系不完善

现有城市社会服务体系滞后，难以有效传递社会服务。尽管政府已经开始重视城市社区的关键作用，但是，在社区实践层面，基层政府社区管理服务体系滞后于经济社会的发展，不能有效地满足移民融入的需要。而且社区服务体系滞后，不能有效满足移民的多元化需要。迫切需要发展专业化的社区中心，有效地落实中央政策、改善移民社会服务，促进移民社会融入。

5. 政策实施缺乏稳定性

移民问题相关的政策大多处于探索性阶段或启动阶段，发布方式多是“办法”“意见”和“通知”等。移民的政策研究与制定工作相对滞后，尤其立法工作更为薄弱，移民问题缺乏政策与法律支持，缺乏稳定性和执行力，迫切需要社会政策专业的介入，改善政策的实施、管理与宣传工作，加强对已有政策的系统研究，对于在财力、制度设计和操作化等方面具备可行性的政策，可以通过国家移民管理与福利立法的形式加以确定。同时通过并发展社会工作专业服务，建立社区服务中心，发展政策项目、传递服务，为政策的执行与实施提供社会平台，并基于法律、制度、行政与专业的支持，加强政策的执行力、稳定性和实效性。

9.2.3　中国城市人口管理的转型思路

随着经济社会发展，人口迁移将会越来越频繁，如何对大城市实有人口进行管理成为现代城市治理的一大难题。首先应从城市化发展历史与阶段以及各国发展实践的纵深视角出发来看待和分析中国大城市的人口形势与人口集聚问题。还要就中国大城市发展的独特经济、政治和文化背景，深入分析人口迁入的原因及其随时间推移而产生的变动。应关注移民群体的结构特征变动，以及日益凸显的移民分层等现象，准确把握人口迁入机制，为城市科学管理和人口管理转型调控奠定基础。

1. 大城市应转变人口调控思路

对大城市人口不加任何调控和引导，既不切实际，也不符合当前阶段的社会发展情况。正如发达国家所意识到的，人口迁移决策是非常复杂和综合的过程，人口调控并不等于可以对人口迁移行为进行强制干预，如通过拆除违章搭建等简单粗暴的手段来“驱赶”外来人口，迫使其“流动”，这不仅不能从根本上解决问题，还将政府自身置于舆论的风口浪尖，加剧城市矛盾。从长期来看，人口分布不合理、人口迁移无序性问题还有赖于更大空间尺度上的区域均衡发展，城乡共同治理、共同繁荣。根据国家全盘发展战略下各城市自身的发展定位，因地制宜地设计人口调控总体思路，突出体现市场机制引导下形成的城市“选择性拉力”，尊重个人和家庭的微观选择权，合理引导人口迁移行为，引导人口迁移逐步朝合理有序的方向发展。

2. 政府应转变职能和角色定位

当前的城市人口管理仍体现了中国权威主义政府、家长式社会的特征，对社会的各个方面进行严格管制，导致管理者与被管理者以及被管理者之间产生诸多矛盾。移民融合本质上是移民自我内在调节的过程，应让移民自身在这一过程中充分发挥主体作用。政府应从直接干预转向“只搭台、不唱戏”，这也符合中国社会管理未来长期的发展方向，从“强政府、弱社会”逐步过渡到“强政府、强社会”。在当前移民地位相对弱势的情况下，首要任务是使移民拥有同等的话语权。强化制度建设与法制建设，促成移民与本地居民平等对话、协商和博弈，使本地居民的排外情绪以及移民的被排斥情绪通过制度化渠道得到宣泄、消解，实现相对意义上的利益均等化，使差异化的福利政策设计有据可依、有法可循。可仿照一些发达国家以市场机制为主的人口管理模式，将纳税和社会贡献等与福利待遇等的城市公共服务相挂钩。此外，针对流动人口居无定所、缺乏归属感和使命感的特点，发展企业、社区及外来民工自治组织，使其自觉规范自己的行为，成为城市中一个稳定的社会阶层。

3. 关注大城市人口集聚增长态势及机制

随着全球化、区域化过程在深度与广度两方面不断推进，发达地区和较不发达地区之间形成了有机的结构性链条，以市场经济、劳动力市场以及制度要素为主要纽带，影响着人口迁移的规模以及主要流向。当代世界范围内的城市化发展出现新形态，突破城市行政区划界限而形成城市密集地区。这些城市区域是跨国移民以及国内人口迁移的主要目的地。以上海为龙头城市的长三角城镇密集区已成为我国乃至全球经济最具发展活力和增长潜力的地区，是中国目前发展相对较为成熟的城市群之一。上海是长三角地区的核心城市，是对外窗口和通往世界的主要管道，而且其经济发展对外来劳动力的依赖度处于相对较高的水平。在这种时代背景下，上海人口集聚态势可能将会持续较长一段时间。应加强外来人口信息管理，整合部门之间的人口服务管理职能，彻底摆脱政府“被动管理”局面，在政府决策和规划之时真正做到“情况明、数据准”。

4. 人口总量调控的政策设计体现“人才优先”原则

当前各国政府对移民迁入大体上都持谨慎态度。越来越多的国家试图通过新的移民政策施加影响，其中最为显著的一个趋势就是增强移民政策的选择性。根据各国、各地区发展的需要，适时地转移政策重心，对本地需要的移民人群适度放宽准入标准，而对一般人口迁移则加以限制。从世界发达国家经验看，要形成服务经济为主的产业结构，人力资本是竞争的关键。“十二五”期间上海继续向“四个中心”迈进，必须坚持把人才作为战略资源，加强吸引人才、善待人才和人尽其才的制度建设和政策设计。应继续完善以现居住地管理服务为主的居住证制度，进一步拓展人才柔性流动空间。用好户籍增长的有限空间，优先满足紧缺、急需的高端人才需求，考虑居住证与户籍衔接的需要。对高端人才户籍由“政策加指标”转变为条件管理。明晰各类紧缺、急需的高端人才（包括技能型人才）标准，实行条件管理，使其不受落户指标限制。一般人才继续走居住证渠道，优化受理、续签等程序，为持证人提供更多的便利服务，发挥其集聚作用。发挥产业结构提升的“挤出”效应，减少对粗放型劳动力的依赖、避免对盲目流动的误导，促进来沪人员有序流动。

5. 以制度建设消除城市二元结构

迁徙自由权作为一项基本人权，一直为国际社会所关注，被载入许多重要的国际人权文件和大多数国家的宪法中。当代中国的迁徙自由权也经历了一个由肯定到否定再到一定程度默认的曲折过程。无论如何，完全不受限制的自由迁移行为当前在大多数国家都没有真正实现，人口迁移政策体现“有限自由”原则。“有限自由”首先表现在各国政府（特别是较不发达国家）对人口布局问题的关注与积极调整，限制和疏散中心城市人口，治理大城市拥挤带来的各类城市病。其次，还表现在普遍存在的地区、城乡发展差距带来的福利待遇二元结构。从制度设计角度而言，适度的福利待遇二元结构实则反映了纳税与福利相关联的社会秩序，是相对公平的。消除“城市新二元结构”应体现权利与义务相对等的原则，在推进公共服务均等化与保护本地居民利益之间寻找平衡点。

6. 持续推进城市移民社会融合

移民涌入可以在一定程度上缓解人口老龄化问题，为经济发展带来活力，但也带来移民安置、社会管理和福利保障政策等巨大挑战。各个国家力促社会保障政策衔接，以及形成统一的劳动力市场，为移民（尤其是其子女）提供平等的发展机会，建立移民融合政策框架，构建移民融合组织机构体系，注重发挥社区和非政府组织在移民融合中的作用，制定移民融合评价指标体系。当前应紧紧抓住“十二五”期间积极推进健康城市化、重视改善和保障民生以及推动社会管理体制改革的有利时机，推动外来人口的社会融合进程。充分考虑流动人口服务供给的优先顺序问题，厘清基本需求和社会福利之间的关系，在保障基本的前提下，进行分级分类给予。突出非政府组织和社会团体的作用，尤其是社区管理的作用，促进社区整合与稳定。创新参与式社区管理模式，即社区管理要特别强调让外来流动人口参与社区服务和社区管理，增加社区意识，促进社区融合。

9.3 中国新型城市治理的响应策略

传统治理模式难以有效满足不断增多的移民对公共服务的强大需求，致使移民在流入城市的进程中面临着一定的“融入难”问题。因此，应该构建新型的城市治理模式，建立多元主体共同参与的主体架构，构建高效的协作机制和创新治理方式、促进移民城市融入的适配路径。

9.3.1 城市治理与移民融入的交互关系

影响移民城市融入的主要因素包括经济、社会和心理 3 个层面。经济层面如能否提供平等的就业岗位和薪资待遇；社会层面如是否帮助移民学习当地方言和建立新生社交网络；心理层面主要是能否通过提供公共服务以提升移民的生活满意度和留城倾向等。简言之就是流入地能否提供完善的公共服务以满足移民的物质和心理需求，增强其对流入地的认同感和归属感。

公共服务需求能否得到有效及时满足是影响移民城市融入的主要因素，而城市治理的目的在于通过多元主体有效地管理公共事务来为居民提供完善的公共服务，进而增强居民的认同感和归属感。因此，城市治理理论与移民城市融入实践二者就以公共服务为媒介建立了强烈的交互关系，通过调节公共服务的方式来影响移民的城市融入进程。

城市治理由三部分组成，即多元主体、协作机制和治理方式，它们共同保障了移民对公共服务的需求。多元主体是提供完善的公共服务的主体保障。包括移民在内的多元主体共同参与公共服务的供给实践，既能利用不同主体的独特优势提升公共服务的供给能力，也能通过不同主体的意见表达和意见综合增强公共服务的针对性，切实满足移民对公共服务的需求。协作机制是提供完善的公共服务的机制保障。协作机制可以理解为在目标实施过程中，多元主体基于特定的协作平台、依据既定的协作规范、就特定的协作内容而进行的相互间的协商与合作，它为移民对公共服务需求的表达与实现、政府相关工作部门政治行为合法性的增强和移民城市认同感与归属感的提升开辟了道路，成为促进移民城市融入的现实机制。治理方式是提供完善的公共服务的手段保障。以往城市居民的人员结构比较单一，以本地居民为主，治理方式也比较简单。随着城镇化进程的推进，大量移民涌入城市，由于地域因素、民族因素和宗教因素的影响，传统治理方式受到了挑战，因此需要创新治理方式，妥善处理各种移民城市融入问题，着力提升移民所需公共服务的供给水平。在城市治理模式下，移民对公共服务的需求得到有效满足，对流入地的认同感和归属感自然会提升，从而有利于实现移民的城市融入。反过来，实现了城市融入的移民也会形成主人翁意识和与流入地的共同体意识，并在社会责任感的驱动下积极参与到城市公共事务管理和公共服务供给的实践中，从而有利于优化城市治理的主体架构和改善治理效果。

综上所述，城市治理与移民城市融入之间存在着紧密的依托联系：一方面，城市治理利用自身优势提升所提供公共服务的数量和质量，促进移民的城市融入；另一方面，融入城市后的移民也帮助优化了城市治理的主体架构，提升了城市治理效果。因此，以城市治理为突破口，破解移民城市“融入难”的问题具有较强的有效性及可行性。

9.3.2 新型城市治理的内涵与结构

城市治理在城市层面的建议运用，极大地弥补了政府在为城市居民提供公共服务中的不足，较好地维护全体公民参与管理城市公共事务以便实现自身诉求的权利。不同学者对城市治理有不同的理解，但均包括以下几个核心要素：多元治理主体、充分的协商合作与恰当的治理方式，目的都在于通过有效地管理公共事务来为城市居民提供充足的公共服务，进而增强城市居民的认同感和归属感。移民作为居民的重要构成，拥有公平享用城市公共服务的权利，流入地也有为移民提供公共服务的义务。

根据既有城市治理的观点，结合移民城市融入的实际情况，有效的城市治理结构包括多元的治理主体、有效的协作机制和科学的治理方式。

完善城市治理的多元主体有效架构。构建移民、基层治理主体和城市本地居民以及其他第三方主体共同参与城市治理体系，利用平台结构，创造治理机遇和环境及时调节群体内部矛盾，减少移民群体内生的相对剥夺感。因此必须使多元主体共同参与到城市治理的实践中。在中国，网状结构和政府主导成为城市治理落地的关键。一方面，城市治理中不同主体间的信息沟通不再是传统政府控制的单一链式渠道，而是任何一个主体都可以直接与另一个主体平等地沟通，形成网状的沟通模式。另一方面，政府需要坚定扎实的基层代理人，使得社会治理方案能够有效、快速落地。由于公民社会发展的不成熟、社会组织的数量和质量有待提升且企业自律性和社会责任意识仍有欠缺，政府迫切需要促进、联合各主体参与移民融入治理的平台规范。城市治理中协作机制是基本保障，多元主体的利益诉求各不相同，需要协作机制对移民群体与本地居民以及移民群体之间的利益主张进行协调，以促进实现多元主体合作关系的逐步建立。面对民众对公共服务和民主权利的强大需求，相比传统政府的行政命令式治理方式，基于城市治理的平台搭建是一种软硬环境的重新塑造，是使得强制性行政命令和柔性人文理念得以融合普及的创新治理方式，只有方式创新，才能建立服务型政府，维护移民的民主权利，提高公共服务的质量与效率。

9.3.3 构造多元化移民社会融入体系

加强移民社会政策的经济与社会基础，首先要优化政策环境，系统化构建移民社会融入政策体系。(1) 将反对社会排斥，促进社会融入作为移民社会政策的目标，改善制度融入、组织体系融入以及社区融入。(2) 通过社会政策专业的介入，促进政策的研究、制定与管理，并加快社会工作专业的发展，落实政策项目，改善服务传递，同时加强福利立法，构建政策、实务与立法相统一的社会融入政策体系。(3) 要落实职业培训政策，加强就业服务和管理，改善就业能力，促进移民稳定就业，为移民融入城市提供经济基础。(4) 移民社会融入需要充分发挥政府的主导角色，同时重视社区在移民融入过程中的基础性作用，依托城市社区，建立移民服务的社会平台，发展专业化社区工作，探讨移民社区融入的现实路径和行动策略，改善移民社区服务，实现他们获得集体福利与帮助的权利。(5) 调动社会广泛参与，加快发展社会服务部门，积极引导非营利组织的介入，调动社会各主体的参与，营造促进公平与融入的社会环境，共同发展移民社会项目与社会服务，促进市民社会的发展，为移民政策的有效落实提供良好的社会基础，实现移民广泛的社会权利。

9.3.4 建立多元主体共同参与架构

城市治理要求政府、非政府组织以及城市居民等多元主体共同参与管理城市公共事务并提供公共服务。这一方面有利于提升公共服务的精准性和时效性，切实满足移民对公共服务的需求，另一方面有利于增强移民的主人翁意识，提升他们的城市认同感及归属感。

首先，政府部门要发挥公共服务供给中的主导作用，建设人民满意的服务型政府。服务型政府是以提供公共服务为主要职能的政府，要坚持以人为本的服务理念、多元协作的服务方式和公开透明的服务过程等，通过提供完善的公共服务以满足移民的物质和精神需求。服务型政府必须有较强的公共财政能力作保障，但是分税制改革导致直接为移民提供服务的基层政府的财力与支出不匹配，因此必须要对不同层级政府的财权与事权进行改革，增强城市基层政府为移民提供公共服务的能力。同时，政府部门在为移民提供公共服务的过程中，需要重新界定自身的职责与功能，合理划分与非政府组织和城市居民间的关系（朱光磊等，2008）。

其次，非政府组织，即企事业单位和社会组织等要充分参与到提供公共服务的过程中。企业在市场竞争中以自身的财力、物力和技术等优势为城市内的移民提供一定的公共服务与公共产品后，将提升美誉度以及获得其所服务城市的多种资源，这有利于其自身收益增加。事业单位如高校可以利用教育资源，提升移民的文化水平和职业技能，医院可以通过志愿义诊等方式减轻移民的看病负担。社会组织则可以建立就业服务站、心理咨询中心和各种社交平台等，在经济、社会和心理等方面支持移民。

最后，城市居民更要积极投身提供公共服务的过程中。移民作为重要的城市居民，如果不参与提供公共服务，一方面，移民利益诉求难以被识别，相对剥夺感随之增强；另一方面，由于移民对公共产品和公共服务的需求具有特殊性，参与缺失易导致为其提供的公共服务缺乏精准性。因此，有必要通过信息透明化、拓宽参与渠道和增添激励措施等手段，鼓励包括移民在内的城市居民积极投身公共服务中，保证公共服务精准有效。

9.3.5 强化多元主体间的协作机制

城市治理中多元主体的利益诉求各不相同，必须构建高效的协作机制，促进多元主体间的协商合作，以此发挥各自的不同优势，提升公共服务的质量和效率。

经济、社会和心理 3 个层面的支持状况是影响移民城市融入的主要因素，通过提高这 3 个层面的支持水平，有利于促进城市移民的经济融入、社会融入和心理融入，最终实现全面的城市融入。

经济支持意指多元主体通过协商合作以提升移民的自身素质、就业待遇和生活水平，并以此提升他们对所在城市的认同感。经济融入是移民城市融入的首要环节，多元主体要发挥各自的优势，在协商合作基础上为移民提供经济支持。政府应该加大对移民的财政转移支付和项目差别化扶持，可以通过购买或税收优惠等形式鼓励市场为他们提供特定的就业岗位，提高他们的收入水平。企业应该树立正确的用人观，消除对移民的就业歧视，摒弃“选择性录用”行为，共筑公平统一的劳动力市场。教育机构等事业单位应向移民开放，通过教育培训提升他们的职业技能。城市应该建立就业服务平台等，加强与用人单位的协作，整合并发布就业信息，以此解决移民的就业问题，为其城市融入提供经济支持。

社会支持意指多元主体通过协商合作以消除移民面临的语言障碍和制度障碍，并帮助他们建立特定的社交网络等，以此提升他们对所在城市的归属感。许多城市对移民的态度是“经济接纳、社会拒入”，而社会层面的接纳恰是移民形成城市归属感、进而实现城市融入的关键环节。因此，多元主体应该发挥各自的优势，在协商合作基础上为移民提供社会支持。与其他移民相比，那些社会和文化适应能力强、能说当地社会方言的移民，更有可能产生对城市的归属感，所以城市和社会组织等可以通过举办娱乐活动、联谊会等帮助移民学习当地方言。户籍虽然不再是人口流动的障碍，但是与户籍挂钩的相关福利仍然是实现移民融入城市的较大障碍，因此需要重新调整政策，在继续深化户籍制度改革的基础上，给予移民一些基本权利，如享有平等的就业机会和子女的受教育机会等。最后，多元主体应该通过开展志愿活动和娱乐活动等方式扩大移民的社交范围，尤其要加深他们与当地居民的交往程度，使其结成新生社会网络，进而实现城市融入。

心理支持主要指多元主体通过协商合作以提高移民的生活满意度，增强他们的留城倾向等。移民对城市的心理融入情况很大程度上受城市对其经济支持和社会支持状况的影响，所以首先要做好对移民的经济支持和社会支持。同时，因为城市的种族特性和文化特征在移民融入方面发挥着重要作用，且有更多的朋友和亲戚以及较好的邻里关系的移民离开的可能性较小，所以城市需要利用文化认同意识宣传教育和引导移风易俗等方式营造和谐的城市氛围，创造更加平等、包容的社会文化环境。政府需要通过加强治理营造良好的生活环境等，提升移民的生活满意度，从而促进他们的城市融入。

9.3.6 创新城市移民融入方式

随着新型城镇化进程的不断推进，将有更多移民进入城市，这是实现共同富裕的内在要求，也是实现全面现代化的必经之路。大量移民的流入，必然导致城市事务治理的复杂化和公共服务需求的多样化。因此，要充分发挥城市公共治理的作用，围绕移民对公共服务的特殊需求，发挥多元主体的优势，通过治理方式创新，为移民提供完善的公共服务，提升他们的生活满意度，促使其尽早实现城市融入。

在中国，市场化转型后，人们从“单位人”转变为“家庭人”“城市人”和“社会人”（宋道雷，2017），通过将西方治理理论与中国城市实际相结合，城市移民治理在管理城市公共事务和提供公共服务中的地位日益重要，创新城市移民融入方式成为城市移民治理的必由之路。

9.4 本章小结

中国大城市尤其是特大城市、超大城市正成为人口迁移的主要目的地，如何构建城市移民公共政策的长效机制正成为城市治理面临的紧迫问题。因此，中国理论界和实践界应在对国际移民治理理论的回顾与梳理基础上，对具有“中国情境”的城市移民现象、理论和政策再思考，并从中国大城市发展的独特经济、政治和文化背景出发，深入分析城市移民的迁入原因，关注移民群体的结构特征变动，以及日益凸显的移民分层现象，并根据城市移民规模和结构演变态势，制订城市移民融入城市战略。西方移民融入理论模型主要有二维度理论模型、三维度理论模型和四维度理论模型、人力资本归因论、社会资本归因论、制度归因论以及同化论与多元文化主义等。控制人口规模与人口自由迁移的矛盾、管理精细化与信息数据不完整的矛盾、公共服务均等化与公共资源短缺的矛盾、社会融合与城市二元结构的矛盾等正成为中国政府人口管理面临的两难选择。中国城市移民政策面临的问题主要有政策设计缺乏深度、政策实施中缺乏沟通、政策实施过程不协调、政策实施体系不完善和政策实施缺乏稳定性等。大城市应转变人口调控思路，政府应转变职能和角色定位，关注大城市人口集聚增长态势及机制，人口总量调控的政策设计应体现“人才优先”原则，同时，以制度建设消除城市二元结构，并持续推进城市移民社会融入等。中国新型城市治理的响应策略应关注城市治理与移民融入的交互关系和新型城市治理的内涵与结构，并构造多元化移民社会融入体系、建立多元主体共同参与架构、强化多元主体间的协作机制以及创新城市移民融入方式等策略。

参 考 文 献

[1] Batty M. New ways of looking at cities [J]. Nature, 1995, 377: 574.

[2] Bayona J, Gil-Alonso F. Foreign Migration, Urban Growth and Suburbanisation Dynamics in Large Spanish Metropolitan Areas [C]. Toulouse: European Network for Housing Research, 2011.

[3] Betts J R, Fairlie R W. Does immigration induce 'native flight' from public schools into private schools? [J]. Journal of Public Economics, 2003, 87 (5 - 6): 987 - 1012.

[4] Brar S, Tang S, Drummond N, et al. Perinatal care for South Asian immigrant women and women born in Canada: Telephone survey of users [J]. Journal of Obstetrics and Gynaecology Canada, 2009, 31 (8): 708 - 716.

[5] Chang H F. The environment and climate change: Is international migration part of the problem or part of the solution? [J]. Fordham Environmental Law Review, 2009: 341 - 356.

[6] Dahlberg M, Eklöf M, Fredriksson P, et al. Estimating preferences for local public services using migration data [J]. Urban Studies, 2012, 49 (2): 319 - 336.

[7] Ernst Spaan. Asian migrants and European labor markets: Patterns and processes of immigrant labor market insertion in Europe [M]. New York: Routledge, 2005.

[8] Feiock R C. Rational choice and regional governance [J]. Journal of Urban Affairs, 2007, 29 (1): 47 - 63.

[9] Fix M, Zimmermann W, Passel J S. The integration of immigrant families in the United States [C]. The Urban Institute, 2001.

[10] Fuentes C M. Urban function and its effect on urban structure: The case of Ciudad Juárez, Chihuahua [J]. Journal of Borderlands Studies, 2000, 15 (2): 25 - 43.

[11] Gutmann M P, Field V. Katrina in historical context: Environment and migration in the

US [J]. Population and environment, 2010, 31 (1-3): 3-19.

[12] Hall P. The global city [J]. International Social Science Journal, 1996, 48 (147): 15-23.

[13] Harris C D, Ullman E L. The Nature of Cities [J]. The Annals of the American Academy of Political and Social Science, 1945, 242 (1): 7-17.

[14] Hayduk R, Hackett K, Tamashiro Folla D. Immigrant engagement in participatory budgeting in New York City [J]. New Political Science, 2017, 39 (1): 76-94.

[15] Hickman M J. Immigration and monocultural (re) imaginings in Ireland and Britain [J]. Translocations, 2007, 2 (1): 12-25.

[16] Jasso G, Rosenzweig M R. The new chosen people: Immigrants in the United States [M]. Russell Sage Foundation, 1990.

[17] Kessler D, Levitt S D. Using sentence enhancements to distinguish between deterrence and incapacitation [J]. The Journal of Law and Economics, 1999, 42 (1): 343-364.

[18] Kloosterman R, Rath J. Immigrant entrepreneurs in advanced economies: Mixed embeddedness further explored [J]. Journal of Ethnic and Migration Studies, 2001, 27 (2): 189-201.

[19] Knight J , Song L. The rural-urban divide: Economic disparities and interactions in China [J]. Oup Catalogue, 2011, 60 (1): 169-170.

[20] Kohn R M, Vedder R K, Cebula R J. Determinants of interstate migration, by race, 1965—1970 [J]. Annals of Regional Science, 1973, 7 (1): 100-112.

[21] Lee Everett S. A theory of migration [J]. Demography, 1966, 3: 47-57.

[22] Lee V E, Bryk A S. A multilevel model of the social distribution of high school achievement [J]. Sociology of Education, 1989, 62 (3): 172-192.

[23] Lefèvre C. Metropolitan government and governance in western countries: A critical review. International Journal of Urban and Regional Research, 2010, 22 (1): 9-25.

[24] Levin H M. Education: straitjacket or opportunity? educational opportunity and social inequality in western europe [J]. Social Problems, 1976, 24 (2): 148-172.

[25] Lewin-Epstein N, Semyonov M, Kogan I, et al. institutional structure and immigrant integration: a comparative study of immigrants' labor market attainment in Canada and Israel [J]. International Migration Review, 2003, 37 (2): 389-420.

[26] Lewis E G. Immigration, skill mix, and the choice of technique [J]. Discussion Paper, 2005. 64 (5-04): 18-34.

[27] Lewis W A. Economic development with unlimited supplies of labour [J]. The Manchester School, 1954, 22 (2): 139-191.

[28] Morgan G, Kubo I. Beyond path dependency? Constructing new models for institutional change: The case of capital markets in Japan [J]. Social Science Electronic Publishing, 2008, 3 (1): 55-82.

[29] Mossberger K, Stoker G. The Evolution of urban regime theory: The challenge of conceptualization [J]. Urban Affairs Review, 2001, 36 (6): 810-835.

[30] Mozuriunaite S. Technological factors determining transformation of urban functions in Lithuanian cities [J]. Procedia Engineering, 2016, 161: 1899-1903.

[31] Nechyba T J, Strauss R P. Community choice and local public services: A discrete choice approach [J]. Regional Science and Urban Economics. 1998, 28 (1): 51-73.

[32] Oded Stark. The Migration of Labor [J]. Cambridge: Basil Blackwell, 1991.

[33] Omidvar R, Richmond T. Immigrant settlement and social inclusion in Canada [M]. Joint Centre of Excellence for Research on Immigration and Settlement, 2005.

[34] Ostrom V, Tiebout C M, Warren R. The organization of government in metropolitan areas: A theoretical inquiry [J]. American Political Science Review, 1961, 55 (4): 831-842.

[35] Portes A, Bach R L. Latin journey: Cuban and Mexican immigrants in the United States [M]. University of California Press, 1985.

[36] Samuel P. Huntington. The clash of civilizations [M]. Beijing: Simon and Schuster, 1996.

[37] Sassen S. The global city: New York, London, Tokyo [M]. Princeton University Press, 2013.

[38] Savitch, H V, Vogel R K. Paths to new regionalism [J]. State and Local Government Review, 2000, 32 (3): 158-168.

[39] Sjaastad L A. The costs and returns of human migration [J]. Journal of Political Economy, 1962, 70 (5, Part 2): 80-93.

[40] Taft D R. Does immigration increase crime? [J]. Social Forces, 1933, 12 (1):

69 - 77.

[41] Tian G, Liu J, Zhang Z. Urban functional structure characteristics and transformation in China [J]. Cities, 2002, 19 (4): 243 - 248.

[42] Tiebout C M. A pure theory of local expenditures [J]. Journal of Political Economy, 1956, 64 (5): 416 - 424.

[43] Todaro M P. Labor migration and urban unemployment: Reply [J]. American Economic Review, 1970, 60 (1): 187 - 188.

[44] Tucker B. Immigration and Diversity in Canadian Cities and Communities [C]. Ottawa: Federation of Canadian Municipalities, 2009.

[45] van Ewijk R, Sleegers P. Peer ethnicity and achievement: A meta-analysis into the compositional effect [J]. School Effectiveness and School Improvement, 2010, 21 (3): 237 - 265.

[46] Ward, C. Bochner. The Psychology of culture shock [M]. Boston: Routledge Kegan Paul, 2001.

[47] Watson T N. Effective school leadership and New York City's immigrant and migrant children: A study [J]. International Journal of Educational Management, 2017, 31 (5): 622 - 632.

[48] Wheeler S. The New Regionalism: Key Characteristics of an Emerging Movement [J]. Journal of the American Planning Association, 2002, 68 (3): 267 - 278.

[49] [美] 戴维·波普诺. 社会学 [M]. 10 版. 北京: 中国人民大学出版社, 1999.

[50] [美] 赫希. 城市经济学 [M]. 北京: 中国社会科学出版社, 1990.

[51] 蔡昉, 都阳, 王美艳. 中国劳动力市场转型与发育 [M]. 北京: 商务印书馆, 2005.

[52] 蔡玉萍, 罗鸣. 变与不变的鸿沟: 中国农村至城市移民研究的理论与视角 [J]. 学海, 2015 (02): 82 - 90.

[53] 陈佳鹏, 黄匡时. 特大城市的人口调控: 东京经验及其启发 [J]. 中国人口: 资源与环境, 2014, 24 (08): 57 - 62.

[54] 陈心颖. 英国德国工业化进程中乡城流动人口融合的公共政策及启示 [J]. 中共福建省委党校学报, 2016 (10): 86 - 93.

[55] 陈滢. 向服务型城市人口管理体制转变的建议——基于对我国城市人口发展现状分析 [J]. 兰州学刊, 2012 (05): 171 - 175.

[56] 陈真，姚洛等．中国近代工业史资料［M］. 北京：生活·读书·新知三联书店，1961.

[57] 陈治军，邹林芳．制度变迁下上海社会住宅政策的发展阶段研究［J］. 上海城市规划，2015（01）：102－105.

[58] 褚荣伟，熊易寒，邹怡．农民工社会认同的决定因素研究：基于上海的实证分析［J］. 社会，2014，34（04）：25－48.

[59] 戴超武．美国移民政策与亚洲移民［M］. 北京：中国社会科学出版社，1999.

[60] 邓羽，刘盛和，蔡建明，等．中国省际人口空间格局演化的分析方法与实证［J］. 地理学报，2014，69（10）：1473－1486.

[61] 方明，吴稼稷．国际移民的挑战与回应：义乌社会治理的“浙江经验”［J］. 铜仁学院学报，2017，19（10）：104－108.

[62] 付磊，唐子来．上海市外来人口社会空间结构演化的特征与趋势［J］. 城市规划学刊，2008（01）：69－76.

[63] 傅崇辉．流动人口管理模式的回顾与思考——以深圳市为例［J］. 中国人口科学，2008（05）：81－86.

[64] 傅义强．当代西方国际移民理论述略［J］. 世界民族，2007（03）：45－55.

[65] 高慧．荷兰城市移民融合政策及启示［N］. 中国人口报，2015 02－09（3）.

[66] 高麦爱，陈晓律．伦敦骚乱的历史渊源［J］. 探索与争鸣，2011（10）：70－74.

[67] 葛剑雄．上海还需要移民吗？［J］. 探索与争鸣，1997（04）：31－32.

[68] 葛学凤，叶文振，夏怡然．流动妇女孕期保健状况及其影响因素［J］. 人口研究，2004（04）：78－86.

[69] 葛延风．农民工：社会融入与就业——以政府、企业和民间伙伴关系为视角［M］. 北京：社会科学文献出版社，2008.

[70] 宫希魁．城市移民结构与竞争力研究［J］. 中共宁波市委党校学报，2003（06）：53－55.

[71] 官莹，管驰明，周章．经济功能演替下的城市空间结构演化——以深圳市为例［J］. 地域研究与开发，2006（01）：58－61.

[72] 韩昊英．日本 1968 年《城市规划法》划线制度的实施成效及政策启示［J］. 北京规划建设，2008（2）：81－85.

[73] 何军．江苏省农民工城市融入程度的代际差异研究［J］. 农业经济问题，2012（01）：52－59.

[74] 黑田俊夫，王胜今．中国的第三次人口普查和人口计划——世界上第一次大规模的人口调查［J］．人口学刊，1983（02）：30－32.
[75] 胡焕庸．中国人口（上海分册）［M］．北京：中国财政经济出版社，1987.
[76] 黄匡时．流动人口社会融合指数：欧盟实践和中国建构［J］．人口与社会，2011，27（01）：26－31.
[77] 蒋丽，吴缚龙．2000—2010年广州外来人口空间分布变动与对多中心城市空间结构影响研究［J］．现代城市研究，2014（05）：15－21.
[78] 蒋三庚．CBD与现代服务业企业集群研究［J］．首都经济贸易大学学报，2006（05）：72－76.
[79] 荆玉斗．社会分层视角下的城市移民社会安全问题研究［D］．中共中央党校，2016.
[80] 冷向明，赵德兴．新生代农民工融入城镇：政策困境及其变革研究——基于公民身份的视角［J］．社会主义研究，2013（02）：98－102.
[81] 李瑊．移民：上海城市的崛起［J］．档案与史学，2001（01）：44－49.
[82] 李玲．改革开放以来中国国内人口迁移及其研究［J］．地理研究，2001（04）：453－462.
[83] 李明，张亦然．空气污染的移民效应——基于来华留学生高校—城市选择的研究［J］．经济研究，2019（06）：168－182.
[84] 李明欢．"共和模式"的困境——法国移民政策研究［J］．欧洲研究，2003，21（04）：119－139.
[85] 李士娟．基于城市新移民社区资源需求视角下的居民社区更新研究［D］．西安外国语大学，2014.
[86] 李怡然．全球化时代的中国国际移民问题［J］．社会科学论坛，2018（04）：229－234.
[87] 李友梅．上海调查：2009［M］．上海：上海大学出版社，2010.
[88] 梁波，王海英．国外移民社会融入研究综述［J］．甘肃行政学院学报，2010（02）：18－27.
[89] 林广．纽约外来移民状况简论（1820—1920）［J］．历史教学问题，2004（06）：10－14.
[90] 刘社建．城市功能转型与功能创新探讨——以上海为例［J］．区域经济评论，2013（02）：120－124.

［91］刘涛，仝德，李贵才．基于城市功能网络视角的城市联系研究——以珠江三角洲为例［J］．地理科学，2015（03）：306－313．

［92］刘晏伶，冯健．中国人口迁移特征及其影响因素——基于第六次人口普查数据的分析［J］．人文地理，2014，29（02）：129－137．

［93］刘奕彤，逯笑微．城市中心区功能结构演进的路径依赖性［J］．财经问题研究，2011（05）：115－119．

［94］刘长安．国际大都市人口迁移和国际移民比较研究［J］．劳动保障世界（理论版），2013（01）：108－112．

［95］刘志林，冯叶．住房、社区与“乡—城”移民的社会融入——基于四大城市群流动人口问卷调查的实证研究［J］．规划师，2016，32（11）：11－15．

［96］龙绍双．论城市功能与结构的关系［J］．南方经济，2001（11）：49－52．

［97］陆军，宋吉涛，汪文姝．世界城市的人口分布格局研究——以纽约、东京、伦敦为例［J］．世界地理研究，2010（01）：28－36．

［98］路锦非．中国城市移民二代的社会融入测量研究——理论反思与实证检验［J］．公共管理学报，2018，15（02）：82－92．

［99］倪志荣，李兰．发挥侨务资源优势服务中国经济社会发展——第六届海外人才与中国发展国际学术研讨会综述［J］．八桂侨刊，2011（04）：72－75．

［100］秦立建，陈波．医疗保险对农民工城市融入的影响分析［J］．管理世界，2014（10）：91－99．

［101］任远，邬民乐．城市流动人口的社会融合：文献述评［J］．人口研究，2006，30（03）：87－94．

［102］任远．房地产市场变化的人口学后果［J］．探索与争鸣，2016（12）：98－101．

［103］荣娇婷．中法城市化发展模式比较［J］．法国研究，2015（04）：43－48．

［104］上海市政府．上海市处理失业知识分子委员会报告［R］．上海市档案馆，B1－1－1121．

［105］沈龙云．从公共政策角度分析新生代农民工政治参与若干问题［J］．社科纵横，2012，27（03）：44－46．

［106］盛维，陈恭，江育恒．全球城市核心功能演变及其对上海的启示［J］．科学发展，2018（05）：46－53．

［107］舒尔茨．论人力资本投资［M］．吴珠华译．北京：经济学院出版社，1990．

［108］宋道雷．国家治理的基层逻辑：社区治理的理论、阶段与模式［J］．行政论坛，

2017，24（05）：82－87.
［109］宋林飞．当前中国四大移民潮：问题与对策［J］．社会科学文摘，2018（05）：23－25.
［110］孙建国．论城市功能演进与产业迁移：日本京滨工业区经验与启示［J］．河南大学学报（社会科学版），2012，52（05）：91－97.
［111］汤苍松．中国超大城市外来人口流入与空间分布研究［D］．天津大学，2015.
［112］陶希东．全球城市移民社会的包容治理：经验、教训与启示［J］．南京社会科学，2015（10）：49－56.
［113］田明．农业转移人口空间流动与城市融入［J］．人口研究，2013，37（04）：43－55.
［114］田源．移民与国家安全——威胁的衍生及其条件研究［M］．上海：世界知识出版社，2010.
［115］佟雪铭．知识型新移民文化融合的内容与路径［J］．城市问题，2015（12）：97－103.
［116］童星，马西恒．“敦睦他者”与“化整为零”——城市新移民的社区融合［J］．社会科学研究，2008（01）：77－83.
［117］王桂新，潘泽瀚．我国流动人口的空间分布及其影响因素——基于第六次人口普查资料的分析［J］．现代城市研究，2013（03）：4－11，32.
［118］王国霞，秦志琴，程丽琳．20世纪末中国迁移人口空间分布格局——基于城市的视角［J］．地理科学，2012，32（03）：273－281.
［119］王静．“他者”的消解——近代城市移民的身份认同［J］．理论月刊，2012（05）：153－155.
［120］王宁．中国人口迁移的变化趋势及空间格局［J］．城市与环境研究，2016（1）：81－97.
［121］王世军，周佳懿．人口迁移与上海国际大都市建设［J］．同济大学学报（社会科学版），2009（02）：37－43.
［122］王颖．上海城市未来的活力源研究［J］．科学发展，2017（09）：5－14.
［123］王玉君，杨文辉，刘志林．进城务工人员的住房变动及其影响因素［J］．人口研究，2014，38（04）：63－75.
［124］王郁．上海城市功能与人口郊区迁移的特征和影响分析［J］．人文地理，2007（05）：34－37.

［125］魏宗财，甄峰，席广亮，等．全球化、柔性化、复合化、差异化：信息时代城市功能演变研究［J］．经济地理，2013，33（06）：48－52．

［126］文军．论我国城市劳动力新移民的系统构成及其行为选择［J］．南京社会科学，2005（01）：54－58．

［127］吴柏钧、潘春阳．中国城镇化的经验与理论研究：长三角地区的发展格局与未来道路［M］．上海：上海人民出版社，2015．

［128］吴上．非自愿移民致贫机理与减贫路径研究综述［J］．水利经济，2016，34（06）：55－58．

［129］吴晓林，侯雨佳．城市治理理论的“双重流变”与融合趋向［J］．天津社会科学，2017（01）：69－74．

［130］夏添，孙久文．北京非首都功能疏解的思考与刍议——基于“新都市主义”的视角［J］．北京社会科学，2017（07）：69－78．

［131］夏怡然，陆铭．城市间的“孟母三迁”——公共服务影响劳动力流向的经验研究［J］．管理世界，2015（10）：78－90．

［132］肖扬，陈颂，汪鑫，等．全球城市视角下上海新移民居住空间分异研究［J］．城市规划，2016，40（03）：25－33．

［133］肖周燕，王庆娟．我国特大城市的功能布局与人口疏解研究——以北京为例［J］．人口学刊，2015，37（01）：5－14．

［134］谢守红．广州市外来人口空间分布变动分析［J］．城市问题，2007（12）：60－63．

［135］谢志岿，李卓．移民文化精神与新兴城市发展：基于深圳经验［J］．深圳大学学报（人文社会科学版），2017，34（05）：32－37．

［136］忻平．从上海发现历史——现代化进程中的上海人及其社会生活（1927—1937）［M］．上海：上海人民出版社，1996．

［137］熊月之．略论上海人形成及其认同［J］．学术月刊，1997（10）：55－61．

［138］熊月之．上海通史（卷13）［M］．上海：上海人民出版社，1999．

［139］徐姗，邓羽，王开泳．中国流动人口的省际迁移模式、集疏格局与市民化路径［J］．地理科学，2016，36（11）：1637－1642．

［140］许璇．新时期上海的外来人口与城市发展［J］．上海党史与党建，2016（09）：17－19．

［141］许学强，周一星，宁越敏．城市地理学［M］．2版．北京：高等教育出版社，2009．

[142] 闫庆武，黄园园，蒋龙．1985—2010年中国人口迁移的时空动态分析［J］．西北人口，2015，36（05）：7－12.

[143] 杨传开，宁越敏．中国省际人口迁移格局演变及其对城镇化发展的影响［J］．地理研究，2015，34（08）：1492－1506.

[144] 杨菊华．从隔离、选择融入到融合：流动人口社会融入问题的理论思考［J］．人口研究，2009，33（01）：17－29.

[145] 杨丽萍．建国初期上海控制人口迁移工作研究［J］．上海城市管理职业技术学院学报，2006（03）：23－27.

[146] 于涛方，顾朝林，吴泓．中国城市功能格局与转型——基于五普和第一次经济普查数据的分析［J］．城市规划学刊，2006（05）：13－21.

[147] 余向华，陈雪娟．中国劳动力市场的户籍分割效应及其变迁——工资差异与机会差异双重视角下的实证研究［J］．经济研究，2012（12）：97－110.

[148] 俞路．新时期中国国内移民分布研究［M］．上海：三联书店，2008.

[149] 岳经纶．农民工的社会保护：劳动政策的视角［J］．中国人民大学学报，2006，20（06）：14－19.

[150] 张海东，杨城晨，金硕镐，等．全球化视野下城市居民对于外籍移民的态度——基于上海、首尔、东京的比较研究［J］．济南大学学报（社会科学版），2017，27（03）：75－86.

[151] 张红霞．对外贸易差异影响我国区域经济协调发展研究［M］．北京：人民出版社，2018.

[152] 张继焦．亚洲城市移民：中国、韩国和马来西亚三国的比较［J］．广西民族大学学报（哲学社会科学版），2008（02）：2－8.

[153] 张结海．外地白领移民上海文化适应影响因素研究［J］．社会科学（上海），2011（11）：73－80.

[154] 张蕾，史威．空港经济区空间结构演变及驱动机制——以上海虹桥国际机场为例［J］．地理研究，2014，33（01）：57－70.

[155] 张路，龚刚，李江一．移民、户籍与城市家庭住房拥有率——基于CHFS2013微观数据的研究［J］．南开经济研究，2016（04）：115－135.

[156] 张水清，杜德斌．上海中心城区的职能转移与城市空间整合［J］．城市规划，2001（12）：16－20.

[157] 张苏北，朱宇，晋秀龙，等．安徽省内人口迁移的空间特征及其影响因素［J］．

经济地理，2013，33（05）：24－30.
［158］张晓青．1990—2000 年美国移民特点及成因分析［J］. 世界人口，2002（01）：45－51.
［159］张秀明，密素敏．国际移民的最新发展及其特点——兼析国际移民与华侨华人的概念［J］. 华侨华人历史研究，2014（03）：1－10.
［160］张毅，文传浩，孙兴华．移民分类研究［J］. 延安大学学报（社会科学版），2013，35（05）：66－70.
［161］张运红．英国农民市民化进程中的教育实践研究［J］. 世界农业，2015（10）：34－37.
［162］赵渺希．全球化进程中长三角区域城市功能的演进［J］. 经济地理，2012，32（03）：50－56.
［163］赵西亮．农民工与城市工资——来自中国内部移民的证据［J］. 经济学（季刊），2018，17（03）：969－994.
［164］郑功成，黄黎若莲．中国农民工问题与社会保护［M］. 北京：人民出版社，2007.
［165］郑朗，伍慧萍．新世纪德国移民融入政策及其理念分析［J］. 德国研究，2010，25（04）：12－19.
［166］周达．我国城市移民的住房需求分析［J］. 城市问题，2010（03）：58－61.
［167］朱国栋，刘红，陈志强．上海移民［M］. 上海：上海财经大学出版社，2008.
［168］朱杰．人口迁移理论综述及研究进展［J］. 江苏城市规划，2008（7）：40－44.
［169］朱力，陈如．城市新移民——南京市流动人口研究报告［M］. 南京：南京大学出版社，2003.
［170］朱农．离土还是离乡？——中国农村劳动力地域流动和职业流动的关系分析［J］. 世界经济文汇，2004（01）：53－63.
［171］踪家峰，顾培亮．城市公共管理研究的新领域——城市治理研究及其发展［J］. 天津大学学报（社会科学版），2003，5（04）：358－361.
［172］邹依仁．旧上海人口变迁的研究［M］. 上海：上海人民出版社，1980.
［173］邹振环．晚清上海的国际移民与海派文化的多元组合［J］. 探索与争鸣，1997（04）：32－33.